国家出版基金项目
NATIONAL PUBLICATION FOUNDATION

"十三五"国家重点出版物出版规划项目
"一带一路"核心区语言战略研究丛书（第一辑）
邢欣　总主编

"一带一路"视域下来华留学生的文化碰撞与适应

刘宏宇　著

U0362429

南開大學出版社

天　津

图书在版编目(CIP)数据

"一带一路"视域下来华留学生的文化碰撞与适应 /
刘宏宇著.—天津:南开大学出版社,2019.1
("一带一路"核心区语言战略研究丛书.第一辑)
ISBN 978-7-310-05355-1

Ⅰ.①一… Ⅱ.①刘… Ⅲ.①留学生教育-研究-中
国 Ⅳ.①G648.9

中国版本图书馆 CIP 数据核字(2017)第 086692 号

"一带一路"视域下来华留学生的文化碰撞与适应
"YIDAI YILU" SHIYU XIA LAI HUA LIUXUESHENG DE
WENHUA PENGZHUANG YU SHIYING

南开大学出版社出版发行
出版人:刘运峰
地址:天津市南开区卫津路 94 号　　邮政编码:300071
营销部电话:(022)23508339　营销部传真:(022)23508542
http://www.nkup.com.cn

三河市同力彩印有限公司印刷　全国各地新华书店经销
2019 年 1 月第 1 版　　2019 年 1 月第 1 次印刷
235×165 毫米　16 开本　19 印张　4 插页　291 千字
定价:98.00 元

如遇图书印装质量问题,请与本社营销部联系调换,电话:(022)23508339

"十三五"国家重点出版物出版规划项目"'一带一路'核心区语言战略研究丛书"结项成果

2017 年度国家出版基金项目"'一带一路'核心区语言战略研究丛书（第一辑）"项目结项成果

国家语委 2015 年度重大项目"'一带一路'核心区语言战略研究"（ZDA125-24）成果

新疆维吾尔自治区普通高等学校人文社会科学重点研究基地"中亚汉语国际教育研究中心"重大项目"中亚汉语国际教育数据库建设研究"（XJEDU040714A02）结项成果

本书作者为"汉语海外传播河南省协同创新中心"成员

深入语言生活　回答时代提问（代序）

2013年9月与10月，习近平主席在出访哈萨克斯坦和印度尼西亚时，提出了"一带一路"倡议，这是中国向世界提出的一个新概念，也是一个涉及国内外的新行动。2015年3月，《推动共建丝绸之路经济带和21世纪海上丝绸之路的愿景与行动》发布，"一带一路"的概念逐渐清晰，行动逐渐有序。2017年5月，"一带一路"国际合作高峰论坛在北京举行，"一带一路"建设进入全面推进阶段，并产生了重要的国际影响和国际互动。

"一带一路"倡议首先是经济愿景，但经济愿景也必须与政治、文化、科技等联动并发。"一带一路"倡议不是中国的独角戏，而是互动的，共赢的。在"一带一路"建设推进的过程中，中国将构建全方位开放的新格局，深度融入世界经济体系；同时，它也强调国家间发展规划的相互对接，区域合作、国际合作将得到前所未有的加强，从而惠及他国，造福人类。

"一带一路"需要语言铺路，这已经成为四年多来关于"一带一路"建设的共识。但是，"一带一路"建设中究竟存在哪些语言问题，语言将怎样发挥"铺路"的功能，还是一个具有时代意义的课题，也是一个时代性的提问。邢欣教授主编的"'一带一路'核心区语言战略研究丛书"，正是立时代潮头，得风气之先，在研究这一时代性的课题，在尝试回答这一时代性的提问。

这套丛书有许多特点，最大的特点是其系统性和应用性。所谓系统性，是丛书较为全面地研究了"一带一路"的语言问题，涉及国家语言安全战略、对外语言传播策略、领域语言人才培养模式、媒体传播话语体系建设、语言文化冲突消解策略等话题。可以说，这套丛书已经建构起了语言战略研究的系统的学术网络。所谓应用性，是指丛书从现实入手，收集材料，透彻观察，深入分析，探索最佳发展模式，提出具体解决措施，以求应用于相关政策的制定和相关工作的实施。

能够在如此短暂的时间内，深入实际，发现问题，提出举措，并形成一整套丛书，是与这一研究团队的组成密切相关的。丛书主编邢欣教授，长期在新疆生活和工作，对新疆充满感情，对新疆的语言文字事业充满激情。后来，不管是求学于复旦大学，还是任教于南开大学、中国传媒大学，她都时时不忘新疆，承担了多个有关新疆的语言研究课题。特别是"一带一路"倡议的提出，更是激发了她的研究热情，促使她多次到新疆、到中亚实地调研，有亲身感受，有第一手资料，成为我国研究"一带一路"语言问题的先行者。

丛书各卷作者，有年长者，也有年轻人，但都是"学术老手"，在应用语言学的多个领域有学术根基，有丰富经验。同时，中国传媒大学和新疆大学、新疆师范大学几所高校在媒体传播研究、汉语国际教育等领域有平台优势，与"一带一路"沿线国家有频繁的文化、学术交流。该丛书的研究，也进一步促进了我国与中亚地区的学术合作，产生了较好的学术影响。丛书的这种工作模式是值得赞赏的。

语言学是经验学科，第一手研究资料，对研究对象的亲身感知，都很重要。获取第一手资料，感知研究对象，就必须多做田野工作。当然，不同的语言学科有不同的"田野"，现实语言调查、社会语言实践、古籍文献阅读、语言教学的对比实验、计算语言学的实验室等，都是语言学家的"田野"，都是现实的语言生活。本丛书的学术团队有着强烈的学术使命感，更有良好的学风，到"田野"去，到语言生活中去，去研究国家发展最需要解决的语言问题。这种学术精神，是值得提倡的。

李守明

2018 年 2 月 19 日

农历雨水之日

序

"一带一路"倡议提出以来，我国在经济、文化、教育等各领域的相关工作逐渐展开，政策沟通、设施联通、贸易畅通、资金融通、民心相通已经被明确为愿景方略和行动目标。沿线国家和地区也对我国的倡议积极响应，为展开全面合作进行对接。在这一双向交流的过程中产生的语言文化问题，引发了学术界对"一带一路"中语言的重要作用的关注和讨论。

邢欣教授主编的"'一带一路'核心区语言战略研究丛书"以学术研究服务国家发展为己任，从语言战略构建的高度，深入研究服务于"一带一路"实施的语言问题，无论于学术还是于社会实践，都具有重要的价值。

几年来，在不同场合，邢欣教授都在不断地阐释"'一带一路'核心区"的理念。她认为，"丝绸之路经济带"核心区将在"一带一路"建设中发挥窗口作用。作为重要的交通枢纽、商贸物流和文化科教中心，它涉及的多国家、多语种的语言问题尤为典型。这一判断是基于邢欣教授及其团队的大量调查而形成的。

这套丛书提出了以语言服务为主的语言战略新思路，它符合"一带一路"建设的目标和需求，是切实而有远见的。丛书中关注的国际化专业汉语人才培养、媒体报道语言热点等问题，也紧紧扣住了语言服务这一核心点，把握了"一带一路"总体布局下的语言战略问题的脉搏。同时，丛书中包含的旨在促进"民心相通"的留学生的文化碰撞与适应、语言适应和语言传承等研究内容，紧密贴合了"一带一路"的框架思路，表明了丛书作者对语言与国家方略的关系的透彻理解和深刻立意。

邢欣教授具有语言本体、民族语言和语言应用等多方面的研究经验，成果丰硕。近年来组织一批语言学、语言规划、语言教育等各方面的专家，就"一带一路"核心区之一——新疆的语言问题进行专门研究，形成了一支有机配合的研究团队，赴多个"一带一路"沿线国家进行了多次调研，组织了多场学术研讨会，陆续发表了一批有重要影响的文章。这套丛书就是在此基础上完成的。

　　丛书的作者有民族语言学、社会语言学方面的知名学者，有活跃在教学科研第一线的高校骨干教师，也有近几年获取博士学位走上相关岗位的青年新秀。集中多方面研究力量形成的研究成果具有视角新颖、内容丰富、应用性强的特点，将对语言战略研究理论和"一带一路"建设各领域的实践都会产生积极影响。

　　在这套丛书申请立项过程中，我有幸成为先读者，深为他们的精神所感动。值丛书出版之际，邢欣教授要我写几句话，就有了上面这段文字。

　　是为序。

2018 年 2 月 25 日

丛书前言

"一带一路"倡议是我国政府提出的以经济发展带动世界各国繁荣和谐的新愿景和行动纲领，是"具有原创性、时代性的概念和理论"指导下的治国新理念，具有重大而深远的意义。目前，"一带一路"建设已"逐渐从理念转化为行动，从愿景转变为现实"。截至2018年底，全球已有122个国家和29个国际组织积极支持和参与"一带一路"建设，在政策沟通、设施联通、贸易畅通、资金融通、民心相通五个方面全面推进。交流互鉴、合作共赢、共同发展已成为我国与沿线国家的共识，政治互信、经济融合、文化包容的利益共同体、命运共同体和责任共同体正在一步步形成。"一带一路"建设的核心点在各国共建上，而国际上的政治、经济、法律、商贸、文化、教育等交流活动都离不开"语言"这一物质载体，语言成为合作共建、民心相通的关键要素。因此，构建符合时代需求的语言发展战略，成为"一带一路"建设中的基础性工程。

"一带一路"倡议提出以来，国内各个领域的相关研究蓬勃开展。从2014年起，语言学界也逐渐投入到这一研究中来，接连发表了一系列研究成果，提出了许多有建设性的观点和建议。特别是李宇明先生于2015年9月22日在《人民日报》上发表的《"一带一路"需要语言铺路》一文，为"一带一路"研究中的语言政策研究提供了依据。从语言学界的研究来看，大家已经基本达成了共识，即"一带一路"建设的顺利进行离不开语言保障，围绕"一带一路"的语言研究势在必行。我们这一研究课题正是产生于"一带一路"建设的大背景下，不是只与语言学相关，而是具有跨学科的性质；其成果也将不仅应用于语言学相关领域，还将与社会各层面相对接。因此，在研究思路上，我们搭建了一个理论与应用相结合的框架。在理论上，解决好语言政策与对外语言传播政策的对接，汉语教学与汉语国际教育语言人才培养政策的对接，以及国家语言安全战略与"一带一路"

语言服务的对接；在应用上，把握服务于语言需求这一主线，在语言人才培养、媒体语言传播、"互联网+"语言公共服务平台建设等方面提供策略建议。在研究方法上，以实地调查为重心，深入调研，充分占有第一手资料。

根据基本的研究框架，我们先后组建了"'一带一路'核心区语言战略研究"课题组和"面向中亚国家的语言需求及语言服务研究"项目组，获得了国家语委重大项目、国家社科基金重点项目，以及新疆大学和中国传媒大学"双一流"大学专项建设资金的支持；同时，规划了预期研究成果，形成了"'一带一路'核心区语言战略研究丛书"。南开大学出版社以该套丛书申报了"十三五"国家重点出版物出版规划项目和2017年度国家出版基金项目，并顺利获批，为丛书的出版和成果的传播提供了保障。

我们希望这套丛书可以实现它的预期价值，主要包括以下几个方面：第一，提出面向"一带一路"沿线国家，以语言服务为主的语言发展战略，为国家语言规划和语言政策的新布局提供理论依据，为"一带一路"语言战略智库建设提供策略建议；第二，丰富和完善语言文化研究的内涵，为对外语言文化交流提供建议，为促进民心相通提供语言服务；第三，研究语言文化冲突消解策略，为"一带一路"建设中潜在的，或可能出现的语言文化冲突提供化解方案，为跨文化交际的研究提供理论和实践的补充；第四，提出满足"一带一路"建设需求的语言人才培养模式和急需人才语言培训模式，为领域汉语教学提供理论依据；第五，为汉语国际传播提供新的思路；第六，在"互联网+"思维下，提出建立语言需求库、人才资源库，以及搭建"语言公共服务+语言咨询服务"平台的理论方案。

在丛书撰写过程中，研究团队的各位作者发挥资源和平台优势，以严谨的科研态度和务实的工作作风开展研究，希望这些成果能经得起实践的检验。我们的研究团队成员主要是新疆大学、新疆师范大学、新疆教育学院、新疆喀什大学等新疆高校的研究者和中国传媒大学的硕士生和博士生，感谢这些高校的大力支持，特别是新疆大学和中国传媒大学的大力支持。在本研究进行过程中，同行专家、各领域相关研究者给予了很多支持、帮助和指导；在实地调研中接受访谈和咨询的中资企业、孔子学院、高校、语言学院、华商协会组织、媒体等相关人员给予了大力配合和宝贵建议，这些都为本研究提供了实施条件和重要启发，在此一并深致谢忱！还要特别感谢李宇明教授、郭熙教授为丛书慨然作序，沈家煊先生在国家出版基金项目申请时对丛书给予肯定和推荐，给了我们莫大的鼓励和支持。最后要感谢南开大学出版社的无私相助，特别是田睿等编辑为本丛书出版殚精竭虑，付出了大量精力和心血，特此表示诚挚的谢意。

在编写本套丛书的过程中，我国提出的"一带一路"倡议得到了国际上越来越多国家的响应和支持，"一带一路"建设正在全面而深入地推进。这对语言应用研究提出了更多的课题和更高的要求。服务于"一带一路"建设，服务于国家和社会的发展需求，希望我们的研究能起到一定的积极作用。学术研究服务于社会发展和时代需要，是科研工作者的使命。我们最大的荣幸，是能得到广大读者的反馈和指正，使我们在研究的道路上能循着正确的方向探索，并获得源源的动力，坚持到底。

邢欣

2019 年 1 月

本书前言

"一带一路"建设步伐的加快,推动了"汉语热"在沿线国家的持续升温,随着越来越多"一带一路"沿线国家留学生来到中国,我国的汉语国际教育和留学生教育迎来了更大的机遇与挑战。

中亚是"丝绸之路经济带"向西延伸的重要地区,来自中亚国家的留学生将成为连接中国和中亚的桥梁和纽带。由于近代历史上交往不多等原因,国内民众,甚至是对外汉语教学界,对这个充满特色的群体了解并不是非常深入,这就造成了国内高校在中亚留学生的教学和管理上存在不少误解和困惑。

本书正是基于跨文化视角,试图对中亚留学生在中国的跨文化适应情况进行调查研究,了解他们在中国社会中的适应情况和特点,从而达到在相互理解的基础上更好地提升针对中亚留学生群体教育水平的目的。

本书对中国 6 座城市 23 所高校的 548 名中亚来华留学生的跨文化适应情况进行了调查研究。具体研究从社会适应、学业适应、跨文化交际适应和跨文化心理适应等四个方面展开。

研究发现,中亚国家来华留学生社会适应具有一定的地区差异,跨文化适应具有城市间差异,对于同一城市各项指标的适应"大同"而"小异"。

学业适应是本研究的重点之一。这方面的研究表明,中亚留学生对中国高校的教育是较为满意的,这将有助于他们学业的顺利进行,也成为他们跨文化适应的巨大动力。本研究还反映出他们在学业适应方面压力不足。对管理没有压力,固然可以减轻他们的心理负担,但更可能造成他们忽视纪律、放任自流,反而使他们成为管理的"不适应者"。对学习没有压力,一方面说明中亚留学生有着良好的心态和轻松的心情,这可能会使他们轻装上阵;但另一方面,如果没有适当的学习压力,则可能会迷失自我,丧失学习的动力,成为一个懒散的群体。

　　跨文化交际适应研究认为，丝绸之路沿线国家来华留学生跨文化交际适应普遍较好，在言语交际、非言语交际、文化和价值观三个层面的适应没有太大差异。中亚留学生的个人因素造成了不同城市间跨文化交际适应方面的差异。留学生所在城市的地域文化特点也是影响留学生跨文化交际适应的一个因素。

　　跨文化心理适应研究发现，丝绸之路沿线国家来华留学生跨文化心理适应特点非常明显，那就是出于对中国经济快速发展的敬佩，他们对中国社会抱有强烈的好感，这种好感促进了他们的跨文化心理适应。同时，中亚留学生因为本民族语言、文化的小众性，在中国社会交往中失去了很多社交资源，不像来自英语国家的留学生那样可以利用自己的语言优势在与中国人的交际过程中获得一定的本地社交资源，他们会更多地选择与自己国家或会讲俄语的留学生交往，这导致他们的社会支持网络相对单一和封闭。

　　在"丝绸之路沿线国家来华留学生跨文化适应影响因素研究"一章中，我们把 12 个自变量作为跨文化适应影响因素进行进一步研究。最终筛选出"就读城市""性别""年龄""来华时间""HSK 等级"和"学历"等 6 个变量，通过回归分析（Logistic 回归），构建出 3 个累加概率的评定模型（Logit 模型），对中亚来华留学生的跨文化适应的影响因素进行了解释。这一章还对社会支持网络对丝绸之路沿线国家来华留学生跨文化适应的影响进行了研究，发现中亚来华留学生跨文化社会支持网络有着鲜明的特点，突出表现为经常以个体的自我排解为重要方式，社会网络呈现单一文化圈扩大、双文化圈功能小、多元文化圈单一化的趋势，并根据研究构建了由四个圈层构成的中亚来华留学生社会支持网络模型。

刘宏宇

2019 年 1 月

目　录

第一章
绪论

第一节 研究背景及意义

一、研究背景

"一带一路"倡议的提出，为中国和"一带一路"沿线国家的发展提供了宏伟的蓝图，同时也为汉语国际教育及中国的留学生教育提供了极大的机遇。处于中亚地区的"丝绸之路经济带"沿线国家（以下简称"丝绸之路沿线国家"）与中国有着传统的友好关系，近年来，该地区来华留学生数量和质量都有很大的提升，但是仍然不能满足"丝绸之路经济带"建设对汉语人才的需求，今后该地区的"汉语热"必将持续升温，更多的留学生也将来到中国。如何更好地对中亚来华留学生进行汉语及以汉语为依托的专业教育，已成为一个重要的学术课题，也是一种迫切的现实需求。

目前来华的中亚留学生数量持续增加，但国内对外汉语教学界对该群体的前期研究不多，特别是对他们跨文化适应方面的研究不够，导致第一线教师和教学管理人员对他们的了解不够，很多人认为该地区留学生是教学及管理中的难点，从而产生了一些错误的认识。要有针对性地提高我国汉语国际教育的质量，就必须在充分了解这些学生特点的基础上有的放矢。

二、本研究的理论价值和实际应用价值

（一）理论价值

第一，对中亚来华留学生文化适应的研究，可以丰富我国跨文化适应研究，为"一带一路"背景下的留学生教育提供基于跨文化视角的研究参考。

第二，从文化适应的角度对中亚来华留学生的汉语学习进行的研究，可以丰富和细化我国第二语言教学和管理的研究领域，并为我国汉语国际教育更好地实施提供一个参考样本。

（二）实际应用价值

第一，通过本研究发现中亚来华留学生跨文化适应的特点，并系统地

总结出中国社会环境对促进该群体留学生文化适应的有利因素,因势利导,使留学生能够更有效地进行文化适应,指导留学生教育管理部门、相关管理人员和任课教师的实际工作,进而促进学生第二语言教学和学生日常生活和行为管理水平的提高。

第二,在调研的基础上,对留学生反映较多的因文化差异而导致的跨文化适应的问题进行研究,并对相关的由文化差异引起的教学和管理中的问题进行探讨,根据研究结果为我国对外汉语教学顺利、高效实施提供参考意见,最终达到提高我国的留学生教育管理水平、进一步推进我国教育国际化进程的目的。

第二节　国内外研究现状

文化适应是指两种具有不同文化的群体在连续接触的过程中所导致的两种文化模式的变化。文化适应又是第二语言习得理论中的重要概念,第二语言习得是文化适应的一个方面,学习者对目的语社团文化的适应程度将会影响第二语言习得的过程和结果。

本研究涉及的理论包括跨文化适应理论和跨文化交际理论。下面就跨文化适应研究的兴起、理论基础,以及该研究的研究对象的演变和影响跨文化适应的因素等几个方面阐述跨文化适应研究的基本情况。

一、跨文化适应研究

(一)跨文化适应的含义

国外跨文化适应研究中,"跨文化适应"一词有多种说法,比如" cross-cultural adjustment "" cross-cultural adaptation "" acculturation ""assimilation "等各种表述方法,中文常译为"跨文化适应""文化适应""涵化""同化"。不同的表述方法代表了其研究的侧重点不同。

跨文化适应(cross-cultural adaptation),是指当个体从当初所熟悉的母体文化进入异质文化后产生的行为变迁和适应过程,因而它是一种他文化适应或外文化适应。（王亚鹏 等，2004）该定义指出文化适应既是一种过程，也是一种结果，跨文化适应个体的文化适应不仅会影响到其心理健康，对其文化认同也有很大作用。这给我们的启示很大，留学生的跨文化适应不仅会影响到其在目的国家的学习和心理健康，也会直接影响到其对目的国家的文化认同。

朱国辉在其博士论文《高校来华留学生跨文化适应问题研究》（2011）中的定义是：跨文化适应是指个体心理及行为对环境（文化、社会、生活习俗的变化）做出调整的过程，在这个过程中受到个体因素和社会因素的综合影响，呈现出多样化的结果。这里指出的跨文化适应是一种做出改变的适应过程，也提及了对适应过程起影响作用的两个方面的因素。

国外对于跨文化适应的定义一般都采用雷德菲尔德（Redfield）、林顿（Linton）和赫斯科维茨（Herskovits）在《文化适应研究备忘录》中的定义："由个体所组成，而且具有不同的文化的两个群体，发生持续的、直接的文化接触，导致一方或者双方原有文化模式发生改变的现象。"（余伟等，2005）该定义给出的文化适应包含了双方在文化交往中做出的文化改变，所顾及的对象和研究层次比较全面。因为有些跨文化适应研究是集体层面的研究，两大文化相融合的过程就是双方文化相互适应的过程。在留学生跨文化适应过程中，留学生作为一个小的群体进入陌生的文化中，他们不仅会自身做出跨文化适应，也会给当地人带来一些相应的改变。比如说对于别人的恭维，中国人传统的做法是通过自谦来回应，但是现在中国人也在发生改变，多数人都开始用"谢谢"来回应别人的夸奖了。（吴锋针，2003）所以对于留学生的跨文化适应也可以进行双向的研究，不仅可以研究其对目的国家的文化适应过程，还可以研究他们使目的国家的交际习惯发生的改变，也很有现实意义。

跨文化适应的定义表述方式不一，研究的内容和研究对象可能也会有所不同，但是对于"进入一个陌生的文化环境""行为方式改变""影响因素"等概念的描述还是相同的。本书采用的跨文化适应概念指的是在异文化里的居留者对新环境的适应，具体包括短期逗留、定居、亚文化间的流动迁徙及社会变迁情形。跨文化适应的内涵涉及：缓解居留者所经历的文化休克；改善其心理适应和增加满意度；提高其在新文化环境中的行为能力。跨文化适应的目标是居留者跨文化意识和跨文化交际能力的增强，体现于对异文化模式的认知、选择和接受能力，以及与异文化成员的交往能力的提高。（杨军红，2009）[43]

（二）跨文化适应研究的发展过程

跨文化适应研究是从人类学家的研究开始的。他们研究一个原始文化群体进入发达文化群体的时候改变自身习俗、传统和价值观的过程，所进行的是集体层次的研究。他们把文化适应看成一个群体活动，这些研究只限于文化习俗和价值观的改变，没有涉及跨文化主体在异文化适应过程中的心理改变，这是跨文化适应研究的开始。这方面的研究因此也大都出现在人类学出版物上，比如美国 R. 基辛的《文化人类学》（1981）中表示，人类发展到一定程度，不同的社会群体就会产生彼此交流和认识的需求。但是浸润于不同民族心灵的不同价值观和不同人性就会阻碍人们的交流，产生跨文化交际困难和冲突。

对跨文化生活群体的心理健康状况的研究，这部分研究的研究者主要是那些关心移民心理健康的心理学家。心理学家更为关注的是跨文化生活个体的心理适应过程和心理健康情况。在 20 世纪初的美国，心理学家发现医院七成的病人是移民者。通过研究发现，移民的心理和身体的疾病很大程度上是因为跨文化适应困难造成的。移民由自己所熟悉的文化环境进入一个完全陌生的文化群体，面对文化冲击、交际困难、缺乏社会支持等条件，很多移民会产生巨大的心理压力，以至于影响心理健康。所以，这一时期美国的跨文化适应研究主要是为美国政治需要而进行的。

国内的很多跨文化适应研究也集中在心理适应的角度。比如，留美学者陈向明的《旅居者和"外国人"——留美中国学生跨文化人际交往研究》（2004）就是这方面的代表作，书中用质的方法探讨了留美中国学生的心理适应情况，内容非常翔实，注重个体的适应研究。再比如，华东师大博士肖三蓉的论文《美国华人移民的异文化压力与心理健康》（2009），深入细致地研究了 13 名美国华人移民在文化适应过程中的文化压力体验。还有王佳蕾硕士论文《日本旅居者在上海的跨文化适应研究》（2009）的主要内容也是这方面的研究。跨文化适应成为跨文化心理学研究中最重要的领域之一。

近十几年来，跨文化研究成果越来越丰富，研究方法的科学性也在不断提高，跨文化适应的研究进入了发展的成熟时期。这一时期的研究对象从单一的移民研究不断扩展，关于留学生、旅居商人、难民等大部分短期旅居者的文化适应研究也越来越多。这一阶段各个学科相互交叉，语言学家、人类学家、社会学家、心理学家等的研究不断发生融合，跨文化适应的研究视野不断扩大，因此研究成果也很突出。

近几年来，随着中国与中亚政治、经济的交流，两地留学生交流也日益密切，来华中亚留学生的数量不断在增长。中亚来华留学生在中国的跨文化适应也开始出现各种各样的问题。顺应现实的需要，对中亚留学生跨文化适应的研究也开始慢慢发展起来。虽然本领域的研究还处在起步阶段，但基本体系已经初步形成，相关理论也日渐完善。

（三）跨文化适应的研究对象

杨军红（2009）、陈慧等（2003）认为，跨文化适应的人群从旅居长短上可以分为两种：一个是长期的移民或者难民，比如对移居美国的苗族群体跨文化适应状况的研究，对东干人移居中亚的跨文化适应研究都是这一类；另一个是短期居留者，包括期望通过出国达到某种目的的人，如留学生、海外学者、短期旅居海外的商人、外派科技人员等。

针对旅居者的研究，包括黄慧莹的《法国旅居者在沪的跨文化适应——质和量的研究》（2010）、车笠的《美国旅居者在中国的跨文化适应》（2010）、陈菲菲的《焦虑与再社会化：中国上海年轻知识型移民面临的挑战》（2009）、王佳蕾的《日本旅居者在上海的跨文化适应研究》（2009）、王贤红的《在华跨国公司中国雇员跨文化适应问题的调查》（2013）等，是对除了留学生和志愿者的移民或者跨文化工作人员的跨文化适应研究。

针对留学生的研究，包括谭瑜的《高校中外合作办学项目学生跨文化适应研究》（2013）、朱国辉的《高校来华留学生跨文化适应问题研究》（2011）、万梅的《在华的美国留学生跨文化适应问题研究》（2009）、杨军红的《来华留学生跨文化适应问题研究》（2009）等，都是对作为短期旅居者的留学生所做的研究。这方面的研究非常丰富，有的针对来自不同地区和国家的留学生，有的针对某个留学城市的所有留学生。

针对志愿者、实习生的研究，包括林德成（Thoranit Lilasetthakul）的

《赴泰汉语志愿者跨文化适应研究》（2010）、黄文虎的《跨文化适应的影响因素与结果变量研究——以国家外派汉语教师的调查研究为例》（2011）、李迺明的《赴泰汉语实习生跨文化适应问题及对策研究——以广西大学2010—2011 年赴泰学生为例》（2012）、严晓莹的《赴泰汉语志愿者在跨文化适应中的情绪调节研究》（2013）、陈晓丽的《施瓦茨价值观研究与跨文化适应：以爱因斯特赴西欧国家的实习生为例》（2013）等，都是从志愿者和实习生的角度研究的。这方面的研究较之留学生的研究少很多。

　　从研究层面上来分，跨文化适应一般可以分为群体层面的适应研究和个体层面的适应研究。如前文所述，跨文化适应研究的萌芽阶段一般都是群体层面的研究，他们对一个原始文化群体进入先进文化群体跨文化适应情况和文化改变进行研究。个体层面的研究注重心理健康研究，侧重点在跨文化者的个体价值观和生活习俗跟目的语国家的文化冲突，以及个体所做出的行为变化。

　　从以上研究综述可以发现，针对留学生的跨文化适应研究数量巨大，内容也很丰富，涉及的研究对象也很广泛。但是广泛不代表全面，而且关于国内来华留学生跨文化适应的研究，多集中在来自欧美国家的留学生或者去欧美国家留学的中国留学生，以中亚来华留学生为研究对象的研究还不全面。本研究的研究对象是中亚来华留学生的跨文化适应，希望通过总结之前的研究成果，借鉴其研究理论，在此基础上进行常规研究的同时，尝试有所突破和创新。

（四）跨文化适应的影响因素

1. 跨文化适应策略的选择

　　留学生等群体进入新的文化群体，在跨文化接触中存在着一系列生活变化，面对这些变化，跨文化适应的个体会采取不同的方式应对，不同的适应方式会影响适应个体的适应程度。贝里（Berry）等人 1980 年提出，跨文化适应中的个体根据其对现在相处的新群体的态度对跨文化策略进行选择。他们根据这一变化将跨文化适应分为两个维度：保持传统文化和身份的倾向性，和其他文化群体进行交流并融入的倾向性。在此基础上，贝里（Berry）区分了跨文化适应的四个策略：整合、同化、分离和边缘化。

　　从字面意思就可以看出，"整合"就是说跨文化适应个体在保持自己文化传统的同时，也进行和其他群体的交流和融合；"同化"就是指个体不愿意保持自己的文化传统，倾向于融入新的文化群体；"分离"的策略表示个体保持自己的文化传统，希望拒绝和新的文化群体交流；"边缘化"就更极端了，指个体愿意保持自己的文化传统，但是对新的文化不感兴趣，没有进行交流的可能性。

2. 社会支持

社会支持是人们从相对稳定的社会关系、社会网络中获得的支持，可以是物质上的支持，如金钱；也可以是精神上的支持，比如友谊、亲情等。社会支持，对在另一个不同于自己文化的国家生活的个体来说，意义重大。良好的社会支持网有助于减缓压力，促进身心健康。

朱国辉《高校来华留学生跨文化适应问题研究》（2011）的研究结果显示，国际学生在跨文化适应中遇到问题时，可能获得的社会支持分为：家人和亲戚朋友、中国朋友、其他外国朋友、在中国的本国同胞、老师和学校管理人员。陈慧等人在《跨文化适应影响因素研究述评》（2003）中指出，留学生中已经在中国生活学习一段时间的那些人会给新来华的留学生提供很多社会支持。因为，那些有相同旅居经历的人可以提供给旅居者信息，帮助他们应对新的环境。同胞还可以提供情感帮助，帮助他们宣泄自己的情感。社会支持是预测心理适应的显著因素。

3. 时间对心理适应的影响

最初对时间因素的研究是利斯加德（Lysgard）在 1955 年进行的，他通过对居住在美国的挪威人的调查研究，提出跨文化适应是一个 U 形曲线，这种理论认为跨文化适应是一个动态的过程，开始会处于对新的文化环境的兴奋期，然后开始出现危机。比如，该研究指出，居住在美国 6～18 个月的挪威学生比那些居住在美国低于 6 个月或高于 18 个月的人更不适应。他根据这一现象，总结出跨文化适应的 U 形曲线模型，非常形象地表现了跨文化适应者的"接触—冲突—适应"这种适应过程。如图 1-1 所示。

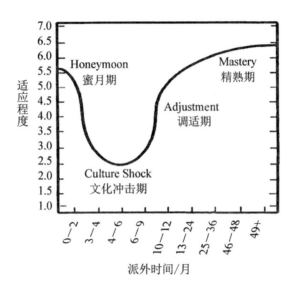

图 1-1 跨文化适应 U 形曲线模型

根据这一模式，奥伯格（Oberg）于 1960 年提出进行跨文化接触的人存在着情感适应的四个阶段。蜜月阶段：对于新鲜的文化感到兴奋；危机阶段：特征是感觉到不足、挫折和焦虑；恢复阶段：解决新环境中的危机；适应阶段：在新环境中重新适应。徐光兴在 2000 年通过对在日本留学的中国学生进行研究也得到了类似的结果。

根据"跨文化适应 U 形曲线模型"，格拉洪（Gullahorn）于 1963 年和 1966 年又先后提出了 W 形曲线假说，比前者更加详细地表现了跨文化适应的动态过程。朱国辉在《西方国际学生跨文化心理适应研究述评》（2011）中指出："U 形及 W 形曲线假设符合人们的直觉感受，在提出后的三十多年中占据了跨文化心理适应研究的中心地位。一方面它们为后来研究者进行纵向研究提供了有益启示，但另一方面由于它们自身存在的问题而遭到人们的质疑。"

关于中亚来华留学生跨文化适应中时间维度的研究还很少，这方面的研究对来自不同文化群体的留学生可能会得出不同的结果，这和文化距离是否有相关性，或者可能和其他因素相关，也是本专题研究将要探索的问题。

4. 文化距离

巴比克（Babiker）、考克斯（Cox）和米勒（Miller）三人 1980 年提出

"文化距离"的概念，指出文化距离是由于时间和空间的距离导致文化共同点较少而产生的陌生感和距离感。文化距离和跨文化适应难度呈正相关，文化距离越大，跨文化适应难度就越大。在跨文化适应时，当生活变化给人带来压力时，母文化与当地文化的差异性会起到调节作用。（李萍　等，2008）中亚地区与中国的"文化距离"前文也已经提到，它是影响中亚留学生跨文化适应的很重要的因素，但是这个因素在中亚来华留学生跨文化适应的过程中发挥了多重要的作用还值得探索。是否像前面研究的那样"文化距离越大，跨文化适应难度就越大"，还是有别的文化因素影响跨文化适应的效果？

5. 个体人格因素

通过对留学生或者其他跨文化适应群体的研究，学者们发现这样一个规律，个体的人格中的个性因素，如灵活性、想象力、跨文化交际技能都是促进跨文化适应的重要因素。还有一点就是跨文化适应者的个性因素是否和其所适应的文化相融也是必须要考虑的因素。对于这方面的研究也颇具实用性，通过对影响跨文化适应的人格因素的研究，跨国公司可以选拔出那些能更好适应当地文化的人才，扩大其员工的跨文化适应的成功率。（陈慧　等，2003）

人格对跨文化适应的影响，主要有两个著名的理论：麦克兰德斯的"大五"人格理论和艾瑞克森的"大三"人格理论。前者将人格特质划分为五个维度，包括外向性、神经质、开放性、宜人性和谨慎性；而艾瑞克森认为人格特质由三个维度构成，分别是内外倾、神经质和精神质。荷兰格罗宁根大学心理系的简・皮特・范・乌登霍芬（Jan Pieter Van Oudenhoven）等人基于"大五人格问卷"编制了多元文化人格问卷，经过大量研究于2000年得出结论，多元文化人格的五个维度，应包括文化的移情作用、交往主动性、情绪的稳定性、思维开放性和灵活性。在国外和我国台湾地区学界的相关研究中不仅证明该问卷具有良好的信效度，而且研究结果表明该问卷比"大五人格问卷"在跨文化情境方面有更好的预测效度。其中情绪稳定性与"大五"人格中的神经质维度表现出最高的负相关，交往主动性维度与"大五"人格中的外向性维度相关最高。（王芳，2008）

王芳的《中俄留学生人格特征与跨文化适应关系研究》（2008）、徐洁琳的《人格对在沪美国旅居者和定居者跨文化适应的影响》（2010）等，都是从个体人格因素角度对跨文化适应进行的研究。

二、留学生跨文化适应研究现状

（一）国外研究

当来自一种文化背景的人在进入另外一种陌生的文化时，为了自身的生存和发展，就必须使自己适应当地的生活和交际方式，于是就产生了跨文化适应（cross-culture adaptation）。在跨文化适应过程中，留学生会遇到各种各样的问题，生活上的、学习上的、心理上的，等等。因此，影响留学生跨文化适应的因素，以及如何帮助留学生更好地适应当地生活，就成为各国关心的问题。关于留学生跨文化适应的问题研究，在美国、英国、新西兰、澳大利亚等留学生教育发达的国家（由于他们的留学生教育历史比较长）很早就得到了重视，这些国家开展了很多这方面的研究，并且取得了很多重要的研究成果，为其留学生教育提供了重要参考。

从已检索的文献可以发现，对跨文化适应问题的研究者已经不仅仅限于人类学家和社会学家了，语言学、比较教育学、跨文化交际学等领域的专家纷纷加入该研究领域。国际著名比较教育研究专家阿尔特巴赫的《从比较的角度看留学生的影响与适应》是比较教育界关于留学生跨文化适应的代表作。随后的许多研究借鉴了该论文的一些观点和思路。

利兹格德（Lysgaard）的《斯堪的纳维亚访美富布莱特学者文化适应调查研究》，是研究者对访美的 200 名斯堪的纳维亚富布莱特学者进行跨文化研究的成果。根据研究的结果，他提出了著名的跨文化适应 U 形曲线理论。该理论认为旅居者进入新的文化环境中，最初怀着对新文化的好奇心，与当地人的接触也相当肤浅；有了一段时间的了解后，开始出现问题，产生危机感；但是，再经过一段时间之后，旅居者开始适应环境，慢慢适应当地的生活环境。虽然该理论有很多缺点，但是利兹格德的 U 形曲线理论给跨文化适应研究带来了巨大的影响，对跨文化适应的过程研究具有重要作用。

利兹格德研究的五年之后，美国人类学家奥伯格（Oberg）《跨文化适应中的文化休克》中提出了"文化休克"（culture shock，有时也译作"文化冲击"）的概念。他指出："文化休克是突然失去所熟悉的社会交往符号和象征，对于对方的社会符号不熟悉，而产生的一种突如其来的忧虑，和无所适从的深度焦虑症。"（杨军红，2009)[61] 该理论得到了很多研究者的认同和采用，它为跨文化适应提供了一种说法，虽然说有些许的极端。

英国的史密斯、加拿大的彭迈克和土耳其的库查巴莎合著的《跨文化社会心理学》（2009）从跨文化心理学的角度讨论社会心理学的重要命题，该书最大的特点是理论与实践相结合，注重案例的方法论分析。3 位来自不同国家的心理学家介绍了跨文化心理学的基本概念和框架，阐述了几个重要的文化理论及其研究内容、介绍了其跨文化研究方法、跨文化分析和研究的层面，从文化的角度来探讨了五个社会心理学话题，探讨了发展与家庭、社会认知、人格、沟通和建立关系、组织行为。该书作者列举了很多著名的文化调查实验案例，为本研究提供了重要的理论基础和方法论。

美国萨莫瓦尔（Samovar）等的《跨文化交际（第 7 版）》（2012）一书（我国通常译为《跨文化传播》），阐述了跨文化传播的基本理论与研究方法，同时对跨文化交流的方法做出了很详尽的描述。这是一本理论与实践相结合的跨文化交际论著，对研究者做好中亚留学生跨文化适应能力培养的研究有很大的启发。

关于跨文化的研究，从跨文化心理学到跨文化交际学的转向在国际上越来越引起文化研究者的兴趣和重视，跨文化理论也愈见成熟。本研究希望能从以上著作中吸收营养，运用跨文化研究的当下理论，通过研究来华留学生这一群体的跨文化适应和跨文化交际，丰富跨文化研究的理论和研究方法。

（二）国内研究

随着改革开放的进行，我国留学生教育不断朝前发展，关于留学生跨文化适应的研究也在不断增加。但是，由于起步较晚，我国这方面的研究还有待补充和完善。我国国内跨文化适应的研究主要集中在对留学生、短期工作者等的跨文化适应研究。

陈向明的《旅居者和"外国人"——留美中国学生跨文化人际交往研究》（2004）用质的研究方法，从跨文化交际学视角对中国留学生在美国的社会交往和跨文化适应进行了研究。该书是陈向明在其博士论文基础上进行修改的，"是一个比较完整的研究报告，描述了经过长时间的研究过程，对参与者进行跨地域追踪，通过访谈、观察和移情分析等手段获得的研究结果"。该书涉及社会学、文化学、跨文化交际学及教育学等多学科的研究探讨，并且在研究方法上，不仅涉及理论探讨和方法操作，而且还完整地反映了研究过程和结果。该书提到的观察方法、访谈技巧等研究方法，给研究者进行中亚来华留学生跨文化适应研究很多启示和指导。

目前的跨文化适应的相关研究心理学家们做得比较多，他们主要关注个体的心理状态的研究。郑雪、David Sang（2003）研究了中国学生在加拿大的心理适应问题。陈慧（2003）也从心理学的角度分析了在京留学生跨文化适应及其影响因素。肖三蓉的《美国华人移民的异文化压力与心理健康》（2009）一文，通过质的研究方法深入细致地考察了 13 名美国华人移民在文化适应过程中跨文化适应压力的体验，以及跨文化适应压力与心理健康的关系模式在美国华人移民日常生活中的具体表现，并从理论上探讨了美国华人移民的压力源及应对策略。再比如王佳蕾的硕士论文《日本旅居者在上海的跨文化适应研究》的研究也是这方面的代表。跨文化适应也因此成为当今跨文化心理学研究中最重要的领域之一。

理论总结方面，孙进《文化适应问题研究：西方的理论与模型》（2010）对本领域内多个不同的文化适应理论和模型做出了全面的总结。这些理论包括：贝里（Berry）的"跨文化适应模型"，它区分了文化适应"融合、分离、同化和边缘化"四个不同的类型；沃德（Ward）的"文化适应过程模型"，它描述了文化适应的过程及社会心理层面上的影响因素；还有丹克沃特（Danckwortt）的"对陌生文化的适应理论"，它全面总结并分析了文化适应的特点、领域、过程和阶段。这三个理论与模型对于跨文化适应研究有重要意义，有利于推进对留学生和少数民族学生的文化适应问题的研究，并且对本土化文化适应理论的构建具有十分重要的意义。对于这些理论，我们要结合我们现有的实际情况来批判地吸收和借鉴。

亓华、李秀妍的《在京韩国留学生跨文化适应问题研究》（2009）通过社会文化适应和心理适应两个方面研究留学生的跨文化适应情况。该研究通过对在京韩国留学生的开放式问卷调查以及个人访谈，分析了影响韩国留学生跨文化适应的因素，以及中国和韩国社会文化观念和行为习惯的差异。

　　杨军红《来华留学生跨文化适应问题研究》（2009）是研究留学生跨文化适应方面比较全面的成果。为了解来华留学生适应状况，发现留学生教育和管理中存在的问题，研究者在全国 6 所高校 200 多位来自世界各地的留学生中进行了问卷调查和深入访谈。研究从来华留学生的日常生活入手，从自然环境和日常生活、语言障碍、人际交往、学术状况、心理压力等了解来华留学生的适应状况，探索影响留学生适应的个人因素和社会环境因素。

　　朱国辉撰写的博士论文《高校来华留学生跨文化适应问题研究》（2011）研究发现：第一，相关分析的结果表明，来华留学生跨文化适应的三个维度即心理适应、社会文化适应、学术适应既相互联系又相互独立，国际学生跨文化适应的三维度结构模型在来华留学生群体上得到了实证检验；第二，来华留学生总体上主要属于轻度抑郁的群体，但应作为心理问题预防的对象；第三，来华留学生社会文化适应困难程度整体上属于中等程度；第四，来华留学生学术适应困难程度总体上属于中等程度，学校的基础设施条件有待提高。

　　孙凤格在硕士论文《中亚来华留学生跨文化适应研究——以新疆师范大学为例》（2012）中提出，留学生的个体因素、是否参加社会文化活动、语言交际能力等，都会影响其跨文化适应水平。该文主要采用定性的方法进行研究，研究对象是新疆师范大学的中亚来华留学生。

　　刘宏宇、贾卓超在《来华留学生跨文化适应研究——以来华中亚留学生为个案》（2014）中，通过对来疆中亚留学生的跨文化适应情况进行调查发现，该群体跨文化适应过程中面临着七类主要问题；社会环境、个体因素、语言障碍、原有的文化和心理等四个方面是造成跨文化适应的主要影响因素。文章提出，通过在留学生教育和管理中采取差别管理与趋同管理、有效利用留学生的社会关系网络、加强对留学生跨文化支持等方式，可有助于使来华中亚留学生顺利进行跨文化适应。

　　随着人类社会全球化的发展，世界逐渐变成一个"地球村"，各个国家的发展紧密相关，国际交流也日益密切。跨文化适应的研究是当今社会发展的一个必然趋势。近年来中亚与中国的留学生交流日益密切，但是来自中亚的留学生在中国的生活、社会适应过程中遇到了各种问题，这也日益成为学者关注的焦点。

三、当前留学生跨文化适应研究存在的问题

通过以上文献检索和归纳，我们发现，目前关于留学生跨文化适应问题的研究，在国际上得到越来越多的文化学家、心理学家、语言学家、社会学家的重视，各个学科领域的学者根据自己的专业倾向，分别从各自专业角度或者从多角度对这个问题做了大量的研究。但是，跨文化适应研究还是存在如下几个问题。

一是研究对象分布很不均匀。研究的对象还是局限于在欧美国家和东南亚国家的中国留学生和欧美地区来华留学生，针对来自新兴国家的留学生的跨文化适应研究还很少。

二是研究理论过度依赖国外现有理论，定量研究和定性研究结合不够。留学生教育发达的国家在这方面的理论建设、概念体系比较健全，在学术界长期占统治地位。我国近几年来留学生跨文化适应研究数量逐渐增多，内容逐渐丰富，也开始形成自己的理论框架，但还是存在过度依赖西方理论的问题。如果我们稍加思考，就不难推断，完全套用西方的理论来解释中国独特社会文化下的留学生跨文化适应问题是行不通的，首先是因为中国文化中的独特成分不适应西方的理论体系，因而不能被纳入其理论体系内。其次是没有意识到跨文化适应过程的复杂性，质的研究和量的研究结合不够。

三是各个研究合作机制不完善，各自为政。从上述文献中发现，各个机构或者学科的研究都是各自守住自己的阵地，只是以方便取样为前提获得研究样本，所以出现了研究对象、研究层面选择不一的局面，我国学术界对于这个问题的研究几乎没有一个系统的研究。

通过文献综述，我们分析了各个研究的方向，确保本研究不会重复前面已有研究，同时总结了以往研究的经验与不足，为本研究打下基础。

第三节 研究设计及调查实施

一、研究设计

（一）研究对象

所谓"丝绸之路经济带"，本质上就是从中国开始，沿着丝绸之路途经的国家和丝绸之路两侧附近的国家，从亚洲一直到欧洲，构建一个经济发展走廊。从"丝绸之路经济带"所容纳的国家和地区，我们可以看出，这正符合欧亚大陆经济整合的大方向。沿着这个大方向前进，将惠及将近世界一半的人口。（占豪，2013）

本次调查中的丝绸之路沿线国家特指中亚地区的哈萨克斯坦、吉尔吉斯斯坦、塔吉克斯坦、乌兹别克斯坦、土库曼斯坦等 5 个国家，之所以选择这 5 个国家进行研究，主要基于以下考虑。

第一，中亚五国与中国有着良好的战略合作关系，对中国的地缘政治安全、反恐、能源、粮食安全等方面都有着非常重要的作用。关于"一带一路"的构想就是 2013 年 9 月 7 日，中国国家主席习近平在哈萨克斯坦首都阿斯塔纳的纳扎尔巴耶夫大学发表的题为"弘扬人民友谊 共创美好未来"的演讲中第一次提出的。中亚国家作为丝绸之路经济带自中国向西延展的首站，就目前国际形势可以看到，中亚不但是中欧陆路贸易的必经之路，还是唯一安全的路径。对中亚国家的研究，可操作性较强，并且研究成果可以为今后扩展到丝绸之路沿线其他国家做进一步延伸研究提供样本和研究范式的支撑。

第二，中亚五国在历史上具有很深的渊源，它们都是古丝绸之路上的国家，都曾经是苏联时期的加盟共和国，都于 20 世纪 90 年代初成为独立的国家，拥有比较相近的人文环境，普遍信奉伊斯兰教，俄语是该地区交际通用语言等。五国所处的地理位置优越，处于亚欧大陆的中心，与中国西北有着很强的地缘关系。正是基于以上的相似之处，"中亚五国"常常被作为一个整体概念而出现。五国来华留学生在文化、语言、生活习惯、学习特点、宗教信仰等方面有着很强的同质性,对其进行研究将有助于了解、分析、解决该群体在中国的跨文化适应问题。

第三,近年来中国与中亚五国在一系列领域内的良好合作极大地提高了汉语在中亚地区的传播热度,中亚各国来华留学生的数量持续增长,2014年仅哈萨克斯坦一国的来华留学生就达到 11764 人,人数连续 7 年位居来华留学国家第 9 位。①其他 4 个国家的来华留学生人数也在持续增长,2013年吉尔吉斯斯坦位居第 22 位,土库曼斯坦位居第 28 位,塔吉克斯坦位居第 33 位,乌兹别克斯坦位居第 37 位,排在 66 个来华留学生人数超百人国家的前半区。5 个国家合计人数达到 18313 人,占 2013 年来华留学生总人数的 5.1%,占亚洲地区来华留学生总人数的 8.3%。②从表 1-1 中可以看出,2013 年较 2012 年来华留学生人数有较大幅度的增长。

表 1-1 2012 年和 2013 年中亚来华留学生人数统计表

国别	人数		涨幅/%
	2012 年	2013 年	
哈萨克斯坦	9565	11165	16.7
吉尔吉斯斯坦	2513	3115	24.0
土库曼斯坦	1602	2089	30.4
塔吉克斯坦	1398	1944	39.1
乌兹别克斯坦	1347	1805	34.0

对比表 1-2 中来华留学生人数位居世界前五的国家的数据,中亚五国来华留学生人数 2013 年相较于上一年度的涨幅是很大的。

数据表明,随着"一带一路"倡议的实施,中亚国家已经成为来华留学的新的增长点,研究丝绸之路沿线中亚国家来华留学生在中国社会中的文化适应及其文化调适,进而归纳该群体跨文化适应的特点,从跨文化的角度对中亚留学生汉语学习的特点及由文化差异引起的汉语学习的难点进行研究,最终提出相关的解决措施,在具体教学活动、教育管理、生活管

① 参见教育部国际合作与交流司《来华留学生简明统计》2008—2014 年各卷。
② 参见教育部国际合作与交流司《来华留学生简明统计》(2013 年)。统计显示世界来华留学生总数为 356499 人,其中亚洲来华留学生总人数为 219808 人。

理等方面为培养该群体的高校提供具有针对性的实施策略，将会深化和提高我国教育的国际化水平。

表 1-2　2012 年和 2013 年世界来华留学生人数前五位国家统计表

国别	人数		涨幅/%
	2012 年	2013 年	
韩国	63488	63029	-0.7
美国	24583	25312	3.0
泰国	16675	20106	20.6
日本	21126	17226	-18.5
俄罗斯	14971	15918	6.3

综合以上因素，我们将丝绸之路沿线国家来华留学生研究聚焦在中亚五国的来华留学生群体上。

（二）研究框架

本研究聚焦三个层面的问题：

第一，丝绸之路沿线国家来华留学生来到中国后面临着哪些方面的跨文化适应？

第二，丝绸之路沿线国家来华留学生跨文化适应有什么样的特点？

第三，如何能够有针对性地发现和解决丝绸之路沿线国家来华留学生跨文化适应中遇到的问题？

在此问题导向下，将研究框架确定为：

首先，丝绸之路沿线国家来华留学生跨文化适应情况调查研究，包括社会适应、学业适应、跨文化交际适应、跨文化心理适应四个方面；

其次，丝绸之路沿线国家来华留学生跨文化适应影响因素研究，包括环境因素、个体因素、社会因素和中国民众对其跨文化适应影响因素等四个方面；

最后，对丝绸之路沿线国家来华留学生跨文化适应的特点进行总结归纳，并在此基础上提出有针对性的建议。

（三）研究方法及研究工具设计

本研究采用定性与定量相结合的研究方法，通过问卷调查采集定量数据，鉴于问卷采集的数据虽然能保证量的要求，但是很容易陷入"知其然不知其所以然"的困境，因此本研究又在问卷之外加入了访谈的方法，以"质的研究"为补充，对问卷数据中体现的重点和难点进行了有针对性的访谈。

　　课题组成员既包括有着丰富留学生教育和管理经验的从事汉语国际教育的教师、汉语国际教育专业的研究生，也包括来自中亚国家的留学生。研究之始，我们先查阅了跨文化适应研究的相关文献，了解目前关于跨文化研究相关成果，汲取其中有价值的资料，将研究集中在跨文化社会适应、跨文化学业适应、跨文化交际适应、跨文化心理适应等四个主要方面，并参考相关研究初步形成了来华留学生跨文化适应研究调查问卷的初稿；在此基础上对新疆师范大学丝绸之路经济带来华留学生进行了预调查，并根据预调查的结果，对数据中存在的一些疑难之处进行了有针对性的访谈，随后又对问卷中存在的问题进行了修正；其后，又和相关的专家、汉语国际教师和中亚国家的来华留学生进行了较为充分的交流，最终形成了中文版的《中亚来华留学生跨文化适应调查问卷》《中亚来华留学生跨文化适应访谈提纲》及《中国民众对中亚来华留学生的看法与态度调查问卷》等 3份调查问卷。之后，请吉尔吉斯斯坦的研究生乌兰进行了初步翻译，又经学校外教玛丽女士做了校对，最终形成了俄文版的《中亚来华留学生跨文化适应调查问卷》。

　　在调查过程中，由课题组的中方成员进行具体调查，由课题组的自吉尔吉斯斯坦、塔吉克斯坦、哈萨克斯坦来华留学的研究生担任翻译工作；除了在新疆师范大学进行集体调查外，其余高校基本上采取一对一的访谈式问卷调查，调查员们深入各高校中亚来华留学生的课堂、宿舍、聚会中进行调查，并对其中具有典型性的样本进行了访谈。

二、抽样实施

　　由于丝绸之路沿线国家来华留学生分布较广，且没有详细的统计资料可以判断其分布的范围，实地调研涉及的学校多，末级抽样单位分散，无法科学有效地获得概率抽样合格的抽样框，因此本研究采取非概率抽样，主要采用的是判断抽样（judgmental sampling）。具体抽样过程如下。

（一）初级抽样单位的获得

　　我们先对笔者所在单位的中亚留学生进行广泛的访谈，重点了解其本人向往的留学城市、其亲友所在的留学城市等信息，在此基础上结合相关的文献研究，确定了 6 个初级抽样单位。

本研究以中国北京、上海、广州、西安、武汉、乌鲁木齐等 6 个城市为一级抽样单位。选取以上 6 个城市作为样本的原因在于：北京是中国的首都，也是中国的文化中心，根据教育部统计，北京 2014 年留学生数量达到 74342 人，是来华留学生最多的城市，作为华北地区的样本；上海是中国经济最发达的城市，2014 年度以 55911 人成为来华留学生数量第二的城市，是华东地区的样本；广东省 2014 年来华留学生数量为 21298 人，居全国第五，广州是广东省的省会，也是泛珠江三角洲经济区的中心城市和"一带一路"枢纽城市，在本研究中为华南地区的样本；湖北省 2014 年留学生数量为 15839 人，武汉是湖北省的省会，是华中地区的样本。陕西省是如今丝绸之路经济带"面向中亚、南亚、西亚国家的通道、商贸物流枢纽、重要产业和人文交流基地"，西安是古丝绸之路的起点，是陕西省的省会城市，也是中国西北地区的文化中心。新疆是古丝绸之路的枢纽，《推动共建丝绸之路经济带和 21 世纪海上丝绸之路的愿景与行动》提出："发挥新疆独特的区位优势和向西开放重要窗口作用，深化与中亚、南亚、西亚等国家交流合作，形成丝绸之路经济带上重要的交通枢纽、商贸物流和文化科教中心，打造丝绸之路经济带核心区。"乌鲁木齐作为新疆维吾尔自治区首府城市，在与丝绸之路沿线国家的交流上有着很强的地缘优势，也是丝绸之路沿线国家留学生较为集中的城市。西安和乌鲁木齐两座城市作为西北地区的样本。

从一级抽样单位的分布可以看出，以上 6 个城市分别为中国华北、华东、华南、华中和西北经济、文化最为发达的地区，具有较强的代表性。

（二）次级抽样单位的获得

在具体调研中，我们深入以上 6 个初级抽样单位进行抽样研究，次级抽样单位为丝绸之路沿线国家来华留学生所就读的院校，本级抽样采取判断抽样结合滚雪球抽样（snowball sampling）的方法来进行。具体过程为：先根据访谈数据在 6 个初级抽样单位中选取了北京语言大学、中央民族大学、北京交通大学、上海师范大学、上海外国语大学、武汉大学、华中师范大学、中山大学、暨南大学华文学院、陕西师范大学、新疆师范大学 11

个院校作为次级抽样单位，再在具体的调研中，利用末级抽样样本引入新的抽样个体，然后进入新的抽样个体所在的院校进行调查，最终又增加 12 所院校加入次级抽样单位的抽样框。按照这种方法，最终共获得次级抽样单位 23 个，具体情况见表 1-3。

表 1-3　个体在学校中的分布情况表

学校	频率	有效百分比/%	累积百分比/%
北京语言大学	42	7.7	7.7
中央民族大学	29	5.3	13.0
北京交通大学	6	1.1	14.1
中央财经大学	9	1.6	15.7
北京航空航天大学	13	2.4	18.1
北京第二外国语学院	18	3.3	21.4
上海外国语大学	27	4.9	26.3
上海理工大学	6	1.1	27.4
上海财经大学	10	1.8	29.2
同济大学	5	0.9	30.1
上海师范大学	16	2.9	33.0
武汉大学	12	2.2	35.2
华中师范大学	45	8.2	43.4
新疆师范大学	108	19.7	63.1
西北大学	76	13.9	77.0
陕西师范大学	15	2.7	79.7
西安交通大学	9	1.6	81.4
西北工业大学	5	0.9	82.3
西安外国语大学	12	2.2	84.5
华南理工大学	35	6.4	90.9
华南师范大学	38	6.9	97.8
中山大学	8	1.5	99.3
暨南大学华文学院	4	0.7	100.0
合计	548	100.0	

表 1-3 显示的是在 23 个次级抽样单位中个体的分布情况。

其中，北京的院校有北京语言大学、中央民族大学、北京交通大学、中央财经大学、北京航空航天大学、北京第二外国语学院等 6 所高校，上海的院校有上海外国语大学、上海理工大学、上海财经大学、同济大学、上海师范大学等5所高校，武汉的院校有武汉大学、华中师范大学等2所高校，广州的院校有华南理工大学、华南师范大学、中山大学、暨南大学华文学院等4所高校，西安的院校有西北大学、陕西师范大学、西安交通大学、西北工业大学、西安外国语大学等5所高校，乌鲁木齐的高校有新疆师范大学。上述高校分布在华北、华东、华中、华南、西北等地区，在地区分布上具有较强的代表性。

以上高校中既有综合类的院校，又有理工科类的院校，也有偏重语言教育类的院校，从学校类型分布上看，样本具有较强的代表性。这23所院校，在2013年全国184所招收留学生的院校中，留学生招生数量位居前50名的有13所：北京语言大学（第1位）、同济大学（第10位）、上海外国语大学（第13位）、暨南大学（第16位）、中山大学（第19位）、华中师范大学（第25位）、上海财经大学（第27位）、武汉大学（第30位）、上海师范大学（第36位）、华南理工大学（第38位）、西安交通大学（第43位）、新疆师范大学（第45位）、北京航空航天大学（第50位）。其余10所既有处于中游的北京交通大学（第62位）、北京第二外国语学院（第64位）、华南理工大学（第66位）、陕西师范大学（第83位）、中央民族大学（第108位），也有位居后半区的中央财经大学（第126位）、西北工业大学（第127位）、上海理工大学（第130位）、西安外国语大学（第139位）、西北大学（第180位）等院校，从招生人数分布上来看也较有代表性。

（三）末级抽样单位的获得

末级抽样单位也就是本研究中的个体——丝绸之路沿线国家来华留学生。末级抽样采取的是滚雪球抽样为主结合偶遇抽样（accidental sampling）的方法，正如上文阐述的，中亚地区具有的文化、语言、宗教及生活习惯使他们具有很强的凝聚力。中国有句古话："在家靠父母，出门靠朋友。"在中亚也具有这样的理念，他们很重视与自己关系亲近的朋友，尤其是在国外。同胞是心灵的安抚剂，是信息源。朋友间可以分担压力，分享快乐。留学生在自己本国同胞的圈子里，使用母语交流，保持原有的习惯。（刘宏宇　等，2014）再加上不论是俄语还是他们的母语都是小语种，留学生要在一个异文化的国度寻求心理的慰藉，很容易结成自己的相同国籍或相同语言的朋友圈。这使得滚雪球抽样成为一个很好的抽样手段。具体抽样过程如下：先进入次级抽样单位，选取合格对象进行末级抽样，然后利用接触到的个体进行滚雪球抽样，最终得到 548 个研究个体。末级抽样单位的分布情况见表 1-3。

结合表 1-4 可以了解到丝绸之路沿线国家来华留学生在 6 座城市中的分布情况。

表 1-4　个体在城市中的分布情况表

城市	频率	有效百分比/%	累积百分比/%
北京	117	21.3	21.3
上海	64	11.7	33.0
武汉	57	10.4	43.4
乌鲁木齐	108	19.7	63.1
西安	117	21.4	84.5
广州	85	15.5	100.0
合计	548	100.0	

表 1-4 中的数据显示，北京、西安、乌鲁木齐的样本数位居前三，其他城市的样本数之间相差不大，都在总样本数的 10%以上。可见，样本在各个城市分布较为平均。结合表 1-3 可以看出，西北地区的西北大学和新疆师范大学样本数最多，占总样本数的 33.6%；华北地区的北京语言大学和中央民族大学样本数最多，占总样本数的 13.0%；华东地区的上海外国语大学和上海师范大学样本数最多，占总样本数的 7.8%；华南地区的华南师范大学和华南理工大学样本数最多，占总样本数的 13.3%。

综上所述，本次研究共分三级抽样，在 5 个地区、6 座城市、23 所高校中共抽取研究个体 548 名，各级样本具有较强的代表性，将为研究的深入开展提供科学有效的样本支持。

三、个体情况

本研究是建立在对以上 5 个地区 6 座城市 23 所高校的 548 名丝绸之路沿线国家来华留学生进行实地调查所得数据的基础上的。下面将对本书的研究个体，也就是这 548 名来华留学生进行数据分析，从而呈现丝绸之路沿线国家来华留学生的基本情况。

（一）丝绸之路沿线国家来华留学生国别分布情况

本研究的对象为哈萨克斯坦、吉尔吉斯斯坦、塔吉克斯坦、乌兹别克斯坦、土库曼斯坦等 5 个中亚国家的来华留学生。表 1-5 显示的是留学生的国别分布情况。

表 1-5　丝绸之路沿线国家来华留学生国别分布情况表

值	国别	频率	有效百分比/%	累积百分比/%
有效	哈萨克斯坦	230	42.0	42.0
	塔吉克斯坦	85	15.5	57.6
	吉尔吉斯斯坦	177	32.4	89.9
	土库曼斯坦	9	1.6	91.6
	乌兹别克斯坦	46	8.4	100.0
	合计	547	100.0	
缺失		1		
合计		548		

可以看出，样本中哈萨克斯坦留学生数量最多，接下来依次是吉尔吉斯斯坦、塔吉克斯坦、乌兹别克斯坦和土库曼斯坦。这与表 1-1 显示的 2013 年度来华留学生国家排名基本一致，只是土库曼斯坦留学生数量较少。

（二）丝绸之路沿线国家来华留学生性别及年龄分布情况

表 1-6 是样本的性别与年龄情况。

表 1-6　丝绸之路沿线国家来华留学生性别/年龄交叉表

性别	计数及百分比	年龄					合计
		17 岁以下	18～23 岁	24～29 岁	30～35 岁	36 岁以上	
男	计数/人	23	262	46	4	1	336
	性别中的百分比/%	6.8	78.0	13.7	1.2	0.3	100.0
	总数的百分比/%	4.2	48.1	8.4	0.7	0.2	61.7
女	计数/人	13	160	30	5	1	209
	性别中的百分比/%	6.2	76.6	14.4	2.4	0.5	100.0
	总数的百分比/%	2.4	29.4	5.5	0.9	0.2	38.3
合计	计数/人	36	422	76	9	2	545
	性别中的百分比/%	6.6	77.4	13.9	1.7	0.4	100.0
	总数的百分比/%	6.6	77.4	13.9	1.7	0.4	100.0

可以看出，样本中男性较多。男女性在各个年龄段的比例基本一致，丝绸之路沿线国家来华留学生年龄段主要集中在 18～23 岁，这个年龄段正好是这些国家青少年完成中学教育进入高等教育的年龄段。30 岁以上的样本较少。

（三）丝绸之路沿线国家来华留学生就读的学历、专业、HSK 等级情况

1. 学历情况

为了进一步了解各个年龄段的留学生学历情况，我们进行了年龄与学历交叉统计，数据显示如下（表 1-7）。

表 1-7　丝绸之路沿线国家来华留学生年龄/学历交叉表

年龄	计数及百分比	学历				合计
		非学历	本科	硕士研究生	博士研究生	
17 岁以下	计数/人	24	9	0	0	33
	学历中的百分比/%	9.5	4.2			6.3
	总数的百分比/%	4.6	1.7			6.3
18～23 岁	计数/人	184	188	34	0	406
	学历中的百分比/%	73.0	88.7	57.6		77.2
	总数的百分比/%	35.0	35.7	6.5		77.2
24～29 岁	计数/人	36	14	24	2	76
	学历中的百分比/%	14.3	6.6	40.7	66.7	14.4
	总数的百分比/%	6.8	2.7	4.6	0.4	14.4
30～35 岁	计数/人	7	1	0	1	9
	学历中的百分比/%	2.8	0.5		33.3	1.7
	总数的百分比/%	1.3	0.2		0.2	1.7
36 岁以上	计数/人	1	0	1	0	2
	学历中的百分比/%	0.4	0.0	1.7		0.4
	总数的百分比/%	0.2	0.0	0.2		0.4
合计	计数/人	252	212	59	3	526
	学历中的百分比/%	100.0	100.0	100.0	100.0	100.0
	总数的百分比/%	47.9	40.3	11.2	0.6	100.0

从表 1-7 可以看出，丝绸之路沿线国家留学生中学历生所占比例为 52.1%，非学历生为 47.9%，2013 年全国范围内来华留学生类别构成为：

学历生占 41.5%，非学历生占 58.5%。两者比例没有太大差异。其中本科
生比例为 40.3%，高于 2013 年全国的 29.5%；研究生比例为 11.2%，与全
国的 11.4% 基本持平。由此可见，丝绸之路沿线国家来华留学生的学历类
别构成与全国情况基本一致。

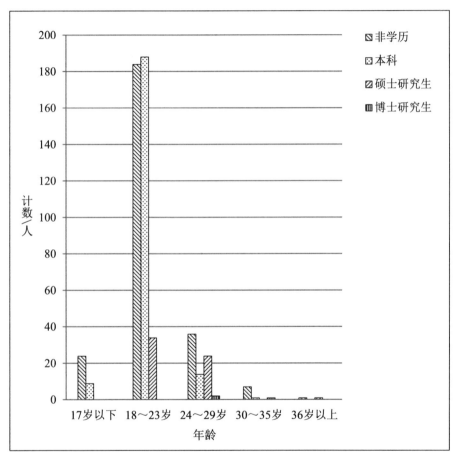

图1-2　丝绸之路沿线国家来华留学生年龄/学历图

从图 1-2 可以清楚地看到：18～23 岁年龄段的留学生中学历生和非学
历生的数量基本持平，研究生及以上学历的学生数量不多，博士研究生的
数量更少。

基于以上统计数据，可以发现，丝绸之路沿线国家来华留学生中，处
于 18～29 岁这个学习黄金年龄段的人数是主体，这些学生在中国的留学经
历将为其今后的工作和生活留下一段难以磨灭的记忆，对他们人生有着较

大的影响。

2. 专业情况

丝绸之路沿线国家留学生来到中国求学，他们最为青睐的专业有哪些呢？表 1-8 中的数据显示，样本涉及 6 个专业领域。

表 1-8　丝绸之路沿线国家来华留学生专业/学历交叉表

专业	计数及百分比	学历				合计
		非学历	本科	硕士研究生	博士研究生	
汉语	计数/人	205	137	51	3	396
	学历中的百分比/%	85.1	67.8	87.9	100.0	78.6
	总数的百分比/%	40.7	27.2	10.1	0.6	78.6
金融	计数/人	14	28	5	0	47
	学历中的百分比/%	5.8	13.9	8.6		9.3
	总数的百分比/%	2.8	5.6	1.0		9.3
国际贸易	计数/人	13	19	2	0	34
	学历中的百分比/%	5.4	9.4	3.4		6.7
	总数的百分比/%	2.6	3.8	0.4		6.7
国际关系	计数/人	8	10	0	0	18
	学历中的百分比/%	3.3	5.0			3.6
	总数的百分比/%	1.6	2.0			3.6
工商管理	计数/人	1	6	0	0	7
	学历中的百分比/%	0.4	3.0			1.4
	总数的百分比/%	0.2	1.2			1.4
城市规划	计数/人	0	2	0	0	2
	学历中的百分比/%		1.0			0.4
	总数的百分比/%		0.4			0.4
合计	计数/人	241	202	58	3	504
	学历中的百分比/%	100.0	100.0	100.0	100.0	100.0
	总数的百分比/%	47.8	40.1	11.5	0.6	100.0

其中，汉语专业的留学生在各个学历层面都占绝对的多数，汉语专业包括：汉语言、汉语国际教育、商贸汉语、翻译等方向。留学生数量第二多的是经济相关专业，包括金融和国际贸易方向。接下来依次是法学，即国际关系；管理，即工商管理；工科，即城市规划等专业。除了汉语言类

专业外，其他专业留学生都是学历生占多数。以上专业领域都涵盖在来华留学生学习专业的 14 个类中[①]，但是与全国的平均排序不同的是，经济类专业排在第 2 位，占留学生总数的 16.0%，这是一个非常具有中亚特色的现象，将在后面"来华留学的目的及动机"一节做进一步的论述。与此同时，医学、文学等全国排名靠前的专业没有抽取到合格的样本，这也可以说明，中亚来华留学生专业选择的兴趣点有着很强的特色。

3. 汉语水平考试（HSK）情况

表 1-9 所列的是对各城市丝绸之路沿线国家来华留学生汉语水平的调查情况。

表 1-9 丝绸之路沿线国家来华留学生 HSK/城市交叉表

HSK 等级	计数及百分比	城市						合计
		北京	上海	武汉	乌鲁木齐	西安	广州	
无等级	计数/人	17	5	6	26	18	14	86
	HSK 中的百分比/%	19.8	5.8	7.0	30.2	20.9	16.3	100.0
	城市中的百分比/%	14.5	7.8	10.5	24.1	15.4	16.5	15.7
一级	计数/人	7	9	6	4	9	0	35
	HSK 中的百分比/%	20.0	25.7	17.1	11.4	25.7		100.0
	城市中的百分比/%	6.0	14.1	10.5	3.7	7.7		6.4
二级	计数/人	3	6	1	1	9	1	21
	HSK 中的百分比/%	14.3	28.6	4.8	4.8	42.9	4.8	100.0
	城市中的百分比/%	2.6	9.4	1.8	0.9	7.7	1.2	3.8
三级	计数/人	20	6	6	26	26	4	88
	HSK 中的百分比/%	22.7	6.8	6.8	29.5	29.5	4.5	100.0
	城市中的百分比/%	17.1	9.4	10.5	24.1	22.2	4.7	16.1
四级	计数/人	32	18	12	31	21	16	130
	HSK 中的百分比/%	24.6	13.8	9.2	23.8	16.2	12.3	100.0
	城市中的百分比/%	27.4	28.1	21.1	28.7	17.9	18.8	23.7
五级	计数/人	28	12	26	13	27	40	146
	HSK 中的百分比/%	19.2	8.2	17.8	8.9	18.5	27.4	100.0
	城市中的百分比/%	23.9	18.8	45.6	12.0	23.1	47.1	26.6

① 根据教育部发布的"2013 年来华留学生学习专业（类）分布"，依次为：1. 汉语言；2. 西医；3. 工科；4. 文学；5. 管理；6. 经济；7. 中医；8. 法学；9. 教育；10. 艺术；11. 理科；12. 农科；13. 历史；14. 哲学。

续表

HSK 等级	计数及百分比	城市						合计
		北京	上海	武汉	乌鲁木齐	西安	广州	
六级	计数/人	10	8	0	7	7	10	42
	HSK 中的百分比/%	23.8	19.0		16.7	16.7	23.8	100.0
	城市中的百分比/%	8.5	12.5		6.5	6.0	11.8	7.7
合计	计数/人	117	64	57	108	117	85	548
	HSK 中的百分比/%	21.4	11.7	10.4	19.7	21.4	15.5	100.0
	城市中的百分比/%	100.0	100.0	100.0	100.0	100.0	100.0	100.0

经卡方检验,HSK 等级在城市间具有显著性差异。具体数据见表 1-10。

表 1-10　卡方检验表

卡方类型	值	df	渐进 Sig.（双侧）
皮尔逊（Pearson）卡方	100.446[a]	30	0.000
似然比	108.433	30	0.000
线性和线性组合	0.194	1	0.660
有效案例中的 N	548		
a. 10 单元格（23.8%）的期望计数少于 5；最小期望计数为 2.18。			

从表 1-9 的数据可以解读出，从横向上看，HSK 中级（四至五级）及以上的中亚来华留学生占北京该群体的 59.8%，上海的比例则为 59.4%，武汉达到 66.7%，乌鲁木齐为 47.2%，西安为 47.0%，广州则达到 77.7%。除西安和乌鲁木齐外，中亚来华留学生 HSK 中级及以上等级者占多数，其中广州的留学生汉语水平最高。

综上所述，本次研究中涉及的丝绸之路沿线国家来华留学生全部来自中亚的 5 个国家，其中哈萨克斯坦留学生数量最多。样本中男性较多，年龄段则主要集中在 18～29 岁，学历教育和非学历教育留学生数量基本持平，他们来华留学最主要的专业是汉语言类。各个城市学生汉语水平以中级及以上者为主，其中汉语水平最高的城市为广州，最低的为西安。

第二章
丝绸之路沿线国家来华留学生跨文化社会适应情况研究

　　通过对前人研究的梳理发现，目前对跨文化适应的研究基本是从跨文化心理、跨文化交际和跨文化比较几个方面进行的，然而这些研究虽各有其优势，但都只专注了跨文化的一个方面。本研究在前人研究成果的基础上加上了社会适应和学业适应两个方面，试图从更为全面的角度对留学生的跨文化适应进行研究。由于涵盖面更广，涉及的调查点就更多。为了保证调查的信度和效度，在多次预调查和访谈的基础上，又将每个方面继续划分成一些详细指标，最后又细化为具体的有代表性的问题来进行调查。当然，由于能力所限，虽然对各类研究多有参考，但设计和写作过程中难免有一些不足和疏漏，权当为今后学者们更高深的研究提供垫脚之石吧。

　　本书对丝绸之路沿线国家来华留学生跨文化适应的研究，将从以下四个方面展开：第一是社会适应，包括对留学城市的自然、人文环境的适应，以及日常生活适应，包括衣、食、住、行及生活习惯、校园活动等方面；第二是学业适应，包括学习环境、授课方式、学校管理、课程设置、汉语学习、学习压力等方面；第三是跨文化交际，包括言语交际、非言语交际、交际风格、文化及价值观等方面；第四是跨文化心理，包括跨文化自我评判、跨文化困难度等方面。

　　社会适应考察的是丝绸之路沿线国家来华留学生对中国社会的适应情况，主要是从城市自然环境、市民公共道德素质、衣、食、住、行、交通、生活习惯、校园活动等 9 个方面共 31 个适应指标进行研究。

第一节　对就读城市自然环境的适应情况

　　自然环境是人文环境建立的重要影响因素，也是影响到留学生社会适应的重要方面。因此我们首先就样本对于就读城市自然环境的适应进行了调查，本项调查采用五级量表形式展开，其中：1=完全不同意；2=比较不同意；3=一般；4=比较同意；5=完全同意。共涉及空气质量、降水量、气候变化、夏季和冬季气温等 5 项指标。

表 2-1　自然环境适应/城市交叉表①

城市	数据类型	空气质量好	雨水不太多	气候变化不大	夏季凉爽	冬季温暖
北京	均值	1.61	3.49	2.73	2.31	2.41
	N	117	116	117	114	115
	标准差	1.144	1.153	1.229	1.183	1.228
上海	均值	2.55	2.92	2.52	2.02	2.41
	N	60	60	63	61	61
	标准差	1.254	1.211	1.229	1.231	1.296
武汉	均值	2.81	2.83	2.81	2.04	2.42
	N	57	54	57	56	55
	标准差	1.217	1.178	1.093	1.061	1.031
乌鲁木齐	均值	2.53	3.48	2.67	2.29	2.35
	N	107	107	107	107	107
	标准差	1.284	1.176	1.147	1.149	1.206
西安	均值	2.39	2.92	2.60	2.02	3.59
	N	115	114	115	116	116
	标准差	1.261	1.161	1.198	1.251	1.179
广州	均值	2.54	1.99	2.19	1.62	3.52
	N	85	85	85	85	85
	标准差	1.278	1.041	1.180	1.000	1.130
总计	均值	2.33	3.00	2.59	2.07	2.83
	N	541	536	544	539	539
	标准差	1.296	1.257	1.195	1.176	1.311

从表 2-1 所列城市的数据来看，各项的均值普遍在 3.00 以下，这意味着丝绸之路沿线国家来华留学生对就读城市的自然环境的满意度不是很高。

一、对于空气质量的适应

从表 2-1 中的数据可以看到，中亚留学生反映较多的是空气质量差的问题。这一点是中国工业化过程中带来的切肤之痛，特别是对于这些来自工业污染少、空气质量高的中亚国家的留学生，讨厌的雾霾、空气中刺鼻

---

① 本书数据表格中的均值和标准差数据均是由 SPSS 软件生成，分别统一保留到两位小数和三位小数。

的气味都给他们带来了很大的困扰，访谈中几乎每一位来这些城市的留学生都会抱怨城市的空气污染让他们经常感到上呼吸道不舒服，甚至有的留学生还因此生病。

二、对于降水量的适应

"雨水不太多"一项，留学生对不同城市有不同看法，其中对广州（均值为1.99）最不认同，对北京（均值为3.49）和乌鲁木齐（均值为3.48）则最为认同，其余城市均值都在3.00左右，表明中亚来华留学生还比较适应上海、武汉和西安的降水量。

表 2-2　中国六城市 2014 年平均降水量表

城市	年均降水量/mm	城市	年均降水量/mm
北京	38.5	广州	186.1
上海	107.9	西安	55.0
武汉	100.7	乌鲁木齐	24.8

数据来源：中华人民共和国国家统计局，2015. 中国统计年鉴-2015. 北京：中国统计出版社：242.

其原因在于，中亚地区气候为典型的温带沙漠、草原大陆性气候，年降水量在 100 mm～400 mm。年降水呈东西部少、中部多的特点。乌兹别克斯坦和土库曼斯坦年降水在 150 mm 以下，是中亚地区降水最少的国家。塔吉克斯坦是中亚最为湿润的地区，年降水在 500 mm 左右，吉尔吉斯斯坦次之。塔吉克斯坦和吉尔吉斯斯坦降水较多，与其海拔高度相对较低、南方水汽易于输送有关。哈萨克斯坦西南部降水偏少，不足 150 mm；巴尔喀什湖以东降水偏多，年降水在 300 mm 以上，其高纬度地区降水也相对较多。（黄秋霞 等，2013）中亚地区除了塔吉克斯坦之外，其余地区降水量都不大，对比表 2-2 的中国六城市 2014 年平均降水量可以看出，降水量在 55.0 mm～107.9 mm 的城市较易被中亚留学生接受。

三、对于气温的适应

西安、广州的留学生对于自己就读城市的冬季气温较为满意，均值分别为 3.59 和 3.52；上海、武汉因为是亚热带季风气候类型，冬季平均气温虽然没有到零下，但是室内没有暖气，再加上湿度大，是中亚留学生所不习惯的"湿冷";同样,他们对于处于该气候类型的广州等 4 个城市"湿热"的夏季也相当不适应。

表 2-3　中国六城市 2014 年夏季（6 月至 8 月）、冬季（12 月至来年 2 月）平均气温表

城市	夏季平均气温/℃	冬季平均气温/℃
北京	26.5	−0.5
上海	25.7	6.2
武汉	26.5	5.1
广州	28.4	12.9
西安	26.7	2.5
乌鲁木齐	23.3	−11.8

数据来源:中华人民共和国国家统计局,2015. 中国统计年鉴-2015. 北京:中国统计出版社:242.

中亚地区年平均气温分布呈东西部高、中部低的特点。土库曼斯坦是中亚气温较高的地区,年平均气温在 15℃以上,乌兹别克斯坦次之。哈萨克斯坦气温与纬度高低成正比。塔吉克斯坦西部气温最低,年平均气温在-3℃以下,吉尔吉斯斯坦东南部在 0℃以下。（黄秋霞 等,2013）中亚地区夏季的大部分地区气温在 28℃～30℃,冬季寒冷,1 月份平均气温在-5℃～-15℃。（胡增运 等,2013）结合表 2-3 可以看到,北京和乌鲁木齐冬季温度虽然在零下,但是和中亚地区相差不大,留学生对这两个城市冬季气温的不适应应该并不仅仅是由温度因素造成的,而是与这两个城市冬季严重的空气污染造成的冬季"不见天日"有直接的联系。相反,虽然也属于冬季重污染城市的西安,却因为平均温度高于零度,被留学生们认为冬季不太冷。

四、对于天气变化的适应

留学生对于天气变化的适应程度较低的是广州（均值为 2.19）、其次是上海（均值为 2.52）,因为这两座城市处于亚热带季风气候的沿海,热带海洋气团和极地大陆气团交替控制,9—10 月间经常会有台风豪雨,因此给中亚留学生留下了天气变化无常的深刻印象。

从表 2-1 中可以看到,各个城市都有自己的"被吐槽"热点,从均值在 2.5 以上的项来看,北京空气质量差（均值为 1.61）,成为留学生们感到

最不适应的自然环境因素；上海、武汉、西安、广州这4个中国著名的火炉[1]夏天太热也被留学生所公认，其中广州还多了一个"雨水"的最不适应项；反倒是乌鲁木齐，虽然各项评价也是"差评"，反而因其与中亚国家相近的自然条件，没有太突出的差评项。

中亚地区深处欧亚大陆内部，远离海洋，气候干燥，夏季炎热，冬季寒冷，气温年较差和日较差大，降水稀少，主要为荒漠灌丛和草原等干旱/半干旱生态系统。中亚地区年平均气温的范围是在-10℃～21℃。（徐婷等，2015）不同的气候类型的强烈反差，使得丝绸之路沿线国家来华留学生对自己就读城市的自然环境适应度不是很高，这将在一定程度上影响到他们的跨文化适应。

第二节　对就读城市人文环境的适应情况

一、对就读城市市民公共道德素质的适应情况

市民社会公共道德素质是衡量一个城市的人文环境的重要指标，留学生对于市民素质的评价无疑会影响到他们对这个城市的适应。本项研究通过5项指标调查了中亚来华留学生对中国城市市民公共道德素质的评价，从中可以了解他们对中国市民素质的认识。

表2-4　市民素质/城市交叉表

城市	数据类型	讲卫生	遵守交通规则	不在公共场合吸烟	不在公共场合大声喧哗	给老人让座
北京	均值	2.12	2.38	2.32	1.91	2.01
	N	117	113	116	116	114
	标准差	1.301	1.441	1.342	1.139	1.286

---

① 参见天气网关于"全国高温城市排行榜"的统计，http://www.tianqi.com/news/16248.html.

续表

城市	数据类型	讲卫生	遵守交通规则	不在公共场合吸烟	不在公共场合大声喧哗	给老人让座
上海	均值	2.21	2.42	2.19	2.07	2.29
	N	63	62	62	61	62
	标准差	1.297	1.409	1.265	1.223	1.384
武汉	均值	2.39	2.46	2.51	2.14	2.23
	N	57	57	57	57	56
	标准差	1.333	1.211	1.269	1.125	1.206
乌鲁木齐	均值	2.69	2.74	2.63	2.20	2.22
	N	107	107	107	107	107
	标准差	1.410	1.376	1.356	1.277	1.348
西安	均值	2.47	2.35	2.43	2.34	2.04
	N	116	116	115	115	114
	标准差	1.447	1.434	1.408	1.297	1.240
广州	均值	2.35	2.41	2.36	1.89	2.22
	N	85	85	85	85	85
	标准差	1.297	1.158	1.122	1.000	1.276
总计	均值	2.38	2.46	2.42	2.10	2.15
	N	545	540	542	541	538
	标准差	1.366	1.360	1.312	1.197	1.290

表 2-4 的数据让我们有些汗颜，在所调查城市中列出的 5 个社会现象的均值都在 3.00 以下，表明中亚来华留学生对中国市民的道德认同度普遍不高，其中在公共场所大声喧哗和不给老人让座是他们最为不适应的情况。特别是前者为留学生所不适应，很多留学生抱怨说他们很不习惯中国人在公共场合旁若无人地大声喧哗，接打电话声音太大，在餐厅吃饭时高声谈笑等。的确，中亚留学生有资格对我们的公民道德表示出不满，这是因为中亚地区大多是欠发达国家，尽管他们面临着教育条件差、基础设施落后、政治腐败等一系列的社会问题，但却拥有较高的公民道德素质。在中亚地区尊敬老人、机动车给行人让道、在公共场合不大声喧哗等都是普通民众自觉遵守的道德规范。

二、对就读城市交通的适应情况

交通状况是一个城市形象的重要影响因素，来华留学生对于就读城市的城市交通的评价会影响到他们对所在城市的跨文化适应。本研究通过 5 项指标调查了中亚来华留学生对就读城市交通状况的适应。从表 2-5 可以看到，中亚来华留学生对就读城市交通的评价指标的均值在 2.50 以下的有"交通通畅""人口密度不大"，均值在 2.50 以上的有"司机态度好""交通意识强""道路规划好"等 3 项。可见交通适应情况要好于对市民公共道德素质的适应。

表 2-5　城市交通/城市交叉表

城市	数据类型	交通通畅	人口密度不大	司机态度好	交通意识强	道路规划好
北京	均值	2.11	1.92	2.98	2.56	3.21
	N	116	117	115	117	117
	标准差	1.193	1.027	1.177	1.453	1.419
上海	均值	2.30	2.31	3.03	2.34	3.30
	N	60	61	59	61	60
	标准差	1.280	1.148	1.474	1.413	1.381
武汉	均值	2.55	2.55	2.95	2.54	2.79
	N	55	56	57	57	57
	标准差	1.214	1.205	1.156	1.337	1.191
乌鲁木齐	均值	2.55	2.39	2.93	2.83	2.68
	N	107	107	107	107	107
	标准差	1.167	1.211	1.122	1.391	1.178
西安	均值	2.39	2.28	2.98	2.66	2.97
	N	114	116	116	116	116
	标准差	1.195	1.191	1.285	1.351	1.335
广州	均值	2.25	2.11	2.85	2.69	2.87
	N	85	85	85	85	85
	标准差	1.133	1.155	1.200	1.310	1.203
总计	均值	2.35	2.23	2.95	2.63	2.97
	N	537	542	539	543	542
	标准差	1.197	1.165	1.223	1.382	1.307

各个城市在"交通通畅""人口密度不大"这两项上为留学生所不适应,这反映了目前中国交通的现状。中国人多,这恐怕是中亚地区留学生们最为印象深刻也最为不适应的。见识到中国大城市高密度的人口,来自地广人稀的中亚国家的留学生常常被"震惊"。在访谈中留学生表示:"我这辈子从来没有见过这么多人";"在中国最可怕的事情就是排队,无论是吃饭、坐车还是上厕所都要排队";"中国人太多了,地铁、公交、商场经常挤得人动弹不得"……"司机态度好"和"道路规划好"两项基本被留学生所认可,这反映出我国在现代化建设中公共服务业和城市规划的成绩。令人有些意外的是上海在"交通意识强"一项中均值是各个城市中最低的。这与我们对上海人的印象有些不同,可能是留学生到上海后对这座城市要求的标准更高了吧。

三、对就读城市住宿的适应情况

住宿条件是影响到留学生选择就读城市和学校的重要因素。本研究接下来用了 5 个指标对丝绸之路沿线国家来华留学生对就读城市住宿的适应情况进行了调查分析。

表 2-6　住宿满意度/城市交叉表

城市	数据类型	各种设施很齐全,能满足我的需要	宿舍管理人性化,很方便	宿舍卫生好	空间不拥挤	宿舍安静
北京	均值	3.67	3.79	3.08	3.62	3.68
	N	117	117	117	117	117
	标准差	1.106	0.943	1.281	1.223	1.215
上海	均值	3.48	3.38	3.10	3.32	3.37
	N	62	60	59	59	62
	标准差	1.067	1.136	1.213	1.332	1.358
武汉	均值	3.45	3.34	3.05	3.28	3.26
	N	56	53	56	57	57
	标准差	1.043	0.939	1.135	1.221	1.126
乌鲁木齐	均值	3.04	3.32	3.26	2.95	3.04
	N	108	108	108	107	107
	标准差	1.127	1.109	1.163	1.136	1.213

续表

城市	数据 类型	各种设施很齐全， 能满足我的需要	宿舍管理人性 化，很方便	宿舍 卫生好	空间 不拥挤	宿舍安静
西安	均值	3.37	3.45	3.17	3.60	3.37
	N	113	114	114	115	115
	标准差	1.212	1.137	1.457	1.220	1.280
广州	均值	3.28	3.36	3.22	3.24	3.55
	N	85	85	85	85	85
	标准差	0.934	1.010	1.169	1.161	1.150
总计	均值	3.38	3.47	3.16	3.36	3.39
	N	541	537	539	540	543
	标准差	1.113	1.063	1.256	1.229	1.241

从表 2-6 可以看到，留学生们对就读城市住宿情况的评价较高，均值都在 3.00 以上。其中宿舍管理、安静和硬件设施处于被认可的前三位。可见，中国高校的住宿环境总体为留学生所接受，这是因为中国高校对留学生常采取的是独立式管理，留学生往往有自己独立的宿舍和公寓，这些宿舍的住宿条件优于中国学生的住宿条件，他们往往都是单间或双人间，还有一些四人间，房间里基本都有独立卫生间、洗浴设备和空调等。从纵向分析，北京、乌鲁木齐高校里宿舍管理适应度最高，上海、武汉高校里硬件设施适应度最高，广州高校里宿舍安静程度适应度最高，西安高校里个人空间适应度最高。而宿舍卫生状况是适应度最低的项目，但是均值也为 3.16，可见宿舍卫生状况虽然不能让中亚留学生完全满意，但也在可以接受的范围之内。

四、对就读城市饮食的适应情况

民以食为天。留学生们来到一个异文化的环境中，首先要解决的迫切问题之一就是饮食。本研究以 4 个指标对丝绸之路沿线国家来华留学生对就读城市的饮食适应情况进行了调查分析。

表 2-7　饮食适应/城市交叉表

城市	数据类型	食物齐全	食物便宜	多样美味	食品安全
北京	均值	2.94	2.90	2.99	2.31
	N	117	116	116	115
	标准差	1.334	1.347	1.302	1.135
上海	均值	2.97	2.51	2.85	2.23
	N	63	61	61	61
	标准差	1.502	1.105	1.263	1.023
武汉	均值	2.89	3.00	3.14	2.48
	N	57	57	56	56
	标准差	1.097	1.086	1.135	1.128
乌鲁木齐	均值	3.12	2.94	3.40	2.37
	N	107	107	107	107
	标准差	1.264	1.250	3.012	1.154
西安	均值	3.04	3.04	3.03	2.60
	N	116	114	115	115
	标准差	1.321	3.006	1.224	1.283
广州	均值	2.88	2.93	2.84	2.45
	N	85	85	85	85
	标准差	1.257	1.033	1.204	1.118
总计	均值	2.99	2.91	3.06	2.42
	N	545	540	540	539
	标准差	1.301	1.742	1.742	1.158

从表 2-7 中可以看到，留学生们对中国饮食基本上持中立评价，均值在 3.00 左右，其中评价最高的是均值为 3.06 的"多样美味"项，评价最低的则是均值为 2.42 的"食品安全"项。这两项反映了留学生心目里中国饮食的两个极端：一方面是对中国饮食文化所追求的"美味"有一定的认可度；另一方面则是对目前中国食品安全的担忧。关于中国食品安全方面的问题集中在：中国餐厅油烟太大，到处都是油乎乎的，并且餐厅的气味不好；中国人吃饭的习惯不好，吃饭声音大，还有的人吃饭时擤鼻涕；中国的合餐制不卫生，每个人都用筷子夹同一盘子里的菜，容易传染疾病等。纵向分析各个城市之间的差异，具体为北京、武汉、乌鲁木齐均值最高的

是"多样美味"，上海是"食物齐全"，西安是"食物齐全"和"食物便宜"，广州是"食物便宜"，这些最高值处于2.93～3.40。可见，中亚留学生们并没有为我们中国人引以为傲的饮食文化所倾倒，相反，不同的饮食类型使得他们一时很难适应中国的饮食特点。俄罗斯式的饮食方式对中亚国家的餐饮影响很大。现在中亚居民主要以冷餐为主，并且采用分餐制。中国人引以为傲的是将多种调味品融合在一起调制出口感上佳的味道，但对于中亚留学生来说，这一点却是最难以适应的。因为在他们看来，口感好的食品并非调制的，而是原汁原味的东西。我们一开始以为，中亚学生所说的"很腻"是"油很多"，但后来才明白，这种口感的"腻"并不是中国人通常理解的油多，而是调味品的味道过重。（刘宏宇　等，2014）

五、对在就读城市生活的适应情况

本研究通过丝绸之路沿线国家来华留学生在就读城市的生活习惯、穿着、运动等3个指标对他们的生活适应情况进行了调查。

表2-8　生活适应/城市交叉表

城市	数据类型	按自己的习惯生活	自由选择服装	能满足体育运动
北京	均值	3.09	4.34	3.74
	N	117	116	116
	标准差	1.368	0.988	1.352
上海	均值	3.15	4.02	3.65
	N	60	60	60
	标准差	1.351	1.157	1.191
武汉	均值	2.82	3.76	3.62
	N	57	55	56
	标准差	1.151	1.261	1.137
乌鲁木齐	均值	2.68	3.81	3.53
	N	107	107	107
	标准差	1.178	1.260	1.176
西安	均值	3.07	4.08	3.46
	N	114	115	116
	标准差	1.253	1.258	1.410

城市	数据类型	按自己的习惯生活	自由选择服装	能满足体育运动
广州	均值	3.07	4.39	3.61
	N	85	85	85
	标准差	1.261	0.874	1.186
总计	均值	2.98	4.09	3.60
	N	540	538	540
	标准差	1.272	1.157	1.266

　　表 2-8 中的数据显示：中亚留学生对在就读城市的生活状况普遍较为满意，其中"自由选择服装"的满意度最高，均值为 4.09；其次是"能满足体育运动"，均值为 3.60；对"按自己的习惯生活"的满意度最低，但也接近 3.00。各个城市满意度情况与整体平均情况一致。之所以"自由选择服装"一项的满意度最高，反映出中亚留学生来到中国后服饰文化的改变：在中亚地区，对高校学生的着装有着较为严格的要求，进入校园后男生普遍被要求着正装，甚至要系领带，女生也被禁止着短裙等奇装异服。而进入中国后，受到中国高校校园文化自由氛围的影响，中亚留学生在服饰方面迅速与中国接轨。来华前留学生们上课时以衬衣与休闲裤搭配的穿着方式占 51%，来华后数量减少了近 20%，取而代之的是休闲、运动的服饰，如 T 恤与运动裤、运动鞋搭配、卫衣与牛仔裤、运动鞋等搭配方式。在下衣方面，来华后穿运动裤的比重增加而穿西裤的比重减少，各种颜色款式的休闲裤、运动裤，尤其是运动裤越来越多地出现在课堂中。上衣与下衣的搭配方式和种类比来华前多，各种款式风格的，还有些甚至在原来课堂中少见的短裤、无袖背心等服饰都出现在课堂中。（卢梦梦，2015）另外，在中国社会中，他们也有穿着本民族传统服饰的自由，在有中亚留学生的院校里，每逢节日和重要场合，每每能看到这些学生穿着自己民族的传统服饰自信而自豪地出席各种活动。

　　"能满足体育运动"一项评分高也反映了随着中国现代化建设的发展，高校硬件设施有了很大的改善，基本满足了中亚留学生对体育运动的需求。"按自己的习惯生活"一项均值最低，为 2.98。其实，就问题本身而言，这已经是一个不错的评分了，这个选项考察的是留学生在一个异文化环境内能否保持自己原来的生活习惯，如果评分过高，就在一定程度上说明留学生没有融入目的语文化中，实际上是不利于留学生的跨文化适应的。

总之，丝绸之路沿线国家来华留学生在就读城市的日常生活适应度较好，他们对于服饰穿着、运动的适应度较高，也基本能满足生活习惯等方面的需求。

六、对就读学校校园生活的适应情况

留学生在中国高校中学习，是否能适应中国的校园生活，将对他们能否成功融入目的语文化有着重要的影响。本项研究从 4 个方面考察了留学生参与中国校园生活的情况。

表 2-9　校园生活适应/城市交叉表

城市	数据类型	会参加中国传统节日	会参加校园比赛	会参加体育活动	从不参与任何活动
北京	均值	3.99	3.14	2.72	2.30
	N	114	112	114	110
	标准差	1.141	1.321	1.430	1.411
上海	均值	3.95	2.87	3.05	2.35
	N	61	61	62	60
	标准差	0.956	1.431	1.442	1.412
武汉	均值	3.53	2.91	2.98	2.50
	N	57	57	57	56
	标准差	1.136	1.243	1.289	1.427
乌鲁木齐	均值	3.87	3.46	3.09	2.46
	N	107	107	106	106
	标准差	1.142	1.261	1.269	1.395
西安	均值	3.96	3.77	3.43	2.37
	N	115	115	115	114
	标准差	1.287	1.238	1.352	1.410
广州	均值	3.71	3.18	3.12	2.58
	N	85	85	85	85
	标准差	1.067	1.373	1.418	1.375
总计	均值	3.86	3.29	3.07	2.42
	N	539	537	539	531
	标准差	1.148	1.336	1.382	1.400

通过表 2-9 中的数据可以看到，丝绸之路沿线国家来华留学生对中国的校园生活适应是分层次的：其中留学生们最经常参与的校园活动是"参加中国传统节日"，均值达到 3.86，这一方面说明中亚留学生对中国传统节日文化十分感兴趣，参与度很高；另一方面我们还要认识到，其实这些中国传统节日活动大部分是为留学生特意准备的，如端午节、中秋节、重阳节等。实际上，这些节日，中国学生是很少会举行校园文化活动的，也很少会和留学生一起庆祝。对比"会参加校园比赛"和"会参加体育活动"两项（两项均值都没有超过 3.30）可以看出，实际上留学生对于参加校园活动并没有给予特别高的认可，这表明在今后的留学生培养过程中，我们应注意让他们更多地和中国大学生互动，更好地适应中国校园文化。

第三节　丝绸之路沿线国家来华留学生社会适应特征分析

从以上数据分析可以看到，丝绸之路沿线国家来华留学生对于中国社会适应呈现出以下特点。

第一，社会适应有一定的地区差异。

从上面的研究中我们可以看到，在很多适应指标上，不同城市间都存在一定的差异，接下来我们将通过数据来探究丝绸之路沿线国家来华留学生在哪些指标上有区域间的差异。我们以"城市"为自变量，各项指标为因变量进行进一步的研究，用克鲁斯卡尔-沃利斯（Kruskal-Wallis）法做 31 项指标与城市间的相关分析，得到表 2-10。

表 2-10　社会适应与城市的相关分析

指标	卡方	df	渐进显著性
各种设施很齐全，能满足我的需要	21.121	5	0.001
宿舍管理人性化，很方便	13.512	5	0.019
空间不拥挤	22.758	5	0.000
宿舍安静	18.616	5	0.002
人口密度不大	15.566	5	0.008

指标	卡方	df	渐进显著性
道路规划好	14.580	5	0.012
空气质量好	61.533	5	0.000
雨水不太多	90.990	5	0.000
气候变化不大	15.329	5	0.009
夏季凉爽	25.427	5	0.000
冬季温暖	100.149	5	0.000
自由选择服装	20.728	5	0.001
中国人讲卫生	11.117	5	0.049
我会参加传统节日	12.627	5	0.027
会参加比赛	29.338	5	0.000
会参加体育活动	16.092	5	0.007

　　剔除其中 P 值大于 0.05 的"宿舍卫生好""司机态度好""食物齐全""能满足体育运动""从不参与任何活动""交通通畅""交通意识强""食物便宜""多样美味""食品安全""按自己的习惯生活""遵守交通规则""不在公共场合吸烟""不在公共场合大声喧哗""给老人让座"等 15 项指标，剩下的 16 项指标在 99%的置信区间上可以认为与"城市"具有相关性，也即不同的城市间在这些指标上具有较为显著的差异。因此可以判断，中亚留学生在不同地区间的跨文化社会适应上有着一定的差异，地区因素是影响他们跨文化适应的重要因素。

　　第二，跨文化适应具有城市间差异。

　　对于同一城市，各项指标的适应"大同"而"小异"。结合分城市的数据来看，丝绸之路沿线国家来华留学生社会适应方面表现为：丝绸之路沿线国家来华留学生的社会适应在城市间具有较为明显的规律，在同一城市某一项指标上的适应度与该城市其他指标的适应度在城市间的趋势基本吻合。下面以交通适应情况为例来看看城市的适应"大同"而"小异"的表现：在图 2-1 中可以看到，在"人口密度不大""交通通畅""司机态度好"这 3 项上曲线呈现较为一致的趋向，说明同一城市的中亚留学生在这 3 项指标的适应上具有较一致的趋势。其余两项中，"道路规划好"一项上北京、上海、西安等 3 个城市的评价较高，其余城市则与它们在其他适应项上的总体趋势相差不大；"交通意识强"一项上上海和武汉的评价较低，其余城市则与它们在其他适应项上的总体趋势相差不大。

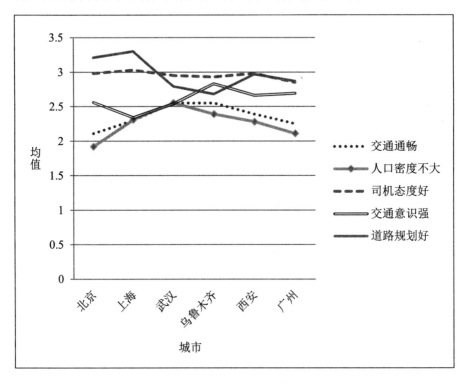

图 2-1　丝绸之路沿线国家来华留学生各城市交通适应曲线图

再如，图 2-2 显示，留学生在"宿舍管理人性化，很方便""各种设施很齐全，能满足我的需要""宿舍空间不拥挤"及"宿舍安静"的适应曲线基本一致，这说明同一个城市在这些指标的适应度上是基本一致的。只有乌鲁木齐在"宿舍安静"一项上的评价较低。只有表现"宿舍卫生好"一项的曲线与另外几条有较大不同，至少北京、武汉、西安等 3 个城市的评价低于它们在其他适应项上的分值趋向，而乌鲁木齐则大大高于它在其他适应项上的分值趋向。

第三，对中国"大"环境适应情况不如"小"环境。

在本小节研究中涉及的"大"环境有自然环境、市民公共道德素质、城市人口、交通状况、饮食文化等 5 个方面，中亚留学生在这些项上的评分较低。这些环境有些是不可改变的，有些是长期形成而不易改变的，有些则是短时间内不可能变化的，而且大都是与中亚地区差别很大的，但又如大气层一样时时刻刻覆盖和影响着中亚来华留学生们，是他们跨文化适应的难点，很难在短时间内很好地适应。"小"环境有某些行业（如交通服务业）的服务素质、校园的住宿环境、校园活动、个人着装和运动等5个方面，中亚留学生在这些项上的评分较高。这些方面是通过加大资金投入就可以得到改善的，或者是因为范围小可以在短时间内得到改变的，其中有些则是迎合了年轻人对于时尚和自由的个人追求。这些恰恰是中国现代化进程中得到很大发展的方面，特别是一些一线城市，这些环境和氛围与发达国家相比也差距不大，中亚留学生比较容易在短时间内接纳和适应。中亚留学生对这一大一小两种环境的适应程度，既反映了中国与丝绸之路沿线国家社会文化的差异，也折射出中国社会现代化进程中取得的成就和存在的不足。

综上所述，城市的社会环境会对留学生的跨文化适应产生较大的影响，留学生们在不同的城市其社会适应也具有一定的特点。

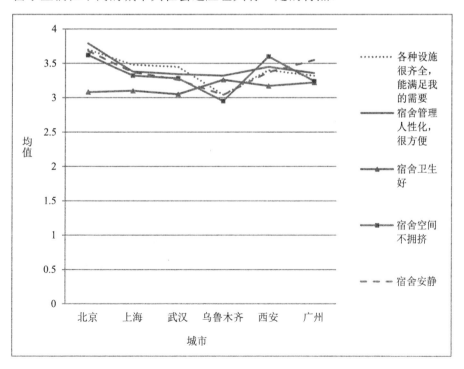

图2-2 丝绸之路沿线国家来华留学生各城市住宿适应曲线图

第三章
丝绸之路沿线国家来华留学生
跨文化学业适应情况研究

丝绸之路沿线国家来华留学生跨越文化和地理上的边界来到中国，学习中国悠久的语言、文化和先进的技术、知识是他们最主要的目的。学业适应就成为中亚留学生在中国跨文化适应的重要方面。本章从学习环境、授课方式、学校管理、课程设置、汉语学习、学习压力等6个方面共设33个适应指标进行研究。

第一节　对就读学校学习环境的适应情况

学习环境是影响留学生选择学校的重要因素，也会影响他们在中国的学习生活，本项研究涉及5项指标。

表 3-1　学习环境适应/城市交叉表

城市	数据类型	教室干净	*图书馆环境优雅	*学校绿化好	学校布局合理	学习气氛浓厚
北京	均值	3.88	3.70	3.80	3.91	3.90
	N	113	113	116	116	116
	标准差	1.178	1.224	1.246	1.076	1.042
上海	均值	3.71	3.75	3.95	3.69	3.67
	N	62	59	61	61	61
	标准差	1.246	1.168	1.161	1.148	1.207
武汉	均值	3.70	3.91	3.88	3.82	3.70
	N	57	57	57	57	57
	标准差	0.999	0.969	0.965	0.826	0.981
乌鲁木齐	均值	3.48	3.53	3.22	3.58	3.58
	N	106	106	106	106	106
	标准差	1.244	1.173	1.211	1.068	1.059
西安	均值	3.59	3.56	3.79	3.82	3.87
	N	111	115	116	116	114
	标准差	1.171	1.156	1.255	1.184	1.026
广州	均值	3.71	4.04	4.14	3.84	3.87
	N	85	85	85	85	85
	标准差	1.132	1.063	1.037	1.122	1.033

城市	数据类型	教室干净	*图书馆环境优雅	*学校绿化好	学校布局合理	学习气氛浓厚
总计	均值	3.67	3.72	3.76	3.78	3.78
	N	534	535	541	541	539
	标准差	1.176	1.152	1.205	1.092	1.057

注：表中带"*"号的数据表示经显著性检验，P＜0.05，有显著性差异项。

从表3-1可以看到，各项指标均值都在3.60以上，说明丝绸之路沿线国家来华留学生对就读学校的学习环境持较高的评价，其中，"学习气氛浓厚"和"学校布局合理"两项的均值最高，为3.78。图3-1则清楚地显示出各个城市在不同适应项上的特点。其中好评度最高的城市是广州，各项值均在3.70（图中的粗实线处）以上，其中"图书馆环境优雅"和"学校绿化好"两项的均值超过4.00（图中的细实线处），而评价相对较低的是乌鲁木齐，各项值均在3.70以下，其中"学校绿化好"一项的评分最低，均值仅为3.22，这反映出与内地高校相比，新疆地区的高校在硬件条件上还有着一定的差距。其余项目上各个城市则各有长短。

数据显示，在当今中国经济高速发展的背景下，高校的硬件环境有了很大的改善，尤其是中国教育与国际接轨的过程中，校园环境建设方面走在了前面，中国的高校普遍都有着令中亚留学生羡慕的多媒体化的教学楼、图书馆等硬件设施。而中国高校的学习氛围是中亚留学生非常认同的，中国学生的勤奋更是让他们印象深刻，在访谈中他们最常说的话就是"中国学生学习太刻苦了""他们总是在图书馆学习""（因为学习忙）他们都没有时间和我们交朋友，我们找他们的时候，他们总是有事儿"，等等。

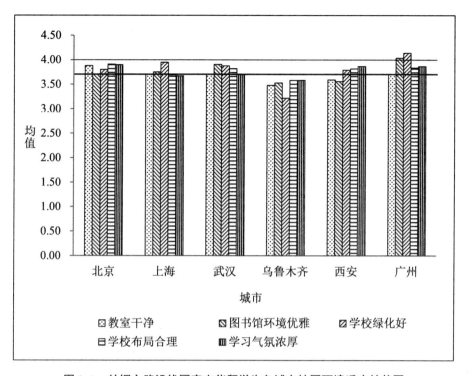

图3-1　丝绸之路沿线国家来华留学生各城市校园环境适应柱状图

第二节　对就读学校授课方式的适应情况

教师是教育的重要影响因素，从事留学生教育的教师除了要拥有专业知识的"深度"之外，还要有跨文化知识的"广度"。本研究从4个指标调查了丝绸之路沿线国家来华留学生对中国教师授课方式的适应。

表3-2　授课方式适应/城市交叉表

城市	数据类型	讲课方式灵活	*老师教学态度认真	*老师会沟通	老师会解释文化差异
北京	均值	3.82	4.25	4.34	3.59
	N	116	115	116	116
	标准差	1.108	0.963	0.986	1.326

城市	数据类型	讲课方式灵活	*老师教学态度认真	*老师会沟通	老师会解释文化差异
上海	均值	3.48	3.90	3.82	3.33
	N	62	61	60	61
	标准差	1.277	1.150	1.142	1.261
武汉	均值	4.07	3.79	3.86	3.53
	N	56	57	57	57
	标准差	4.049	1.130	1.008	1.226
乌鲁木齐	均值	3.83	4.19	4.06	3.70
	N	106	106	106	106
	标准差	1.082	1.079	1.059	1.123
西安	均值	3.57	3.85	3.85	3.35
	N	115	115	112	116
	标准差	1.257	1.149	1.268	1.280
广州	均值	3.40	3.85	3.81	3.41
	N	85	85	85	85
	标准差	1.136	1.150	1.118	1.126
总计	均值	3.69	4.00	3.99	3.50
	N	540	539	536	541
	标准差	1.711	1.107	1.118	1.232

注：表中带"*"号的数据表示经显著性检验，$P < 0.05$，有显著性差异项。

数据显示的结果是令人欣慰的。中亚留学生们对中国老师的认可度是非常高的，各项评价的均值都在3.50以上，其中最高的是"老师教学态度认真"和"老师会沟通"两项，均值分别为4.00和3.99，这说明中亚留学生对中国老师的敬业精神有着很高的认同。从上面的数据可以看出，时常对中亚留学生学习态度颇有微词的中国老师们现在应该更有底气了，因为中亚留学生们对中国老师的教学方式持较为肯定的评价，只要有这种正面评价为基础，对他们教育中其他问题都只是技术层面的事情了。这两项也有城市间的差异。如图3-2所示。

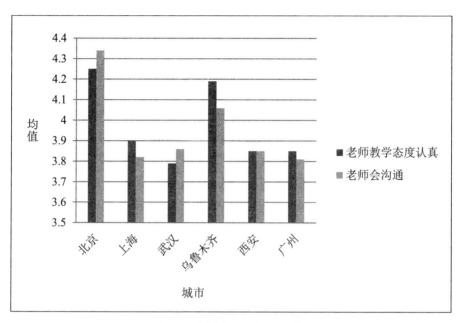

图 3-2　分城市两项数据比较图

　　这两项评价较高的都是"北京"和"乌鲁木齐"两个城市，均值都在 4.00 以上，这说明中亚来华留学生对这两个北方城市的教师态度和沟通能力的认可度较高。

　　而均值最低的是"老师会解释文化差异"一项，这是值得我们反思的。这一方面说明作为从事留学生教育的中国教师，在跨文化教学方面还有所不足；而从图 3-3 的分城市数据中可以看到，在跨文化教学中评分最高的是乌鲁木齐，这就说明了另一个方面的问题。乌鲁木齐的留学生群体主要来自中亚，教师们在授课过程中会注意结合这一群体的留学生特点来进行跨文化教学；另外，新疆与中亚地区相近的风土人情也能帮助在这里从事留学生教育的教师更好地理解和解释文化的多元性和差异性。而其他内地院校的留学生群体则更加多元化，中亚留学生在那里只是小众，老师们在上课时即使注重文化差异，也更多的是以欧美、日、韩或者东南亚的文化为参照，而忽视了中亚地区特殊的文化特点。

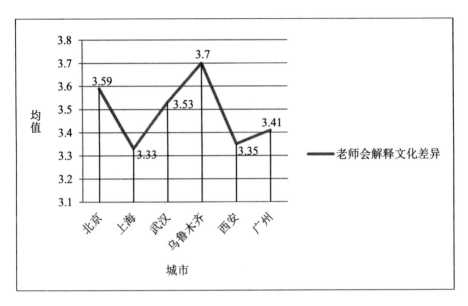

图 3-3　分城市跨文化教学图

　　因此，在我们的留学生教育过程中，对于一些"小众"群体跨文化适应的关注应该得到加强，即使不能在课堂上面面俱到，也应该在课下多开"小灶"，这样才能更好地解决学生的跨文化适应问题，使中国留学生教育更好地适应来华留学生生源多元化的趋势。

第三节　对就读学校管理的适应情况

　　学校的管理是保证教学正常进行的重要手段，同时也是可能引起跨文化不适应的方面，因为管理就有可能有硬性的规章制度的制约，从而引起跨文化冲突。甚至有学者在研究中发现："这些中亚年轻人由于受传统游牧民族习惯和本民族文化的影响，再加上年龄普遍偏小，在远离家庭、文化或宗教束缚的背景下，往往表现出个性张扬，纪律松懈，规则意识淡薄，学习不刻苦，甚至出现无理性违反校纪、校规的现象，严重影响了正常的教学秩序，特别是迟到、旷课、违反住宿规定等现象较严重，使得校内中亚留学生管理中表现出相当的特殊性，增加了管理的难度。"（卢薇薇 等，2015）那么，中亚留学生对中国高校的管理方式是怎么评价的呢？学者们发现的这些问题是不是因为他们不适应中国的管理方式引起的呢？接下来，本研究通过 4 个指标对丝绸之路沿线国家来华留学生对就读学校管理的适应情况进行了调查。

表 3-3　管理方式适应/城市交叉表

城市	数据类型	*管理严格	管理松懈	*管理死板	*管理人性化
北京	均值	2.66	2.14	2.02	3.55
	N	116	115	114	114
	标准差	1.231	1.199	1.113	1.098
上海	均值	2.56	2.12	2.10	3.16
	N	61	58	60	61
	标准差	1.360	1.415	1.115	1.227
武汉	均值	3.02	2.41	2.45	3.32
	N	57	56	56	57
	标准差	1.157	1.218	1.077	1.003
乌鲁木齐	均值	3.22	2.27	2.66	2.74
	N	106	106	106	106
	标准差	1.287	1.215	1.170	1.089
西安	均值	2.63	2.42	2.64	3.07
	N	115	113	111	114
	标准差	1.111	1.238	1.263	1.188
广州	均值	3.34	2.45	2.82	3.25
	N	85	85	85	85
	标准差	1.108	1.170	1.187	1.045
总计	均值	2.90	2.30	2.46	3.17
	N	540	533	532	537
	标准差	1.240	1.234	1.200	1.141

注：表中带"*"号的数据表示经显著性检验，$P < 0.05$，有显著性差异项。

出乎意料的是，表中的数据显示中亚留学生对中国高校的管理却持较为认同的态度，均值最高的是"管理人性化"一项，达到 3.17，远高于"管理松懈"和"管理死板"两项负面评价的均值，均值第二的是"管理严格"

一项。根据显著性分析，我们生成了图 3-4。

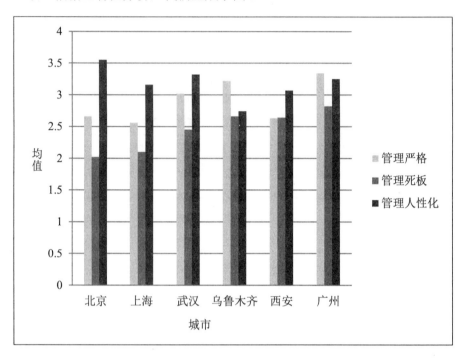

图 3-4　分城市三项数据比较图

从图中可以看到，只有广州、乌鲁木齐两个城市"管理严格"一项的均值大于"管理人性化"。"管理死板"一项，北京和上海两座城市的均值最低，均值最高的依旧是广州和乌鲁木齐。"管理人性化"评价最低的是乌鲁木齐。可以看出，乌鲁木齐的高校在中亚留学生看来管理相对严格，甚至是不近人情的。北京被认为是"管理人性化"程度最高的地区。而广州虽然被认为"管理严格"，但是却不失人性化的一面。北京作为中国的文化中心，也是来华留学生最多的城市，对留学生管理过程中强化留学生自我管理，留学生自由度很高。广州是中国开放最早和开放程度最高的城市之一，在长期的国际化过程中形成了一套独特而又有效的留学生管理方式，以学生的住宿管理为例："关于分配学生住的房间这事，由留学生管理办公室来负责。可是最后还是听取学生的要求。负责人员会慎重考虑学生宗教信仰为先，尤其是不能安排伊斯兰教的学生与其他宗教的学生住在一起。众所周知，伊斯兰教是世界三大宗教之一。伊斯兰教的思想与信仰非常严肃，而且还有禁忌行为。因此，穆斯林学生必须跟穆斯林学生一起住，免得发生宗教信仰冲突。"（邬智，2011）可见，广州的留学生教育有很多值得深入研究的经验。

总体来说，大部分城市的留学生是十分认可中国高校管理的。比较作为管理者的中方人员和作为被管理者的中亚留学生们对管理问题截然相反的态度，是耐人寻味的。

或许我们可以从新疆师范大学的例子中得到一些启示，作为新疆的样本，学生对这所高校管理方面评价是"管理严格"多于"管理人性化"。实际上，经过探索，新疆师范大学成立了以学校层面的留学生管理办公室和学院层面的国际文化交流学院为主体的两级管理体制，在此基础上进行明确分工。首先在制度层面予以保障，留学生管理办公室先后制定出台了《新疆师范大学外国留学生管理规定》《新疆师范大学留学生违纪处分条例（试行）》《新疆师范大学各类奖学金生助学金发放办法》等较为完善的制度，基本涵盖了从奖学金生到自费生等各层次留学生住宿、考勤、学习、日常管理等层面，做到了有规可依。国际文化交流学院则编制了《新疆师范大学外国留学生手册》《新疆师范大学留学生管理规章制度汇编》，在开学之始的留学生新生教育中普及相关的规章制度。学院在制度基础上，明确了各部门、班主任及任课教师各自的职责，建立完善考勤管理体系。另外，国际文化交流学院还实行早晚自习制度，所有在校住宿的学生必须进行一周5天，晚2小时，早30分钟的自习。这些严格的制度一开始遭到了中亚留学生较为强烈的反对，然而几年坚持下来，却收到了较好的效果，学生已经逐渐适应了这些管理方式，他们普遍能做到有事提前请假、违纪自知理亏。晚上短短2个小时自习大大减少了他们违纪的概率，早上的30分钟自习更使得睡懒觉、迟到的现象几乎被杜绝。

虽然留学生们对严格的管理有所抱怨，但是严格管理的成效却是显著的。而这些严格的管理措施背后，是基于对中亚留学生深入的了解和分析。

首先，中亚国家经历过苏联时期严格的制度管理，国民对于制度的约束较容易适应，另外，受西方法制社会传统的影响，国民普遍拥有较强的契约精神，因此先制定完善的制度并让学生全面了解，他们普遍能够接受并遵守。

其次，中亚教育具有两面性特点：教育管理体系较为严格，对于学生的日常着装和行为等有着较为严格的规定，但是中亚地区教育腐败也较为严重，很多学生平时不来上课，临近考试只需交一定的美金就可以换取相应的学分。这使得中亚留学生养成了双重的习惯，一方他们普遍接受过严格的管理，对于制度管理有着很深刻的认识；另一方面却不太重视日常的学习过程，上课自控能力弱，行为较为散漫，总是想和老师套近乎希望得到特殊关照。

再次就是中亚国家教育资源和人口相对集中在首都等大城市，很多学生直至高等教育阶段都没有离开家在学校住宿的经历，不习惯集体住宿，再加上中亚地区高校住宿条件不好，很多学生住不上宿舍，即使离开家在外地上学也多借宿在亲戚家。很多人来到中国后，如脱缰野马一发而不可收，试图得到绝对的自由，这就表现为晚上不睡觉，早上起不来，总是想不受约束。前文所调查的中亚留学生认为宿舍比较安静，但是相反，中国学生却普遍认为中亚留学生太吵，尤其是晚上，很多中亚留学生睡得很晚，还经常唱歌、聊天儿，或者弹奏、播放音乐，完全没有第二天还要上课的压力。

综上分析，在很多中国老师眼里，中亚来华留学生是不服管理的特殊群体；而在中亚留学生眼里，中国的高校管理则是非常人性化的，他们也十分享受这种轻松的管理方式。结合新疆师范大学的例子，我们认为，对于中亚留学生这个群体的管理是一项非常重要而又复杂的工作，在这个过程中，应该结合中亚留学生的特点，既要突出人文关爱，又不能失之于宽，关键是要有明确的制度作为保障，有足够的执行力和解释力，这样才能使中亚留学生既能享受中国高校人性化的管理，又对管理制度心有敬畏，不成为特立独行的群体。

第四节　对就读学校课程的适应情况

一、对就读学校专业课程的适应情况

留学生们来到中国学习，主要目的就是要学习各类专业知识，对于专业课程的适应就成为影响到他们学业适应的主要方面。本研究通过 4 个指标对丝绸之路沿线国家来华留学生对就读学校专业课程的适应进行了调查。

表 3-4　专业课程适应/城市交叉表

城市	数据类型	专业课太多	专业课内容合理	老师能够引导学习	*专业课内容有趣
北京	均值	2.68	3.58	3.70	3.71
	N	110	108	106	105
	标准差	1.116	1.086	1.106	1.107
上海	均值	2.84	3.48	3.30	3.20
	N	58	56	56	56
	标准差	1.254	1.221	1.278	1.327
武汉	均值	2.95	3.45	3.37	3.65
	N	56	56	56	55
	标准差	1.182	1.077	0.964	1.092
乌鲁木齐	均值	2.85	3.23	3.55	3.53
	N	106	106	106	105
	标准差	1.136	1.017	1.156	1.152
西安	均值	2.90	3.23	3.38	3.38
	N	109	113	112	112
	标准差	1.254	1.180	1.180	1.247
广州	均值	3.08	3.39	3.35	3.19
	N	85	85	85	85
	标准差	1.038	0.989	1.120	1.129
总计	均值	2.87	3.38	3.47	3.46
	N	524	524	521	518
	标准差	1.162	1.097	1.143	1.185

注：表中带"*"号的数据表示经显著性检验，$P<0.05$，有显著性差异项。

　　表 3-4 显示，丝绸之路沿线国家来华留学生对在中国高校的专业课程学习具有较高的适应度，"专业课内容合理""老师能够引导学习"和"专业课内容有趣"3 项正面评价的均值都在 3.30 以上，负面评价"专业课太多"的均值则为 2.87，除"专业课内容有趣"一项外，其他各项的城市间差异不明显，对"专业课内容有趣"均值最高的是北京，也更能说明北京作为中国的文化中心，其教学质量被中亚留学生高度认可。

　　经过改革开放四十多年的发展，中国教育质量得到了极大提升，这种进步为中亚地区的留学生所认可。来到中国，中亚留学生们对所学习的专业知识的满意度将成为促进他们以更积极心态适应中国社会的最主要的动力。

二、对就读学校文化课程的适应情况

　　中国是一个拥有五千年历史的文明古国，悠久历史所积淀下来的璀璨的文化成果为国人所自豪。要了解一个国家，对其历史所造就的文化传统的了解是不可缺少的。正是基于这样的理念，中国的高校留学生课程中都设置有专门的文化类课程。本研究通过 4 个指标对中亚留学生文化类课程的适应情况进行了调查。

表 3-5　文化类课程适应/城市交叉表

城市	数据类型	*文化课太多	文化课丰富	文化课有趣	文化课没必要
北京	均值	2.27	3.31	3.29	2.54
	N	107	105	103	106
	标准差	1.225	1.203	1.177	1.388
上海	均值	2.35	3.14	3.20	2.37
	N	57	56	56	54
	标准差	1.329	1.257	1.271	1.391
武汉	均值	2.44	3.38	3.38	2.71
	N	54	55	53	55
	标准差	1.058	1.027	0.882	1.301
乌鲁木齐	均值	2.67	3.36	3.34	2.54
	N	104	104	104	104
	标准差	1.144	1.269	1.187	1.261

续表

城市	数据类型	*文化课太多	文化课丰富	文化课有趣	文化课没必要
	均值	2.55	3.40	3.24	2.63
西安	N	114	115	114	112
	标准差	1.213	1.220	1.185	1.287
	均值	2.53	3.45	3.19	2.60
广州	N	85	85	85	85
	标准差	0.983	0.982	0.970	1.125
	均值	2.48	3.35	3.27	2.57
总计	N	521	520	515	516
	标准差	1.169	1.173	1.129	1.288

注：表中带"＊"号的数据表示经显著性检验，$P < 0.05$，有显著性差异项。

　　表 3-5 的数据说明，丝绸之路沿线国家来华留学生对于中国传统文化怀着较大的兴趣，"文化课丰富""文化课有趣"两项的均值分别为 3.35 和 3.27，远高于"文化课太多"和"文化课没必要"两项，除"文化课太多"一项外，其他各项在各城市间没有太大差别，"文化课太多"均值最低的也是北京。作为中国的七朝古都，它拥有故宫、长城、颐和园等一系列闻名于世的文明古迹，这也大大激发了留学生学习中国文化的兴趣，因此他们对文化类课程的需求也更大。

　　对文化类课程的满意度调查说明，中亚来华留学生对中国文化的需求是很大的，他们对中国传统文化的好奇和渴求对于中亚留学生教育和"一带一路"倡议所提出的民心相通都有重要的意义。目前我们对外汉语教学的文化教学，大都集中在对中国传统文化的教授上。这些固然是中国文化的精髓，也为世界所认可，中亚留学生们也很感兴趣。但是，留学生们常有这样的疑问：在学校里学的戏曲、剪纸、武术等中国文化为什么在中国的市民社会里难觅踪影？国画、书法是每个中国人都会的吗？更重要的是，作为经济上欠发达地区的留学生，他们来到现代的中国，最主要的目的是来学习中国先进的知识和技术，进而探求中国经济奇迹背后的秘密。因此值得我们认真思考的是，中国文化类课程除了教授中国传统文化之外，该如何拓展其内涵，向留学生展现中国现代文化的成果。正是中国现代文化的精髓支撑起了中国的经济奇迹。这其中包括中国人有吃苦耐劳的奉献精神,有舍小家而顾大家的高度组织性和纪律性,以及人人都心怀着振兴中华的中国梦……如果能把这些文化结合中国崛起所取得成就给留学生展现出来,将大大增加中国文化讲授的厚度和现实性。

第五节　汉语学习的适应情况

对于来华留学生而言,汉语既是需要学习的内容,又是学习知识的工具,还是中国文化的一部分,更是帮助他们适应中国社会和文化最重要的因素。能否掌握汉语对留学生学业适应和跨文化的整体适应都有着举足轻重的作用。本节以汉语学习途径为主要关注点,用 7 项指标考察丝绸之路沿线国家来华留学生汉语学习的适应情况。

表 3-6　汉语学习适应/城市交叉表

城市	数据类型	课堂学习和使用	多种场合学习和使用	*与老师和同学交流	*和中国学生同堂	通过阅读学习	通过影视学习	汉语水平提高
北京	均值	3.79	3.84	3.84	2.83	2.83	3.40	4.00
	N	114	116	116	115	115	116	114
	标准差	1.171	1.131	1.213	1.557	1.344	1.395	1.137
上海	均值	3.64	3.75	3.75	2.95	2.75	3.19	3.64
	N	59	59	60	59	59	59	59
	标准差	1.270	1.092	1.159	1.547	1.397	1.432	1.283
武汉	均值	3.65	3.82	3.79	3.39	2.95	3.54	4.07
	N	55	56	56	56	56	57	55
	标准差	1.040	1.029	1.022	1.216	1.197	1.181	1.034
乌鲁木齐	均值	3.62	3.63	3.30	2.54	3.22	3.37	4.04
	N	104	104	104	104	104	104	104
	标准差	0.998	1.089	1.253	1.284	1.314	1.388	1.051
西安	均值	3.57	3.69	3.51	2.85	3.01	3.30	3.88
	N	113	115	114	115	115	115	113
	标准差	1.164	1.157	1.250	1.326	1.341	1.384	1.204

续表

城市	数据类型	课堂学习和使用	多种场合学习和使用	*与老师和同学交流	*和中国学生同堂	通过阅读学习	通过影视学习	汉语水平提高
广州	均值	3.71	3.82	3.78	3.09	2.98	3.94	4.22
	N	85	85	85	85	85	85	85
	标准差	0.974	1.071	0.943	1.250	1.300	5.613	0.931
总计	均值	3.66	3.75	3.64	2.89	2.97	3.45	3.98
	N	530	535	535	534	534	536	530
	标准差	1.104	1.103	1.178	1.390	1.324	2.562	1.119

注：表中带"*"号的数据表示经显著性检验，$P<0.05$，有显著性差异项。

　　从表 3-6 可以看到，中亚留学生学习汉语的途径较为多样，均值在 3.00 以上的四种途径分别是"多种场合学习和使用"均值为 3.75、"课堂学习和使用"均值为 3.66、"与老师和同学交流"均值为 3.64、"通过影视学习"均值为 3.45。其中"多种场合学习和使用"的均值高于代表课堂学习的两项——"课堂学习和使用""与老师和同学交流"。另外"通过影视学习"的均值也较高，这表明中亚来华留学生能够充分利用目的语环境学习汉语，这无疑是一个积极适应的表现。

　　中亚留学生对汉语学习的效果较为认同，"汉语水平提高"一项的均值达到了 3.98，这也说明他们对在目的语环境中学习汉语的效果普遍较为满意。

　　本项调查中均值低于 3.00 的两项则表明，通过"和中国学生同堂"提高汉语的方式还有所欠缺。调查表明，大多数中亚留学生还没有达到与中国学生同步学习的水平，很多学校在大多数课程上还都是留学生单独编班上课。这种方式固然可以有针对性地展开教学，但是从另一个角度来说，则是目前中国留学生教育水平不高的一个表现。欧美等留学生教育发达的国家通行的做法是，留学生经过语言预科学习后，即会和目的语国家的学生合堂上课。这样做，虽然一开始会有很大的压力，但是其效果是会在较短时间内使留学生语言和专业水平得到较大幅度的提升。均值较低的"通过阅读学习"则表明，对中亚留学生来说，汉字是他们习得难度最大的语言要素之一，通过文字阅读学习汉语的能力还有待提高。

以城市间数据比较来看，除表中带"*"的"与老师和同学交流"及"和中国学生同堂"两项外，其他各项没有显著性差异。

从图 3-5 中可以看出，"与老师和同学交流"一项北京均值最高，上海、武汉、广州、西安差别不大，乌鲁木齐均值最低。之所以会出现这种情况，是因为乌鲁木齐中亚留学生较多，新疆高校留学生的主体来自中亚地区，即使在课堂上，同学之间交流也经常使用族际间通用交际用语——俄语，但是在其他内地高校的课堂上，生源的多样化则限制了他们使用俄语或母语交际的可能性。

"和中国学生同堂"一项武汉均值最高，广州次之，乌鲁木齐均值最低。这个特点反映出武汉、广州两座城市在中外学生合堂上课方面有不错的效果，认同度也较高；而乌鲁木齐同样是因为中亚留学生群体较庞大、生源地单一的原因，很少采取中外学生合堂上课，因此学生在此项上评价较低。在调查中均值最高的是"汉语水平提高"一项。

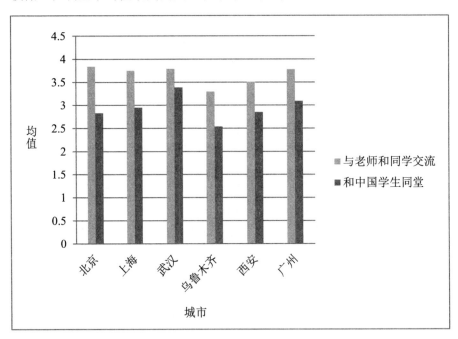

图 3-5 分城市两项数据比较图

下面我们将 HSK 等级和汉语学习适应进行交叉分析，探究不同的汉语学习方式与汉语水平之间的关系。

首先使用斯皮尔曼等级相关（Spearman-rho）进行相关分析，得到表3-7，除"与老师和同学交流"一项外，所有的项都呈现正相关，但是 r 值都没有超过 0.3，相关性较弱。

表 3-7　汉语学习适应/HSK 等级相关分析

卡方类型	自变量	数据类型	课堂学习和使用	多种场合学习和使用	与老师和同学交流	和中国学生同堂	通过阅读学习	通过影视学习	汉语水平提高
斯皮尔曼等级相关（Spearman-rho）	HSK	相关系数	0.116**	0.125**	0.072	0.109*	0.160**	0.094*	0.126**
		Sig.（双侧）	0.007	0.004	0.094	0.012	0.000	0.029	0.004
		N	530	535	535	534	534	536	530
** 在置信度（双测）为 0.01 时，相关性是显著的。									
* 在置信度（双测）为 0.05 时，相关性是显著的。									

结合图 3-6 来看。留学生 HSK 等级越高，其学习汉语的适应度越高。初级水平（HSK 一级至三级）的留学生汉语学习途径的均值普遍低于中级水平（HSK 四级至五级），高级水平（HSK 六级）留学生各项均值普遍较高。汉语水平越高的留学生，就越是能够通过多种途径学习汉语，尤其是能利用课堂以外的方式学习汉语。

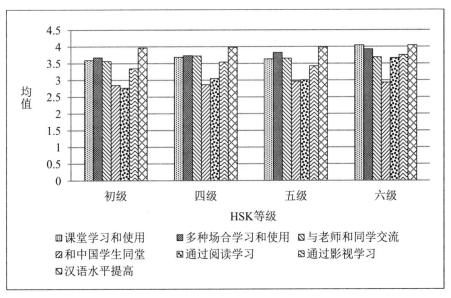

图 3-6　分级汉语学习适应图

第六节　学习压力调查

　　研究表明，适中的学习压力和强度有利于维持学生的适度紧张感，从而提高其智力活动的效率；但过高的学习压力则会产生多种负面影响，比如引起学生的健康状况不佳，导致抑郁和学业成绩不良等。（田澜 等，2010）那么留学生学习压力同样会影响到其学业适应乃至跨文化整体适应。本研究在以上调查的基础上对丝绸之路沿线国家来华留学生所面临的"学习压力"分 5 个指标进行了研究。

表 3-8　学习压力/城市交叉表

城市	数据类型	课堂气氛不适应	*平时考试压力	HSK 压力	跟不上课程	*没有压力
北京	均值	2.19	2.82	2.58	2.19	2.91
	N	114	114	114	113	114
	标准差	1.240	1.503	1.585	1.257	1.223
上海	均值	2.27	2.81	2.69	2.45	3.00
	N	59	59	61	60	60
	标准差	1.400	1.525	1.639	1.395	1.390
武汉	均值	2.57	2.73	2.86	2.30	2.88
	N	56	56	57	57	57
	标准差	1.219	1.314	1.432	1.101	1.255
乌鲁木齐	均值	2.69	2.63	3.02	2.50	3.11
	N	104	104	104	104	104
	标准差	1.223	1.469	1.564	1.400	1.222
西安	均值	2.74	2.75	2.42	2.56	3.19
	N	112	114	113	114	113
	标准差	1.257	1.247	1.321	1.290	1.253
广州	均值	2.68	2.65	2.59	2.78	3.18
	N	85	85	85	85	85
	标准差	1.060	1.260	1.357	1.169	1.104

续表

城市	数据类型	课堂气氛不适应	*平时考试压力	HSK 压力	跟不上课程	*没有压力
	均值	2.53	2.73	2.67	2.46	3.06
总计	N	530	532	534	533	533
	标准差	1.245	1.386	1.491	1.289	1.235

注：表中带"*"号的数据表示经显著性检验，$P<0.05$，有显著性差异项。

从表3-8的数据看出，中亚留学生学习压力普遍不高，课堂学习压力、课程压力、课程考试压力及 HSK 测试压力的4项的均值都没有超过3.00，而"没有压力"一项的均值为3.06。这说明，中亚留学生来到中国后，从学习过程到学习评价都没有感受到太大的学习压力，这一方面固然可以保持一个轻松的心态，但也造成他们对学习不够重视，会影响到他们上课的表现和学习效果。虽然"平时考试压力"和"没有压力"两项在城市间有显著性差异，"平时考试压力"一项中均值较高的是北京和上海，均值较低的是乌鲁木齐和广州，"没有压力"一项中均值较高的是乌鲁木齐、西安和广州，均值较低的是北京和武汉，但是各城市的均值水平总体较低，并不能说明在北京的中亚留学生学业压力更大或乌鲁木齐和广州的中亚留学生学业压力更小。

第七节 丝绸之路沿线国家来华留学生学业适应特征分析

本章从6个方面对丝绸之路沿线国家来华留学生学业适应进行了考察，发现这个群体学习适应最大的特点就是：适应的动力充足而压力不足。

中亚来华留学生在"学习环境""中国教师授课方式""专业课和文化课的课程适应""汉语学习"等4个方面，总体上都是适应情况良好。这充分说明，中亚留学生对中国高校的教育是较为满意的，这将有助于他们学业的顺利进行，也成为他们跨文化适应的巨大动力。从教师的"中亚学生学习热情高""喜欢在课堂上互动""课堂气氛热烈"等积极评价中，也可以感受到他们学业适应的成果。

在具有"压力"特征的"学校管理"和"学习压力"两方面的数据显示，中亚来华留学生依然是适应情况良好，这就反映出他们在学业适应方面压力不足。管理上没有压力，固然可以减轻他们的心理负担，但更可能造成他们忽视纪律、放任自流，反而使他们成为管理的"不适应者"。学习上没有压力，一方面说明中亚留学生有着良好的心态和轻松的心情，这可能会使他们轻装上阵；但另一方面，如果没有适当的学习压力，则可能会迷失自我，丧失学习的动力，成为一个懒散的群体。在访谈过程中，很多给中亚留学生授课的教师也证实了我们的担心绝非杞人忧天："晚上不睡觉，非常吵闹""上课睡觉""学习不刻苦""迟到，不遵守纪律"等，几乎成了中亚留学生的标签。

因此，深入研究这个群体的学业适应特点，采取相应措施，扬其"学习动力"，加其"学习压力"，才能更好地促进他们的学业适应。

第四章
丝绸之路沿线国家来华留学生
跨文化交际情况研究

　　跨文化交际是在特定的交际情境中，具有不同的文化背景的交际者使用同一种语言（母语或目的语）进行的口语交际。（吴为善 等，2009）跨文化交际是中亚留学生跨文化适应的社会表现层面。跨文化交际既是跨文化适应在交际层面的表现，同时又对跨文化适应有着巨大的反馈作用。本研究从言语交际、非言语交际、文化及价值观等三个方面，共14项指标对丝绸之路沿线国家来华留学生跨文化交际情况进行了调查。

第一节　言语交际

　　言语交际是跨文化交际最重要的表现。"卡耐勒和斯温（Canale M. & Swain M.，1980；Canale M.，1983；Swain M.，1984）认为，运用语言进行交际所必须具备的能力包括至少四个方面的能力，即语法的（grammatical）、社会语言的（sociolinguistic）、语篇的（discourse）和策略的（strategic），四个方面互有联系却又相对独立。在他们看来，交际要获得成功，这四方面的能力都有同样重要的作用，缺一不可，它们之间似乎难分主次上下。"（许力生，2000）其中"语法的"主要指言语的理解与表达，"社会语言的"则与语用直接相关，"语篇的"和"策略的"则更多与交际策略即表达方式有关。本项调查分为5个指标，分别考察了"理解与表达""语用：幽默与委婉"和"言语风格：含蓄"等三个方面。

表4-1　言语交际/城市交叉表

城市	数据类型	*不能表达自己	*不理解别人的话	*不能理解幽默	不能理解委婉语	*中国人说话太含蓄
北京	均值	2.48	2.24	2.46	2.65	2.48
	N	115	114	115	115	115
	标准差	1.142	1.264	1.326	1.207	1.287
上海	均值	2.35	2.31	2.55	2.33	2.37
	N	60	61	60	60	59
	标准差	1.287	1.311	1.431	1.271	1.244

城市	数据类型	*不能表达自己	*不理解别人的话	*不能理解幽默	不能理解委婉语	*中国人说话太含蓄
武汉	均值	2.05	2.47	2.44	2.58	2.61
	N	57	57	57	57	57
	标准差	1.109	1.167	1.150	1.101	1.013
乌鲁木齐	均值	2.62	2.55	2.78	2.85	2.54
	N	104	104	104	104	104
	标准差	1.081	1.379	1.246	1.121	1.182
西安	均值	2.58	2.47	2.81	2.83	2.83
	N	113	113	113	112	110
	标准差	1.259	1.275	1.349	1.177	1.270
广州	均值	2.42	2.65	2.52	3.04	2.85
	N	85	85	85	85	85
	标准差	1.106	1.395	1.119	1.180	1.097
总计	均值	2.46	2.45	2.61	2.74	2.62
	N	534	534	534	533	530
	标准差	1.171	1.308	1.283	1.188	1.208

注：表中带"*"号的数据表示经显著性检验，P<0.05，有显著性差异项。

从表 4-1 中的数据发现，中亚来华留学生对言语交际的适应度较高，各项均值都没有超过 3.00，其中"不理解别人的话"和"不能表达自己"两项的均值最低，说明他们在跨文化言语交际中较少遇到这方面的困扰，语用层面均值比前一个层面稍高，与表达方式基本在一个水平。各城市间除了"不能理解委婉语"一项外都具有显著性差异。

从图 4-1 可以清楚地看到，在"不能理解别人的话"方面，均值最高的是广州和乌鲁木齐，最低的是北京和上海；"不能表达自己"均值最高的是乌鲁木齐，其次是西安，最低的是武汉，其次是上海；"不能理解幽默"均值最高的是乌鲁木齐和西安，最低的是北京和武汉；"中国人说话太含蓄"均值最高的是西安和广州，最低的是上海，其次是北京。该项数据呈现出较为复杂的情况，为了进一步分析是什么因素影响到这 4 项指标，我们先用斯皮尔曼等级相关（Spearman-rho）进行相关分析，研究了 HSK 等级对这些指标的影响，发现"不能表达自己"和"不能理解幽默"两项与其相关。而后又将"国别""专业""年龄""来华时间"等变量与这些指标进行了交叉分析，发现没有显著性差异，之后在与"性别"的交叉分析中发现指标"不理解别人的话""中国人说话太含蓄"两项与性别呈显著相关，再将性别与城市进行交叉分析，发现两项也呈显著相关。

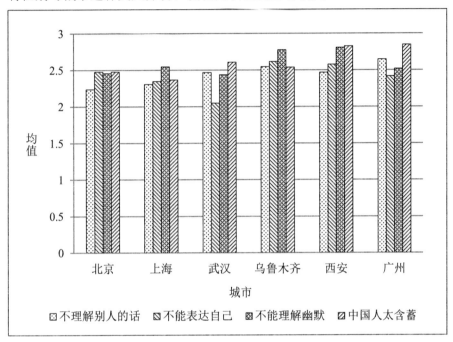

图 4-1　分层次四项数据比较图

一、"言语表达"和"幽默"的影响因素分析

经过斯皮尔曼等级相关（Spearman-rho）进行相关分析，发现 HSK 等级与"不能表达自己"和"不能理解幽默"两项相关。

表 4-2　HSK 等级与言语交际相关表

数据类型	不理解别人的话	不能表达自己	不能理解幽默	中国人说话太含蓄
卡方	2.269	18.321	14.226	6.441
df	6	6	6	6
渐近显著性	0.893	0.005	0.027	0.376
a. Kruskal Wallis 检验				
b. 分组变量：HSK				

　　为了统计方便，将 HSK 为"无等级"和一、二、三级的统一归并为"初级"水平。其实在"无等级"留学生中有两种情况：一种是零起点的学生，还有一种是没有参加 HSK，因此没有相应成绩的学生。这类学生又有两种情况：一种是汉语水平较高，但是由于种种原因没参加 HSK 的；一种是汉语水平较低而没有参加考试的。这里我们只能将其统一算作初级汉语水平者。由表 4-3 的数据可以看出，西安 HSK 等级为"初级"的学生比例在所有城市中最高，其次是乌鲁木齐，而武汉和广州最低。与表 4-1 中"不能表达自己"一项均值最高的是乌鲁木齐、其次是西安，最低的是武汉、其次是上海的特点呈现出较强的一致性。由此可以判断，在言语交际中，对于表达影响最大的因素还是其汉语水平的起点，汉语水平为初级的学生对自己的表达障碍更为困惑。

表 4-3　HSK 等级/城市交叉表

HSK	计数及百分比	城市						合计
		北京	上海	武汉	乌鲁木齐	西安	广州	
初级	计数/人	47	26	19	57	62	19	230
	HSK 中的百分比/%	20.4	11.3	8.3	24.8	27.0	8.3	100.0
	城市中的百分比/%	40.2	40.6	33.3	52.8	53.0	22.4	42.0
四级	计数/人	32	18	12	31	21	16	130
	HSK 中的百分比/%	24.6	13.8	9.2	23.8	16.2	12.3	100.0
	城市中的百分比/%	27.4	28.1	21.1	28.7	17.9	18.8	23.7
五级	计数/人	28	12	26	13	27	40	146
	HSK 中的百分比/%	19.2	8.2	17.8	8.9	18.5	27.4	100.0
	城市中的百分比/%	23.9	18.8	45.6	12.0	23.1	47.1	26.6
六级	计数/人	10	8	0	7	7	10	42
	HSK 中的百分比/%	23.8	19.0	0	16.7	16.7	23.8	100.0
	城市中的百分比/%	8.5	12.5	0	6.5	6.0	11.8	7.7
合计	计数/人	117	64	57	108	117	85	548
	HSK 中的百分比/%	21.4	11.7	10.4	19.7	21.4	15.5	100.0
	城市中的百分比/%	100.0	100.0	100.0	100.0	100.0	100.0	100.0

注：本表经卡方检验，HSK 等级和城市间有显著性差异。

　　表 4-1 显示，"不能理解幽默"均值最高的是乌鲁木齐和西安，最低

的是北京和武汉；由表 4-3 可以看到，汉语水平中高级学生比例从高到低依次是广州、武汉、北京、上海、乌鲁木齐和西安。可以看出，除了广州外，对"幽默"的理解与中高级学生的比例有很大相关性。因为"幽默"属于较高级的语言应用，语言水平达到中高级以后，才能较多地体会和应用到这种语言能力。据研究，"理解中国人的笑话和幽默"是来华留学生社会文化困难度排名前五位的项目之一。（雷龙云 等，2004）而粤方言和粤文化代表广州，虽然中亚留学生的汉语水平最高，但是粤方言中独特的文化与普通话所承载的文化有很大的不同，因此抵消了学生较高汉语水平所带来的优势，这是广州"不能理解幽默"一项均值与中高级水平不符的原因。

二、"言语理解"和"含蓄"的交际风格的影响因素分析

通过交叉分析，发现指标"不能理解别人的话""中国人说话太含蓄"两项与性别呈显著相关。

"不能理解别人的话"方面，均值最高的是广州和乌鲁木齐，最低的是北京和上海。令人稍感意外的是与"不能表达自己"一项的影响因素不同，本项与样本的 HSK 等级没有显著性相关。"理解"具有不同的层次，既有字面意义的理解，也有深层次"话外之音"的理解，不同汉语水平的留学生对"不能理解别人的话"的具体体会是不同的。因此，在跨文化言语交际中对"理解"的适应不单单是语言水平问题。那么，造成不同城市间差异的原因是什么呢？

本研究首先对"性别"和"城市"进行交叉分析，发现两者呈显著相关。

表 4-4　性别/城市交叉表

性别	计数及百分比	城市						合计
		北京	上海	武汉	乌鲁木齐	西安	广州	
男	计数/人	57	36	37	59	84	65	338
	性别中的百分比/%	16.9	10.7	10.9	17.5	24.9	19.2	100.0
	城市中的百分比/%	48.7	56.3	64.9	54.6	72.4	76.5	61.8
女	计数/人	60	28	20	49	32	20	209
	性别中的百分比/%	28.7	13.4	9.6	23.4	15.3	9.6	100.0
	城市中的百分比/%	51.3	43.8	35.1	45.4	27.6	23.5	38.2

性别	计数及百分比	城市						合计
		北京	上海	武汉	乌鲁木齐	西安	广州	
合计	计数/人	117	64	57	108	116	85	547
	性别中的百分比/%	21.4	11.7	10.4	19.7	21.2	15.5	100.0
	城市中的百分比/%	100.0	100.0	100.0	100.0	100.0	100.0	100.0

表 4-4 中的数据显示,北京的女性留学生多于男性,其他城市男性均多于女性,男女之比由高到低依次为:广州、西安、武汉、上海、乌鲁木齐。

从表 4-5 中的数据看出,25%的男性对于"不能理解别人的话"持较为同意(比较同意和完全同意)的态度,48%持较为反对(比较不同意和完全不同意)的态度,而女性持相应态度的人比例分别是 16.9%和 65.8%。

表 4-5 性别/"不理解别人的话"交叉表

性别	计数及百分比	不理解别人的话					合计
		完全不同意	比较不同意	一般	比较同意	完全同意	
男	计数/人	88	68	88	46	35	325
	性别中的百分比/%	27.1	20.9	27.1	14.2	10.8	100.0
	不理解上课内容中的百分比/%	52.1	54.8	71.0	71.9	67.3	61.0
女	计数/人	81	56	36	18	17	208
	性别中的百分比/%	38.9	26.9	17.3	8.7	8.2	100.0
	不理解上课内容中的百分比/%	47.9	45.2	29.0	28.1	32.7	39.0
合计	计数/人	169	124	124	64	52	533
	性别中的百分比/%	31.7	23.3	23.3	12.0	9.8	100.0
	不理解别人的话的百分比/%	100.0	100.0	100.0	100.0	100.0	100.0

对比"不理解别人的话"的分城市均值特点,不难发现,男性比例高的城市,"不理解别人的话"的均值就高;女性比例高的城市,"不理解别人的话"均值低。这说明,男性对"不理解别人的话"的不适应程度要高于女性。女性性格较为顺从,对跨文化差异的容忍度高,尤其是中亚地区这样一个男权社会,男性在社会和家庭中具有绝对的支配地位,女性社会地位较低,则更增加了她们的忍耐性和宽容性。因此在跨文化交际中她们即使不能很好地理解别人的谈话,也往往会保持良好的心态进行倾听,并

通过手势等非言语手段进行沟通，因此对"不理解别人的话"的情况适应度较好。这里只有一个例外是乌鲁木齐，其女性比例不低，但是"不理解别人的话"的均值也高，说明该地区女性对言语交际中的"理解"也有较大压力。这与乌鲁木齐中亚留学生较多且集中程度高有一定的关系，他们平时形成了较为固定和密集的群体，较多地使用母语或俄语进行交际，这在一定程度上影响到他们跨文化适应的顺利进行，尤其是女性，"系统的研究结果表明女性比男性更多地使用高威信的（prestigious）标准变式（standard variant）"（徐大明，2006）。由于有众多的中亚男性同学，他们在日常交际中较为频繁地使用在社会网络中语言地位较高的母语或俄语，这就造成了乌鲁木齐中亚留学生的女性群体在跨文化言语交际中没有其他城市的女性适应得那么好。

　　"中国人说话太含蓄"均值最高的是西安和广州，最低的是上海，其次是北京。表4-6显示，男性对于"中国人说话太含蓄"持较为认同（比较同意和完全同意）观点的占总数的22.3%，持较不认同（比较不同意和完全不同意）观点的占47.2%；女性中持比较认同观点的占总数的21.7%，持比较不认同观点的占51.3%。

表4-6　性别/"中国人说话太含蓄"交叉表

性别	计数及百分比	中国人说话太含蓄					合计
		完全不同意	比较不同意	一般	比较同意	完全同意	
男	计数/人	51	101	98	40	32	322
	性别中的百分比/%	15.8	31.4	30.4	12.4	9.9	100.0
	中国人说话太含蓄中的百分比/%	47.7	66.9	63.6	59.7	64.0	60.9
女	计数/人	56	50	56	27	18	207
	性别中的百分比/%	27.1	24.2	27.1	13.0	8.7	100.0
	中国人说话太含蓄中的百分比/%	52.3	33.1	36.4	40.3	36.0	39.1
合计	计数/人	107	151	154	67	50	529
	性别中的百分比/%	20.2	28.5	29.1	12.7	9.5	100.0
	中国人说话太含蓄中的百分比/%	100.0	100.0	100.0	100.0	100.0	100.0

　　这说明男性对中国人言语交际方式更为不适应，他们认为"中国人说话太含蓄"，而女性对于中国人说话的风格则比较适应。这与不同性别群体

自身的交际风格是有直接关系的，通过对俄语国家的人群语言交际风格的研究发现：她们很少打断别人，打断时一般都要道歉；即使意见有异，说话也比较委婉，经常用"也许""或者""但是"等转折词来缓和冲突，很少直接对别人的看法提出疑问。女性对别人的讲话常表示赞同或赞扬，一般很少持批评或反对意见，即使有，也以比较委婉或犹豫的口气说出。（史崇文，2007）

综上所述，在跨文化的言语交际方面，中亚来华留学生普遍较为适应，但是具体的适应情况有所差异，其中对于言语交际的"理解"和"表达"这一对语法能力层面的指标，却受到不同因素的影响：性别因素影响到了"言语理解"，而汉语水平的起点是"言语表达"的影响因素。对中国人的幽默这一语用现象的适应度由 HSK 中高级阶段所决定，而对中国人"含蓄"的言语风格的适应度则由性别所决定。

第二节　非言语交际

一切不使用语言进行的交际活动统称为非言语交际（nonverbal communication），包括眼神、手势、身势、微笑、面部表情、服装打扮、沉默、身体的接触、讲话人之间的距离、讲话的音量、时间观念、对空间的使用，等等。（胡文仲，2012）[94] 有非言语交际介入是跨文化交际中的重要内容，艾伯特·梅瑞宾甚至认为：交谈双方的相互理解＝语调（38%）＋表情（55%）＋语言（7%）。（赵蓉晖，2003）本研究以 4 个指标调查丝绸之路沿线国家来华留学生非言语交际适应情况。

表 4-7 数据显示，中亚来华留学生的非言语交际适应情况较好，其中只有"中国朋友太亲密"一项的均值大于 3.00，其余各项均值均在 3.00 以下。

其中"中国人很热情"一项均值较高，表明中亚留学生对中国人对待外国人态度热情有着很高的评价，他们能较好地适应中国人的交际方式，并且对中国人在交际过程中的"沉默"行为较为理解，只是对中国朋友之间的亲密关系有些不适应。显著性检验表明"中国朋友太亲密"一项各城市间有着差异性。

表 4-7　非言语交际/城市交叉表

城市	数据类型	中国人喜欢沉默	*中国朋友太亲密	中国人很热情	交际方式难理解
北京	均值	2.27	3.55	2.52	2.11
	N	115	115	115	115
	标准差	1.372	1.265	1.231	1.183
上海	均值	2.48	2.97	2.70	2.17
	N	60	60	60	59
	标准差	1.282	1.377	1.124	1.101
武汉	均值	2.42	3.23	2.81	2.27
	N	57	56	57	56
	标准差	1.309	1.062	1.141	1.152
乌鲁木齐	均值	2.62	3.27	2.87	2.42
	N	104	104	104	104
	标准差	1.295	1.143	1.150	1.188
西安	均值	2.71	3.38	2.79	2.45
	N	112	114	112	114
	标准差	1.325	1.200	1.290	1.290
广州	均值	2.99	3.19	2.79	2.48
	N	85	85	85	85
	标准差	1.277	1.160	1.292	1.278
总计	均值	2.59	3.30	2.74	2.33
	N	533	534	533	533
	标准差	1.330	1.212	1.218	1.215

注：表中带"*"号的数据表示经显著性检验，$P<0.05$，有显著性差异项。

"中国朋友太亲密"一项均值为 3.30，表明中亚来华留学生在跨文化交际过程中对中国人的人际距离较为不适应。其中均值最高的是北京，均值最低的是上海。

中国文化中朋友之间的距离较为亲近。"中国人的距离……要比英语国家的人近，在公共场合更是如此，在大街上，中国人聚集在一起，彼此相距不过 18 英寸（约为 45 厘米）。但是并不像英语国家的人那样不让他人介入，这显然表明了中国人的近体距离要比英语国家的人开放得多。英语国家的人在一起时,如果有局外人走进 18 英寸的范围,即使是在大庭广众之中,也一定会被看成是一种侵扰。中国人却不一定有此感觉。他们看来,公开场合就是绝对公开的。"(布罗斯纳安,1991)《礼记》云"男女有别",中国人对男女关系很敏感,正所谓"男女授受不亲"。因此,男女之间心理距离的亲近并不会完全表现在物理距离上。比如自幼一起长大的一对异性好友,久别重逢后无论心中多么欣喜,见面时也不会有什么过分的亲密之举,依旧"彬彬有礼"。关系更为亲密的恋人在公共场所也不会表现得非常亲昵。有的夫妻甚至相距甚远,或一前一后地走在马路上。另一方面,在中国,同性之间的亲近是被允许的,尤其是两个女孩之间相互挽着胳膊等举止被认为是很自然的。而这在国外却可能被认为是同性恋。(黄妍 等,2009)在公共场合大家都对女性朋友之间手挽手形影不离的情形习以为常,而男性朋友之间勾肩搭背以示亲密的现象也被视为正常。在西方文化中,朋友之间的这些距离都是不太常见的。中亚国家长期受俄罗斯文化的影响,对朋友间距离标准也是一样,因此他们觉得中国人朋友间的距离太过亲密。

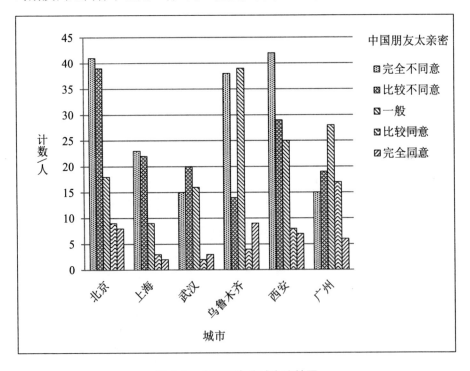

图 4-2　人际距离分城市比较图

由图 4-2 可以看出"中国朋友太亲密"的城市间差异。由表 4-7 可知，北京均值最高，其次是西安、乌鲁木齐；最低的是上海，其次是广州；而华中地区的武汉均值位于中间。

三个均值较高的城市都在中国北方地区，而较低的城市都位于南方，这是中国南北方地域文化的一个真实写照。北方人的豪爽体现在人际距离近，特别是在公共场合，同性朋友之间的距离更近；而南方含蓄的一个体现就是公共场合人际距离较远。这点造成了中亚来华留学生"人际距离"适应上的差别。

综上所述，丝绸之路沿线国家来华留学生对跨文化非言语交际适应情况较好。他们对中国人的交际方式有较高的适应度，他们对中国人热情的态度也较为适应。本研究以"沉默"这个非言语交际中的典型方式为指标之一考察留学生非言语交际适应情况，是因为："沉默的形式在各种文化中都是一样的，而且所有文化的人都或多或少地经历过它。但是，不同的文化对沉默的使用频率，对沉默所持的态度，对沉默的含义的理解都存在着很大的差异，他们对何时、何地以及怎样保持沉默有不同的看法。东方人习惯于使用沉默，比西方人使用频率高；东方人对沉默持积极的态度，而西方人总的来说对沉默持消极态度。"（李君文，2003）结果显示，来自中亚地区的留学生对于中国人这种表达方式适应度很好。唯一适应度不理想的是中国人的人际距离，由于中亚文化很大程度上受到俄罗斯文化的影响，因此他们认为中国的同性朋友间显得过于亲密了。

第三节　文化及价值观

文化及价值观是跨文化交际的核心。对不同文化的理解程度是影响到跨文化交际能否顺利进行的重要因素。而"不理解价值观方面的差异不能真正理解跨文化交际"。（胡文仲，2012）[165] 本研究从 5 个方面考察了中亚留学生对中国文化及价值观的适应情况。

表4-8 文化和价值观/城市交叉表

城市	数据类型	风俗习惯奇怪	价值观差别大	*中国人歧视留学生	自己民族的价值观最好	很少和中国人打交道
北京	均值	2.48	2.48	2.32	3.12	1.88
	N	115	115	115	113	115
	标准差	1.314	1.314	1.380	1.266	1.069
上海	均值	2.55	2.75	2.84	2.78	2.13
	N	60	61	58	59	60
	标准差	1.320	1.398	1.412	1.247	1.308
武汉	均值	2.65	3.09	2.54	2.98	2.18
	N	57	56	57	56	57
	标准差	1.126	1.083	1.255	1.228	1.255
乌鲁木齐	均值	2.73	2.84	2.76	3.17	2.14
	N	104	104	104	104	104
	标准差	1.143	1.062	1.153	1.119	1.194
西安	均值	2.69	2.74	2.82	3.21	2.37
	N	112	112	114	113	112
	标准差	1.309	1.153	1.347	1.161	1.401
广州	均值	2.58	2.80	2.80	3.19	2.00
	N	85	85	85	85	85
	标准差	1.375	1.173	1.163	1.129	1.102
总计	均值	2.61	2.75	2.67	3.11	2.11
	N	533	533	533	530	533
	标准差	1.270	1.206	1.298	1.190	1.227

注：表中带"*"号的数据表示经显著性检验，$P<0.05$，有显著性差异项。

表4-8显示，中亚来华留学生在文化及价值观适应上有着较好的表现。除了"自己民族的价值观最好"一项均值超过3.00外，其余各项均值都不高。其中均值最低的是"很少和中国人打交道"一项，表明中亚来华留学生在跨文化交际中没有极端的表现，对跨文化交际有较为积极的态度。"风俗习惯奇怪"一项均值为2.61，说明中亚留学生对中国的习俗文化有着较好的适应度。"中国人歧视留学生"一项均值为2.67，说明中亚留学生对中国人文化宽容度及人与人平等关系方面较为认同，显著性检验显示，只

有本项在城市间有一定的差异。"价值观差别大"一项的均值为 2.75，尽管在"自己民族的价值观最好"一项上均值达到了 3.11，但是考虑到后者与一个人的民族自尊心与自豪感息息相关，这一结果已经显示出中亚留学生并没有过于抬高自己民族价值观的地位，说明他们在跨文化交际中对不同价值观的评判是较为客观的。

"中国人歧视留学生"具有城市间差异，其中均值最高的城市是上海，其次是西安，再次是广州，以上 3 个城市均值都在 2.80 以上，均值最低的是北京，其次是武汉，再次是乌鲁木齐。继续将该项与"HSK""性别""国别""专业""年龄""来华时间"等变量进行相关分析，发现与"性别"一项也存在显著性相关。

在上文中我们统计过，北京的女性留学生多于男性，其他城市男性均多于女性，男女比例由高到低依次为：广州、西安、武汉、上海、乌鲁木齐。

表 4-9　性别/"中国人歧视留学生"交叉表

性别	计数及百分比	中国人歧视留学生					合计
		完全不同意	比较不同意	一般	比较同意	完全同意	
男	计数/人	62	74	102	48	39	325
	性别中的百分比/%	19.1	22.8	31.4	14.8	12.0	100.0
	中国人歧视留学生中的百分比/%	48.8	62.7	67.1	66.7	61.9	61.1
女	计数/人	65	44	50	24	24	207
	性别中的百分比/%	31.4	21.3	24.2	11.6	11.6	100.0
	中国人歧视留学生中的百分比/%	51.2	37.3	32.9	33.3	38.1	38.9
合计	计数/人	127	118	152	72	63	532
	性别中的百分比/%	23.9	22.2	28.6	13.5	11.8	100.0
	中国人歧视留学生中的百分比/%	100.0	100.0	100.0	100.0	100.0	100.0

表 4-9 中的数据清楚地显示，男性对"中国人歧视留学生"持较为认同观点的占到总数的 26.8%，持较不认同观点的占 41.9%；而女性中持较为认同观点的占到总数的 23.2%，持较不认同观点的占 52.7%。结合男女比例的数据可以发现，除上海外，其他城市中亚留学生对文化宽容度的适应程度基本与性别比例相一致，即男性认为自己受到"歧视"的比例较高，

这与中亚地区的社会特点有关。中亚地区男性社会地位高，自尊心强，来到中国后，面对文化差异，较为敏感。上海的中亚留学生在此项上的不适应程度之所以位列第一，可能与上海的城市特点有关。上海是中国经济最为发达的城市之一，形成了结合中国国际化、现代化发展和江南水乡文化"精细"之根的海派文化，与来自中亚游牧文化的"粗犷"相碰撞时，强烈的文化反差让有些中亚留学生难以适应，也是情理之中的事情。

第四节　丝绸之路沿线国家来华留学生
跨文化交际适应特征分析

　　丝绸之路沿线国家来华留学生跨文化交际适应普遍较好，在言语交际、非言语交际、文化和价值观三个层面的适应没有太大差异。中亚留学生的个人因素造成了不同城市间跨文化交际方面的差异。其中汉语水平对于言语交际层面的影响较大，这种影响在语法能力和语用能力层面都有所表现。性别差异成为影响中亚留学生跨文化交际的一个重要因素。因为中亚地区男性和女性社会地位相差较大，男性在社会和家庭中处于绝对的强势地位，使得他们固有的文化比较难以改变，从而影响到他们的跨文化适应；而中亚女性长期形成温柔、坚忍、勤快的性格，则使她们能更好地进行跨文化适应。

　　留学生所在城市的地域文化特点也是影响留学生跨文化交际适应的一个因素。其中粤语所承载的粤文化给留学生理解"幽默"造成了一些麻烦，中国北方人在公共场合所表现出来的人际距离也让留学生有所不适，而海派文化的斯文和精细则使得中亚留学生显得有些"粗枝大叶"。虽然这些差异造成了城市间跨文化交际适应的不同，但并没有影响到中亚留学生整体在中国社会跨文化交际适应良好的水平。

第五章
丝绸之路沿线国家来华留学生
跨文化心理适应情况研究

　　跨文化心理适应研究是从心理层面对跨文化适应进行的研究。对跨文化心理适应的调查将把丝绸之路沿线国家来华留学生的跨文化适应引向更深的层面。

　　1975 年美国心理学家阿德勒在讨论跨文化适应过程的变化时，以如下 5 个时期的阶段模式假说为理论基础做了表述。（1）接触阶段：在刚进入异文化环境时，人们对新文化好奇心旺盛，易于兴奋，对异文化表现出强烈的兴趣。（2）不统一阶段：开始察觉文化差异，并被这种差异压倒，感到混乱、困惑、无力、孤独，精神易于抑郁，寻找不到适应新文化的头绪，无法预料自己在社会中的地位、作用。（3）否定性阶段：在否定文化差异的同时，产生攻击性倾向，对异文化开始产生疑问和否定性行为，这被视作坚持主见和自尊心的表现。（4）自律期阶段：能够承认文化差异，个人心理防卫性态度得以消除。人际关系上、语言上已能与环境协调。这一时期是安定期的初期，行为开始变得沉着、自信，有控制力。（5）独立期阶段：对文化差异的认识进一步确立，能够体验丰富充裕的感情生活，能够采取实现自我价值的行为。在此时期中，人们已能担负起社会职责，日常生活也很顺利。（谭志松，2005）

　　本研究以该理论为依据，通过跨文化适应过程、跨文化适应领域、跨文化适应压力等 3 个方面共 14 个指标，对丝绸之路沿线国家来华留学生跨文化心理适应进行了研究。

第一节　跨文化心理适应过程

　　不论是阿德勒阶段模式假说还是利兹格德（Lysgaard）早在 1955 年提出的跨文化适应 U 形曲线理论，都认为跨文化适应是一个动态的过程，开始会处于对新的文化环境的兴奋期，然后开始出现危机，最后会形成适应。本节要讨论的是中亚来华留学生所处的跨文化适应阶段的情况。

　　本研究将跨文化过程分为 4 个指标，分别是代表接触阶段的"新奇"，代表不统一和否定阶段的"失望"，代表自律阶段的"逐渐适应产生兴趣"，代表独立期阶段的"较好适应并形成交际圈"。

表 5-1　城市/跨文化适应过程交叉表

城市	数据类型	感到新奇	困难引起失望	逐渐适应产生兴趣	较好适应并形成交际圈
北京	均值	3.28	2.37	3.59	3.80
	N	114	114	114	114
	标准差	1.347	1.312	1.012	1.082
上海	均值	3.05	2.08	3.41	3.80
	N	59	59	59	60
	标准差	1.238	1.103	1.219	1.232
武汉	均值	3.14	2.33	3.28	3.63
	N	57	57	57	57
	标准差	1.156	1.139	1.082	0.957
乌鲁木齐	均值	3.01	2.65	3.48	3.84
	N	104	104	104	104
	标准差	1.195	1.180	1.123	1.089
西安	均值	3.15	2.56	3.41	3.75
	N	114	114	114	114
	标准差	1.206	1.262	1.029	1.196
广州	均值	3.27	2.51	3.65	3.95
	N	85	85	85	85
	标准差	1.169	1.087	0.948	1.068
总计	均值	3.16	2.45	3.49	3.80
	N	533	533	533	534
	标准差	1.227	1.208	1.061	1.110

　　从表 5-1 的数据可以看到，中亚留学生在四个阶段的适应上没有城市间的差异，并且除第二阶段外，其余三个阶段均值都较高。这似乎说明中亚来华留学生群体对中国的适应情况较好，但是与先前的假设不同的是，这种适应特点与来华时间没有显著性相关，具体情况见表 5-2。

表 5-2　来华时间/跨文化适应过程交叉表

来中国时间	数据类型	感到新奇	困难引起失望	逐渐适应产生兴趣	较好适应并形成交际圈
1～6 个月	均值	3.24	2.37	3.62	3.76
	N	126	126	126	126
	标准差	1.305	1.287	1.179	1.162
7～12 个月	均值	3.09	2.50	3.38	3.64
	N	151	151	151	151
	标准差	1.168	1.137	1.032	1.168
13～18 个月	均值	3.36	2.34	3.51	3.78
	N	77	77	77	78
	标准差	1.169	1.188	0.982	1.065
19～24 个月	均值	3.08	2.69	3.42	3.67
	N	36	36	36	36
	标准差	1.180	1.215	1.105	1.195
24 个月以上	均值	3.06	2.46	3.46	4.02
	N	134	134	134	134
	标准差	1.273	1.186	1.008	0.961
总计	均值	3.16	2.45	3.48	3.79
	N	524	524	524	525
	标准差	1.230	1.199	1.061	1.109

　　一般来说，当文化刺激所带来的兴奋随时间延长而逐渐减弱之后，文化差异对心理的负面影响便会显现出来，时间大都发生在到达异国他乡的第三个月到第八个月。在这一阶段，留学生的情绪会降到最低点。(张秋红等，2009)但从数据可见，中亚留学生来到中国后较为迅速地找到了适应的途径，不论来华时间长短，他们都似乎直接跳过了代表不适应的"不统一"和"否定"阶段。尤其是在各个时间段的留学生中，代表适应最高阶段的"较好适应并形成交际圈"的均值都最高。

　　那么，究竟是什么因素导致中亚来华留学生跨文化适应具有如此的特点呢？

　　我们认为，有两个方面的原因导致了这种现象。

　　第一个方面，是人际关系网络的影响。在调查中我们感受最多的就是中亚留学生"圈子"的作用，几乎在每一座城市调查时，只要我们的调查组成员（吉尔吉斯斯坦籍来华研究生）一说俄语或者吉尔吉斯语，就会受到特别热情的接待，短时间内，这些被调查者就能通过各种方式召集来很多的中亚留学生，大部分人都能够积极配合调查。访谈中得知，先来中国的中亚留学生会主动帮助新来的留学生，通常会以国家为单位，形成诸如"吉尔吉斯斯坦朋友圈""哈萨克斯坦朋友圈"等关系网络。很多学生在访谈中都说道："我们刚来的时候什么都不知道，是我的国家的留学生帮助我熟悉这个城市的。"老生们会给予新生生活上的帮助，与他们交流情感，共同参加娱乐活动等，这些都有助于他们减缓适应期间遇到的压力，加速适应过程。"本国人组成的交际圈虽然起到了'文化冲击缓冲装置'的作用，但和本国人交往密切会阻碍留学生与中国居民的交往。中国人的'内外有别'的交际风格和中国高校留学生'差别'化管理模式也阻碍留学生与当地社会以及与中国学生的接触，使他们退缩到本国人的圈子中。"（杨军红，2009）[221] 再加上中亚留学生的第一语言或者为俄语或者为自己的母语，这些语言都是小语种，在中国社会很少有人使用和学习，这进一步导致了他们交际圈的缩小。

本研究对于中亚留学生交际网络的调查也证明了这种判断。当被问到会采取何种途径解决在中国面临的难以解决的困难时，来华时间不同的中亚留学生回答的解决途径间没有显著性差异，具体情况见表5-3。

从表5-3中可以看到，如果遇到重大困难，不管是来中国6个月以下的还是24个月以上的中亚留学生都倾向于选择3个选项，百分比从高到低依次为"不说出来"32.1%，"打电话给家里"27.5%，"请留学生朋友帮忙"21.2%，这3项累计为80.8%。可见，中亚留学生社会支持网络是相对封闭的，很多学生在遇到困难时，最多选择的竟然是"不说出来"这种最不能解决问题的方式。其次是向远方的家人求助（当然，更多可能是倾诉），接下来是向留学生同学求助。其中的孤独感和封闭性是显而易见的。

由此，中亚留学生社会适应的数据从某种程度上反映了他们的适应有自身的特点，那就是在较为封闭的社会支持网络的支持下，有着相对比较稳定的心理状态，可以有选择地接触中国社会，避免引起更多的不适应，进而寻求到一个相对平稳的适应状态。

表 5-3　困难解决途径/来中国时间交叉表

解决途径	计数及百分比	来中国时间					合计
		6个月以下	7~12个月	13~18个月	19~24个月	24个月以上	
打电话给家里	计数/人	37	41	19	12	35	144
	难以解决的困难中的百分比/%	25.7	28.5	13.2	8.3	24.3	100.0
	来中国时间中的百分比/%	28.9	27.2	24.7	34.3	26.5	27.5
请留学生朋友帮忙	计数/人	28	21	24	8	30	111
	难以解决的困难中的百分比/%	25.2	18.9	21.6	7.2	27.0	100.0
	来中国时间中的百分比/%	21.9	13.9	31.2	22.9	22.7	21.2
请中国朋友帮忙	计数/人	10	7	2	1	11	31
	难以解决的困难中的百分比/%	32.3	22.6	6.5	3.2	35.5	100.0
	来中国时间中的百分比/%	7.8	4.6	2.6	2.9	8.3	5.9
不说出来	计数/人	33	60	24	11	40	168
	难以解决的困难中的百分比/%	19.6	35.7	14.3	6.5	23.8	100.0
	来中国时间中的百分比/%	25.8	39.7	31.2	31.4	30.3	32.1
向中国老师求助	计数/人	10	13	3	1	8	35
	难以解决的困难中的百分比/%	28.6	37.1	8.6	2.9	22.9	100.0
	来中国时间中的百分比/%	7.8	8.6	3.9	2.9	6.1	6.7
其他方式	计数/人	10	9	5	1	8	34
	难以解决的困难中的百分比/%	29.4	26.5	14.7	5.9	23.5	100.0
	来中国时间中的百分比/%	7.8	6.0	6.5	5.7	6.1	6.5
合计	计数/人	128	151	77	35	132	523
	难以解决的困难中的百分比/%	24.5	28.9	14.7	6.7	25.2	100.0
	来中国时间中的百分比/%	100.0	100.0	100.0	100.0	100.0	100.0

　　第二个方面，则是因为中亚国家大多属于经济不发达国家，他们对中国这个邻近大国的经济奇迹钦佩而又好奇，他们中的很多人来到中国是想探求中国经济快速崛起的秘密，也是为了搭乘中国经济快速发展的快车，来改变自己的生活。从表 5-4 对中亚来华留学生留学动机的调查数据就可以看到，中亚留学生总选择数[①]的 24.1%认为来到中国留学是因为"中国的经济对我有吸引力"，选择数的 14.3%认为来到中国留学是"想留下来做生意"，再加上"中国的学习条件对我有吸引力"这一经济因素很强的选项，

---

① 本项调查为不定项选择，故"百分比"为选择次数的频率。

3项累计达51.8%,大于其余9项的和。

表5-4 来华留学动机频率表

来华目的[a]	响应		个案百分比/%
	N	百分比/%	
中国的经济对我有吸引力	285	24.1	52.8
中国的学习条件对我有吸引力	159	13.4	29.4
中国的文化对我有吸引力	126	10.7	23.3
中国自然环境对我有吸引力	37	3.1	6.9
这所大学很知名	32	2.7	5.9
这所大学所在的这座城市对我有吸引力	90	7.6	16.7
这所大学的奖学金比较丰厚	17	1.4	3.1
这所大学的学费比较低	21	1.8	3.9
亲友建议我到中国学习	91	7.7	16.9
为了以后的工作	108	9.1	20.0
想留下来做生意	169	14.3	31.3
其他原因	48	4.1	8.9
总计	1183	100.0	219.1
a. 值为1时制表的二分组			

　　中亚留学生来到中国后,亲身感受到中国经济高速发展带来的变化,其震撼程度与20世纪中国人到欧美国家留学时所感受到的巨大反差是相似的,中国人民的富裕、社会的稳定、现代化生活带来的优越条件、丰富的就业机会,以及上文提到过的中国高校良好的软硬件设施,都给他们留下了难以磨灭的印象。尤其是,本次调查的城市都是中国各地区的中心城市,虽然从城市间横向比来看经济发展程度相差较大,但是与中亚国家相比已经不可同日而语。正如赴吉尔吉斯斯坦调研时,一位当地的老华人所感叹的"现在的中国就像当时(20世纪60年代)的苏联,那时我们都向往到苏联去。现在中国还是中国,但苏联已经不是原来的苏联了,我们的位置(经济水平)互换了一下!"

　　这种强烈的反差给中亚来华留学生带来的不只是震撼,更多的还是羡慕和好感,甚至有些依恋,我们的很多中亚留学生从中国回国后,已经不习惯当地的生活环境,他们中的大多数人仍然通过各种途径与中国保持着较为紧密的联系，有很多人又重新回到中国求学或者工作、生活。从上文介绍的学业适应和跨文化交际适应情况也不难看出他们对中国社会的好感。正是基于这些感情，中亚来华留学生们对中国的跨文化心理适应表现出高度的适应状态也就不足为奇了。

结合以上两点分析，我们可以说，中亚来华留学生虽然来自经济不发达地区，也不是来华留学生的主体，有时甚至有些另类，但是他们对中国却普遍怀着单纯而又美好的感情，他们有着自己的适应方式和特点。作为留学生教育工作者，只要深入了解和研究，就能理解他们很多行为背后的原因，从而采取有针对性的措施，促进他们更好地进行跨文化适应。

第二节 跨文化心理适应领域

经过上面的调查我们了解到，丝绸之路沿线国家来华留学生跨文化心理适应有着很强的特点。下面，我们通过 3 个指标继续探索他们在不同的领域有着何种适应情况，以求对该群体跨文化心理适应特点有更为深入的了解。

表 5-5 跨文化心理适应领域/城市交叉表

城市	数据类型	交到了中国朋友	适应了生活方式	适应了学习方式
北京	均值	3.28	3.54	3.61
	N	114	114	114
	标准差	1.245	1.066	1.018
上海	均值	3.32	3.70	3.93
	N	59	61	59
	标准差	1.292	1.160	1.032
武汉	均值	3.30	3.61	3.68
	N	56	56	56
	标准差	1.205	0.888	0.936
乌鲁木齐	均值	3.42	3.60	3.71
	N	104	104	104
	标准差	1.356	1.019	0.952

城市	数据类型	交到了中国朋友	适应了生活方式	适应了学习方式
西安	均值	3.47	3.52	3.54
	N	114	111	114
	标准差	1.257	1.190	1.220
广州	均值	3.78	3.74	3.79
	N	85	85	85
	标准差	1.169	1.071	0.977
总计	均值	3.44	3.60	3.69
	N	532	531	532
	标准差	1.264	1.077	1.042

表 5-5 中的数据再一次证明了上一节关于跨文化心理适应阶段的研究，中亚留学生在跨文化心理适应领域依旧表现出较好的适应度，在学习、生活、人际关系等 3 个领域的均值都较高，在各城市间没有显著性差别，其中学习适应度最高。

3. 跨文化心理适应压力

当一个人初次进入异文化时，文化刺激所带来的兴奋感随时间延长而逐渐减弱，文化差异对心理的负面影响便会显现出来。内在的文化积累与外在的文化移入所引起的急剧变化往往会对人们的心理产生冲击与震动，使人在生理上和心理上产生不适。奥伯格（Oberg）把这个阶段的心理感受称为"危机阶段"（the crisis stage），时间大都发生在到达异国他乡的第三个月到第八个月，情绪往往会降到最低点。在这一阶段，来华留学生由于文化休克、不适应新文化所引起的心理反应往往表现为内心深处的失望感、孤独感、寂寞感、思乡感、挫败感、无能感、无安全感、缺乏自我价值感，及外部的焦虑、易发怒、精神抑郁、自我封闭等情绪和行为，如不知所措、惶恐不安、畏惧、反感、恐慌、抗拒、抵触、逃避等。（张秋红，2011）

前两节研究显示中亚来华留学生表现出较好的跨文化适应，但作为一个来自不同文化环境的群体，他们在跨文化适应过程中不可能没有任何问题。那么，他们在跨文化过程中到底面临哪些不适应呢？本研究通过 7 个指标进一步调查丝绸之路沿线国家来华留学生跨文化心理适应过程中的压力来源，其中"人际关系处不好"考察的是失望感和孤独感，"当地人有种族偏见"考察的是无安全感，"无法和中国人交流"考察的是无能感，"文化冲击带来的异类感"考察的是挫败感，"缺乏目标"考察的是缺乏自我价值感，"经常思念家人"考察的是思乡感，"生活单调乏味"考察的是寂寞感。

表5-6 跨文化心理适应领域/城市交叉表

城市	数据类型	人际关系处不好	当地人有种族偏见	无法和中国人交流	文化冲击带来的异类感	缺乏目标	*经常思念家人	*生活单调乏味
北京	均值	2.14	2.21	1.98	1.86	2.21	3.22	2.25
	N	113	112	113	112	111	114	112
	标准差	1.451	1.255	1.195	1.177	1.336	1.413	1.212
上海	均值	1.68	2.23	1.73	1.80	2.10	2.73	1.98
	N	59	60	59	59	59	60	59
	标准差	1.136	1.320	1.127	1.111	1.282	1.274	1.210
武汉	均值	1.96	2.32	2.00	2.05	2.21	3.16	2.51
	N	56	56	56	56	56	55	55
	标准差	1.206	1.114	1.112	1.227	1.171	1.067	1.136
乌鲁木齐	均值	2.19	2.29	2.01	1.88	1.97	3.30	2.54
	N	104	104	104	104	104	104	104
	标准差	1.247	1.138	1.145	1.064	1.161	1.467	1.269
西安	均值	2.09	2.33	2.30	2.07	2.38	3.61	2.65
	N	112	113	114	112	112	112	113
	标准差	1.312	1.137	1.310	1.145	1.295	2.399	1.401
广州	均值	1.99	2.47	2.16	1.89	2.15	3.26	2.61
	N	85	85	85	85	85	85	85
	标准差	1.180	1.087	1.184	1.091	1.107	1.114	1.319
总计	均值	2.05	2.31	2.06	1.93	2.18	3.26	2.45
	N	529	530	531	528	527	530	528
	标准差	1.284	1.172	1.200	1.132	1.237	1.614	1.288

注：表中带"*"号的数据表示经显著性检验，P<0.05，有显著性差异项。

数据显示，除"经常思念家人"一项均值为3.26外，其余各项均值均在3.00以下，其中均值最低的是"文化冲击带来的异类感"。这说明，受到第一节所分析的两点因素的影响，中亚留学生在中国的跨文化心理适应过程中面临的压力较小。无论是在日常交际、人际关系还是在学习、生活等方面都显示出较好的适应度。中亚来华留学生的失望感、孤独感、无安全感、无能感、挫败感、缺乏自我价值感和寂寞感都不是很强烈。唯一较为强烈的是思乡感。这与上文分析到的中亚来华留学生群体社会支持网络较为单一、相对封闭有关，在这个网络中，中亚留学生对家人的思念表现比较强烈。针对这一特点，我们在对中亚留学生的管理中，应该注重情感疏通，特别重视中亚国家对家长尊重的传统，结合他们社会支持网络中家长所具有的独特的精神支撑作用，多与他们的家长沟通，甚至可以增加家长参与管理的渠道，在有些问题上从家长层面对学生进行疏导和教育，这往往能收到事半功倍的效果。

一、“思乡感”压力研究

通过显著性检验发现，只有“经常思念家人”和“生活单调乏味”两项有城市间的差别。其中“经常思念家人”均值最高的是西安，其次是乌鲁木齐；均值最低的是上海，其次是武汉。经过交叉分析发现，“经常思念家人”与来华时间有显著性相关，具体数据如表5-7。

表5-7　经常思念家人/来华时间交叉表

经常思念家人	计数及百分比	来中国时间					合计
		6个月以下	7～12个月	13～18个月	19～24个月	24个月以上	
完全不同意	计数/人	24	14	8	7	12	65
	经常思念家人中的百分比/%	36.9	21.5	12.3	10.8	18.5	100.0
	来中国时间中的百分比/%	19.0	9.3	10.4	20.0	9.0	12.5
比较不同意	计数/人	18	22	13	3	27	83
	经常思念家人中的百分比/%	21.7	26.5	15.7	3.6	32.5	100.0
	来中国时间中的百分比/%	14.3	14.7	16.9	8.6	20.1	15.9
一般	计数/人	33	46	22	14	57	172
	经常思念家人中的百分比/%	19.2	26.7	12.8	8.1	33.1	100.0
	来中国时间中的百分比/%	26.2	30.7	28.6	40.0	42.5	33.0
比较同意	计数/人	17	22	16	5	18	78
	经常思念家人中的百分比/%	21.8	28.2	20.5	6.4	23.1	100.0
	来中国时间中的百分比/%	13.5	14.7	20.8	14.3	13.4	14.9

续表

经常思念家人	计数及百分比	来中国时间					合计
		6个月以下	7～12个月	13～18个月	19～24个月	24个月以上	
完全同意	计数/人	34	46	18	6	20	124
	经常思念家人中的百分比/%	27.4	37.1	14.5	4.8	16.1	100.0
	来中国时间中的百分比/%	27.0	30.7	23.4	17.1	14.9	23.8
合计	计数/人	126	150	77	35	134	522
	经常思念家人中的百分比/%	24.1	28.7	14.8	6.7	25.7	100.0
	来中国时间中的百分比/%	100.0	100.0	100.0	100.0	100.0	100.0

可以看到，对"经常思念家人"一项持较为同意（比较同意和完全同意）态度者比例最高的是来华时间在7～12个月的中亚留学生群体，其比例为45.4%，超过了其他来华时间持较为同意态度者的比例；而持较为反对（比较不同意和完全不同意）态度的占24%，比其他来华时间持相同态度者的比例低。与其相邻的"13～18个月"时间段持相同态度者的比例分别为44.2%和27.3%；"6个月以下"时间段持相同态度者的比例分别为40.5%和33.3%；到了"19～24个月"时间段，持较为同意态度者的比例大幅度下降为31.4%，持较为反对态度者的比例则上升到28.6%。

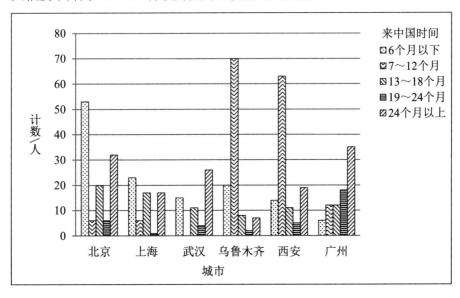

图5-1　分城市来华时间图

再结合图 5-1 不难发现，乌鲁木齐和西安两个城市来华时间在 7~12 个月时间段的留学生最多，因此城市间"经常思念家人"一项出现差异的原因是由来华时间长短的因素决定的。

根据这个重要发现，可以判断中亚留学生思乡感最为强烈的阶段是来华 7~12 个月的时期。这说明，虽然在其他方面心理压力表现得不明显，但是作为中亚留学生心理适应压力表现最为明显的"思乡"这一指标显示，中亚来华留学生跨文化心理适应的"危机阶段"（the crisis stage）出现在 7~12 个月，比传统的模型"3~8 个月"推迟了大约一个周期（6 个月）。

对异国他乡有了一定的了解和认识，一般是 3~8 个月后。留学生基本熟悉了异国他乡的生活习惯，并根据自己对环境的认知和判断，逐渐形成各自新的人格取向，开始在新文化环境中进行人生的第二次社会化进程，以适应所处的新文化环境。留学生在这个"恢复期"（the recovery stage）过程中的时间因个体情况而不同，一般从几个月到几年不等。（张秋红，2011）而"13~18 个月"时间段对"经常思念家人"一项持同意态度者比例有所下降，可以视为"恢复期"。图 5-2 就是根据本项调查绘制的中亚来华留学生跨文化心理适应曲线。

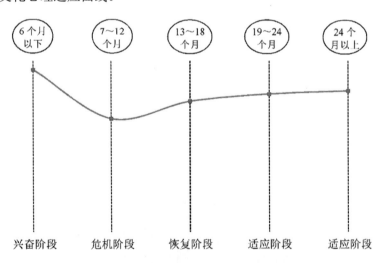

图 5-2　中亚来华留学生跨文化心理适应曲线图

综上研究，出于对家庭的重视，中亚来华留学生跨文化适应过程中家庭支持因素有着非常重要的作用，跨文化心理适应中的"思乡感"反映出了他们心理适应的特点，该群体"危机阶段"出现的时期较晚，持续的时间不长，适应期出现在第 18 个月以后，且较为稳定。

二、"寂寞感"压力研究

"生活单调乏味"项总均值为 2.45，处于较低水平，该城市间有显著性差异，均值最高的是西安，其次是广州；均值最低的是上海，其次是北京。数据看起来不太合乎常规，因为广州和西安的繁华热闹程度不亚于北京和上海，为什么中亚留学生在这两个城市会有不同于其他城市的"寂寞感"呢？经过交叉分析，排除了其他自变量的影响。结合在调查中的观察，我们发现，西安的中亚留学生与我们在其他城市调研时观察到的情形不同，课余时间他们大都待在宿舍里，而不像别的城市留学生们课余时间大都成群结队地外出运动、游玩。针对这个奇怪的现象，经过访谈，我们才了解到，原来西安中亚留学生以短期生为主，样本中 62.6%的人是非学历短期生，这还不算学历生中来华不到一年者。他们来到这座城市的时间不长，再加上学生较少，对这座城市的陌生感较强，不太经常接触外界。有学者研究中也发现："在问到最近半年你主要通过哪些渠道了解西安时，67.6%的受访者选择'互联网'，47.1%的受访者选择'他人描述'，选择'自身体验'者为41.2%，选择'电视电影'者为35.3%。"（王亮 等，2015）相对封闭的社交环境，使得他们成了各城市中亚留学生中最为"寂寞"的群体。虽然乌鲁木齐的非学历短期生比例达到了 66.0%，但是中亚留学生群体较为集中，新来的留学生很快就会和老生们打成一片，由老生引导新来者适应乌鲁木齐的城市生活。

而广州这一现象的产生原因，则是因为我们的样本中有 41.2%的留学生来自华南理工大学，而华南理工大学国际教育学院位于外环东路的大学城校区，位置较为偏僻，和繁华的广州市区距离较远。在访谈中很多留学生抱怨这里太过偏远，外出很不方便。因此，广州中亚留学生的"寂寞感"来自他们中有很多人学习生活环境较为偏远的因素。

排除了这两座城市，北京和上海中亚留学生最为"不寂寞"的原因就不需要过多解释了，这些国际大都市的繁华足以让留学生们的生活丰富多彩了。

第三节　丝绸之路沿线国家来华留学生
跨文化心理适应特征分析

经过本章的研究发现，丝绸之路沿线国家来华留学生跨文化心理适应特点非常明显，那就是出于对中国经济快速发展的敬佩，他们对中国社会抱有很强烈的好感，这种好感促进了他们的跨文化心理适应。同时，中亚留学生因为本民族语言、文化的小众性，在中国社会交往中失去了很多社交资源，不像来自英语国家的留学生那样可以利用自己的语言优势在与中国人交际过程中获得一定的本地社交资源，他们会更多地选择与自己国家或操俄语的留学生交往，这导致他们的社会支持网络相对单一和封闭。

这两个重要因素造成中亚来华留学生在跨文化心理适应上具有双重表现：一方面是他们在心理上对中国社会存在较高程度的接纳性，对中国的强烈兴趣使得他们在跨文化心理适应上具有较高的适应度，在各项适应指标上超越了一般跨文化适应模式所归纳的适应内容，并且使得他们的"兴奋阶段"时间较长；另一方面，较为封闭的社交网络则形成了一个相对稳定的缓冲地带，较好地缓解了他们在跨文化交际过程中所面临的心理压力，帮助他们在较短的时间内适应所在的跨文化环境，并且在大多数适应指标上有着较好的适应度。

然而较为单一和封闭的社会支持网络也造成他们过于注重在自己的"圈子"内部解决问题，对学校、老师或者中国朋友不信任，不能很好地利用当地的社会资源，这在一定程度上造成了中亚来华留学生群体在遇到困难时往往不能寻求更多的解决途径，有时使得他们容易寻求较为极端（如喜欢拉帮结派、聚众滋事、出事后喜欢寻求"私了"等）的解决方式。中亚来华留学生社会支持网络的特点还造成他们"思乡感"压力大，也使得群体不能从更深层次适应不同文化环境。

然而，中亚国家伊斯兰文化和游牧文化都有注重家庭的传统，他们普遍尊重父母，重视家庭关系。因此，虽然远在异国他乡，中亚留学生的家庭和父母在他们的跨文化适应中依旧起到独特而重要的作用，这是支持该群体跨文化适应的重要心理因素。与父母的一个电话、一次视频都足以支撑中亚留学生几天的好情绪。即使在中国，每逢重大决定，他们一般也要先征求父母的意见。上文提到的中亚来华留学生跨文化适应曲线也是通过研究他们"思乡压力感"而发现的。可以说，"家庭"因素是中亚来华留学生跨文化适应的核心因素。如何利用好中亚留学生跨文化适应的这一重要因素，对我们针对这一群体的教育管理有着重要的意义。

第六章
丝绸之路沿线国家来华留学生
跨文化适应影响因素研究

　　从上面的统计可以看出，中亚来华留学生跨文化适应情况总体较好，本章将研究中涉及的"汉语交流水平""HSK 等级""个人出国经历""了解中国的途径""来华留学动机"，再加上前文涉及的"就读城市"（表 1-4）、"生源国"（表 1-5）、"性别"（表 1-6）、"年龄"（表 1-6）、"就读专业"（表 1-8）、"学历"（表 1-7）和"来华时间"（表 5-2）等共 12 个自变量作为丝绸之路沿线国家来华留学生跨文化适应影响因素进行进一步研究。

　　同时，鉴于影响丝绸之路沿线国家来华留学生跨文化适应的因素除了以上提到的 12 个留学生自身的因素变量外，社会因素也有着非常重要的作用，正如有的学者提出的，留学生在东道国的适应情况与他们是否得到了来自东道国的社会支持呈正相关。留学生所获得的来自东道国的社会支持在很大的程度上取决于东道国居民对留学生的接纳程度。它影响到双方交往的积极性以及留学生对新的文化环境的认同。如果东道国对留学生所在文化群体的评价是积极的，那么留学生在东道国就受到较多的社会支持；反之，如果东道国对留学生所在文化群体的评价是消极的，有很多的刻板印象和偏见，那么留学生获得的东道国的社会支持就非常少，甚至会受到排斥和歧视。（杨军红，2009）本章设置了两节内容对中亚来华留学生在中国的社会支持网络和中国民众心中的中亚留学生形象进行专门研究，力图较为全面地探索丝绸之路沿线国家来华留学生跨文化适应的影响因素。

第一节　环境因素对其跨文化适应的影响

　　本节主要考察环境因素对中亚来华留学生跨文化适应的影响。为了简化研究，调查共引入 3 个指标，分别是"生源国""就读城市"和"就读专业"。其中"就读城市"这一指标在前面的分析中已经研究过，其至少是与中亚留学生跨文化交际有一定的相关性，在这里先不做考察。

一、生源国

　　学生生源国的调查主要考虑到不同国家学生其文化背景、受教育方式、民族心理等方面可能会存在差异，而这些差异有可能会造成其跨文化适应情况的不同。

本研究涉及的生源国涵盖了传统意义上的中亚五国，具体数据见表 1-5。经卡方检验，P=0.257，说明国别与跨文化总体适应之间无显著性差异，也即中亚国家来华留学生跨文化适应影响因素中可以排除生源国因素，各国留学生间跨文化适应无差别。

二、就读专业

就读不同专业的学生因其专业性质不同，面对的压力也可能有所不同，因此跨文化适应过程中就有可能形成不同的特点。本小节通过就读专业与跨文化总体适应进行交叉分析，来考察两者之间的关系。首先经过卡方检验，P=0.869，说明就读于不同专业的中亚留学生跨文化适应没有显著性差异。

第二节　个体因素对其跨文化适应的影响

留学生个体因素可能会对跨文化适应造成影响。除了前文探讨过的"性别""年龄"（表 1-6）等因素外，本节将引入前文没有深入涉及的"个人出国经历""了解中国的途径""来华留学动机"3 个指标对留学生个体因素对其跨文化适应的影响进行研究。

一、个人出国经历

一个人的跨文化经历可能会对其跨文化适应产生影响，有研究认为："有出国经历小组的跨文化交际能力平均水平显著高于无出国经历小组，在跨文化交际知识和跨文化交际行为两个层面尤为突出；在研究出国经历各因素对跨文化交际能力的影响时发现，跨文化交际能力水平与出国经历时间长短和回国时间长短并无显著的相关性，而与国外跨文化交流频率呈正相关，另外，出国目的对跨文化交际行为能力也具有显著的影响。"（吕文燕，2011）本研究调查了中亚来华留学生出国经历情况。

表 6-1　出国经历表

值	选项	频率	百分比/%	有效百分比/%
有效	没有	434	79.2	80.7
	有	104	19.0	19.3
	合计	538	98.2	100.0
缺失		10	1.8	
合计		548	100.0	

注：本项调查为不定项选择，故"百分比"项为选择次数的频率。

　　从表 6-1 中的数据可以看到，大多数中亚来华留学生都没有出国的经历，来中国留学是他们人生中第一次来到异国。根据以往的研究，他们的这一特点可能会对跨文化适应造成消极的影响，于是我们将他们的总体适应与出国经历进行交叉分析，皮尔逊（Pearson）卡方检验 P＝0.881，说明两者之间没有显著性相关。这再一次证明了上一章"丝绸之路沿线国家来华留学生跨文化心理适应情况研究"中所分析的，中亚留学生跨文化适应因其独特的中国印象和社会支持网络，造成了他们适应的特别之处，从而使得跨文化适应经历对其跨文化适应的影响不大。

二、了解中国的途径

　　来华前通过何种途径了解中国，可能会对留学生跨文化适应造成影响，因为不同的了解途径，可能会影响到信息的真实性和全面性。如果留学生通过一个片面或者不可靠的途径了解中国，有可能会给他们造成一个关于中国的扭曲印象，来到中国后就可能会加深其心理失落感，从而影响到他们的跨文化适应。

表 6-2　了解中国途径表

了解中国途径[a]	响应		个案百分比/%
	N	百分比/%	
通过在中国的亲戚或者朋友	191	30.4	35.6
通过新闻媒体	64	10.2	11.9
通过网络	149	23.7	27.7
通过中国影视媒体	40	6.4	7.4
通过当地的孔子学院	104	16.6	19.4

了解中国途径 a	响应		个案百分比/%
	N	百分比/%	
来中国之前对这个国家一点儿也不了解	80	12.7	14.9
总计	628	100.0	116.9
a. 值为 1 时制表的二分组			

注：本项调查为不定项选择，故"百分比"项为选择次数的频率。

从表 6-2 中的数据可以看出，中亚来华留学生最为经常的了解中国的途径分别为"通过在中国的亲戚或朋友""通过网络""通过当地的孔子学院"。可以发现，中亚来华留学生倾向于通过周围人的介绍来了解中国，经由网络途径了解中国则是当今信息化时代的趋势。中亚留学生在来中国前，通过以上三种主要途径了解中国，可以使他们对即将面临的生活和学习环境有一个较为客观和全面的认识，有助于他们来华后的跨文化适应。

了解中国途径的调查也为我们面向中亚地区招生提供了一定的参考，即可以主动与在华的中亚学生、商人等群体接触，向他们推介中国的留学生教育，从而借助他们扩大招生规模。广布于中亚的孔子学院以前是，今后仍旧是招生的主要途径，他们在当地的形象和口碑将直接影响到当地学生对中国教育，乃至中国国家形象的认知。网络招生是今后我们招生途径的一个新的发展方向，目前中国很多高校的网络仍以内网为主，许多中亚学生在当地不能顺利地打开中国高校的"校园网"进行网页浏览，而且国内大部分高校的网页没有俄文版，这也给学生了解其中的信息造成了很大障碍。如果能够利用中亚地区的网络资源，建立一个能用当地通用语言集中介绍国内高校的信息平台，将有助于解决这一问题。

三、来华留学动机

学习动机是外语学习研究关注的焦点。加德纳（Gardner）和兰伯特（Lambert）把学习外语的动机分为融合型动机和工具型动机，并从社会心理学角度提出了社会教育模式，为外语学习动机研究奠定了理论基础。后来，多尼耶（Dornyei）和奥托（Otto）认识到学习动机的动态性和过程性，从行动过程和动机影响因素两个维度构建了学习动机过程模式，为外语学习的研究开辟了新的方向。我国学者从 20 世纪 80 年代开始研究中国学习者的外语学习动机。这些研究集中在三个方面：一是研究学习动机与学习效果的关系；二是探讨学习动机与其他学习因素的关系；三是探索学习动机的内部结构和诸多动机变量之间的关系。（王东山 等，2010）留学生来华留学的动机也是影响其跨文化适应的重要因素，在研究"跨文化心理适应过程"时，曾经引入过来华留学目的来解释经济因素对中亚留学生跨文化心理适应的影响，下面将对中亚学生来华留学动机情况进行全面分析。

表 6-3　来华留学动机表

来华留学动机 [a]	响应		个案百分比/%
	N	百分比/%	
中国的经济对我有吸引力	285	24.1	52.8
中国的学习条件对我有吸引力	159	13.4	29.4
中国的文化对我有吸引力	126	10.7	23.3
中国自然环境对我有吸引力	37	3.1	6.9
这所大学很知名	32	2.7	5.9
这所大学所在的这座城市对我有吸引力	90	7.6	16.7
这所大学的奖学金比较丰厚	17	1.4	3.1
这所大学的学费比较低	21	1.8	3.9
亲友建议我到中国学习	91	7.7	16.9
来中国留学是为了以后的工作	108	9.1	20.0
来中国留学想留下来做生意	169	14.3	31.3
其他原因	48	4.1	8.9
总计	1183	100.0	219.1
a. 值为 1 时制表的二分组			

注：本项调查为不定项选择，故"百分比"项为选择次数的频率。

表 6-3 中的数据显示，中亚留学生来华动机中排名前五位的依次是"中国的经济对我有吸引力""我来中国留学想留下来做生意""中国的学习条件对我有吸引力""中国的文化对我有吸引力""来中国留学是为了以后的工作"。而其他诸如城市环境、大学吸引力等都不是主要的动机。可以发现，工具型动机是中亚留学生来华的主要动机，排名前五的动机中有 4 项都是与经济有关的，其中来华留学目的直接指向工作的有 3 项，另外"中

国的学习条件对我有吸引力"中有很大一部分原因是奖学金因素。只有排名第四的"中国的文化对我有吸引力"是融合型动机。

工具型动机占中亚来华留学生学习动机的主流，说明该群体留学生到中国留学有着非常明确的目的性。他们来到中国最主要的动机并不是出于对中国古老文明和文化的好奇，也不是因为中国城市和大学的条件，而是为了能够直接为今后的工作创造条件。这种动机虽然看起来十分功利，但是比起融合型动机，工具型动机的指向性更明确，且驱动力更为持久。这与现代中国崛起主要以经济实力为基础有直接关系。作为世界第二大经济体，中国对世界的影响力已经不再像以前那样依靠古老的文化来吸引外国人猎奇的目光，对于中亚地区尤其如此，特别是随着"一带一路"倡议的提出，及俄罗斯经济危机带来的就业机会减少，越来越多的中亚人把就业的机遇和中国经济连在了一起，因此中亚留学生们来到中国留学最主要的动机就是为了解决就业问题。这种动机在一定程度上有助于促进学生的跨文化适应。

四、汉语水平

前文已经对来华留学生 HSK 等级对其跨文化适应的影响进行了分析，本小节将对其汉语水平情况进行进一步研究。针对丝绸之路沿线国家来华留学生汉语水平，本项调查设计了两个问题：一个是学生自评的"汉语交流水平"；另一个是学生的"HSK 等级"。从表 6-4 中可以看到，中亚来华留学生对自己的汉语水平普遍有较高的自我评价，认为自己能使用汉语进行自由交流的人达到 57.2%，能进行一般交流的为 27.9%，两类人数合计达到 85.1%。关于"无等级"的留学生，如上文提到的，分为两种情况：一类是零起点的学生；还有一类是没有参加 HSK，因此没有相应成绩的学生。这类学生又有两种情况：一种是汉语水平较高，但是由于种种原因没参加 HSK 的；另一种是汉语水平较低而没有参加考试的。从表 6-4 的数据里我们可以看到，"无等级"中后一类留学生的整体汉语水平，应该介于三级和四级之间。

表 6-4　HSK 等级/汉语交流水平交叉表

HSK 等级	计数及百分比	汉语交流水平				合计
		自由交流	一般交流	交流不畅	不能交流	
无等级	计数/人	35	27	19	4	85
	HSK 中的百分比/%	41.2	31.8	22.4	4.7	100.0
	汉语交流水平中的百分比/%	11.3	17.8	27.1	36.4	15.6
一级	计数/人	4	15	11	4	34
	HSK 中的百分比/%	11.8	44.1	32.4	11.8	100.0
	汉语交流水平中的百分比/%	1.3	9.9	15.7	36.4	6.3
二级	计数/人	6	10	5	0	21
	HSK 中的百分比/%	28.6	47.6	23.8	0	100.0
	汉语交流水平中的百分比/%	1.9	6.6	7.1	0	3.9
三级	计数/人	32	37	18	1	88
	HSK 中的百分比/%	36.4	42.0	20.5	1.1	100.0
	汉语交流水平中的百分比/%	10.3	24.3	25.7	9.1	16.2
四级	计数/人	73	45	8	2	128
	HSK 中的百分比/%	57.0	35.2	6.3	1.6	100.0
	汉语交流水平中的百分比/%	23.5	29.6	11.4	18.2	23.5
五级	计数/人	121	17	8	0	146
	HSK 中的百分比/%	82.9	11.6	5.5	0	100.0
	汉语交流水平中的百分比/%	38.9	11.2	11.4	0	26.8
六级	计数/人	40	1	1	0	42
	HSK 中的百分比/%	95.2	2.4	2.4	0	100.0
	汉语交流水平中的百分比/%	12.9	0.7	1.4	0	7.7
合计	计数/人	311	152	70	11	544
	HSK 中的百分比/%	57.2	27.9	12.9	2.0	100.0
	汉语交流水平中的百分比/%	100.0	100.0	100.0	100.0	100.0

　　结合表 6-4 中的 HSK 等级统计，汉语水平达到中高级的学生占 58.0%，再加上"无等级"学生中水平较高者，水平在三级以上者达到 69.4%。可以看出，他们的实际汉语水平与自我评价基本一致，这对于来自中亚地区的留学生来说，已经是一个很高的水平了，因为中亚地区开展汉语教学时间不长，系统性的汉语教学只是在当地建立孔子学院后才开始的。2005 年中亚地区的第一所孔子学院在乌兹别克斯坦的塔什干建立，在

之后 2006—2015 年的十年间，在哈萨克斯坦、吉尔吉斯斯坦、塔吉克斯坦陆续建立起 11 所孔子学院。在孔子学院的推动下，中亚地区的汉语教学向着正规化和规模化发展，来到中国的中亚留学生的汉语水平也日渐提高。虽然与日、韩和东南亚等汉语国际教育较为发达的地区相比，中亚地区的学生汉语水平整体不算高，但其进步是较为明显的。

第三节　丝绸之路沿线国家来华留学生
跨文化适应模型

综合以上分析，在 12 个自变量中，我们剔除了与跨文化总体适应无显著性相关的"生源国""就读专业""出国经历"等 3 项、与 HSK 等级高度相关的"汉语交流水平"项及两个不定选择项"来华留学动机"项和"了解中国的途径"项共 6 个自变量，通过有序回归分析（Logistic），来探究其他各自变量对中亚来华留学生跨文化适应的影响。其他 6 个自变量中，"就读城市"变量为无序多项分类变量，在统计过程中进行了哑变量化。"性别""年龄""来华时间""HSK 等级""学历"等 5 个变量为协变量，其中"性别"为二项分类变量，其他 4 个变量为有序分类变量，因变量为"跨文化总体适应度"。

从表 6-5 可以看到，P 值小于 0.05，说明基于这 6 项影响因素的综合值对于判别中亚来华留学生跨文化适应的程度具有显著预测效果。

表 6-5　模型拟合信息表

模型	−2 对数似然值	卡方	df	显著性
仅截距	761.309			
最终	730.859	30.450	19	0.009
连接函数：Logit				

通过表 6-6 和表 6-7 可以看到，该模型拟合度大于 0.05，达到 0.059，3 个伪决定系数值最小的也为 2.5%，说明模型拟合度较好。

表 6-6　拟合度表

数据类型	卡方	df	显著性
Pearson	1070.071	1046	0.059
偏差	648.081	1046	1.000
连接函数：Logit			

表 6-7　伪 R 方表

Cox 和 Snell	0.046
Nagelkerke	0.055
McFadden	0.025
连接函数：Logit。	

从表 6-8 中可以看到本模型的主要数据。

表 6-8　参数估计值表

	变量	估计	标准差	Wald	df	显著性	95% 置信区间 下限	上限
临界值	[总体适应＝1]	−0.725	0.478	2.302	1	0.129	−1.662	0.212
	[总体适应＝2]	2.387	0.497	23.033	1	0.000	1.412	3.362
	[总体适应＝3]	4.084	0.590	47.879	1	0.000	2.928	5.241
位置	性别	−0.009	0.096	0.010	1	0.921	−0.197	0.178
	年龄	0.361	0.171	4.492	1	0.034	0.027	0.696
	来中国时间	−0.272	0.081	11.350	1	0.001	−0.430	−0.114
	HSK	−0.035	0.060	0.343	1	0.558	−0.152	0.082
	学历	0.058	0.066	0.770	1	0.380	−0.072	0.188
	[城市＝1]	−0.019	0.308	0.004	1	0.950	−0.622	0.584
	[城市＝2]	−0.243	0.355	0.468	1	0.494	−0.939	0.453
	[城市＝3]	−0.331	0.357	0.859	1	0.354	−1.032	0.369
	[城市＝4]	−0.413	0.319	1.670	1	0.196	−1.039	0.213
	[城市＝5]	−0.091	0.310	0.086	1	0.769	−0.699	0.517
	[城市＝6]	0[a]			0			
连接函数：Logit								
a. 因为该参数为冗余的，所以将其置为零								

根据表 6-8 的数据，可以列出 3 个累加概率 Logit 模型：

$$Y(总体适应 \leq 1) = \frac{\exp(-0.725 - (-0.009性别_i + 0.361年龄_i - 0.272时间_i + 0.058学历_i - 0.035HSK_i - 0.019城市北京_i - 0.243城市上海_i - 0.331城市武汉_i - 0.413城市乌鲁木齐_i - 0.091城市西安_i))}{1 + \exp(-0.725 - (-0.009性别_i + 0.361年龄_i - 0.272时间_i + 0.058学历_i - 0.035HSK_i - 0.019城市北京_i - 0.243城市上海_i - 0.331城市武汉_i - 0.413城市乌鲁木齐_i - 0.091城市西安_i))}$$

$$Y(总体适应 \leq 2) = \frac{\exp(2.387 - (-0.009性别_i + 0.361年龄_i - 0.272时间_i + 0.058学历_i - 0.035HSK_i - 0.019城市北京_i - 0.243城市上海_i - 0.331城市武汉_i - 0.413城市乌鲁木齐_i - 0.091城市西安_i))}{1 + \exp(2.387 - (-0.009性别_i + 0.361年龄_i - 0.272时间_i + 0.058学历_i - 0.035HSK_i - 0.019城市北京_i - 0.243城市上海_i - 0.331城市武汉_i - 0.413城市乌鲁木齐_i - 0.091城市西安_i))}$$

$$Y(总体适应 \leq 3) = \frac{\exp(4.084 - (-0.009性别_i + 0.361年龄_i - 0.272时间_i + 0.058学历_i - 0.035HSK_i - 0.019城市北京_i - 0.243城市上海_i - 0.331城市武汉_i - 0.413城市乌鲁木齐_i - 0.091城市西安_i))}{1 + \exp(4.084 - (-0.009性别_i + 0.361年龄_i - 0.272时间_i + 0.058学历_i - 0.035HSK_i - 0.019城市北京_i - 0.243城市上海_i - 0.331城市武汉_i - 0.413城市乌鲁木齐_i - 0.091城市西安_i))}$$

根据拟合度表，该模型解释力较强，说明模型中 6 个自变量基本能代表影响中亚来华留学生跨文化适应的因素。

综上所述，本节从环境和个人两大方面共 12 个变量对影响中亚来华留学生跨文化适应的因素进行了研究。经过显著性检验，共剔除了其中 5 个无显著性影响变量和 1 个重复变量，结合前面研究中发现的有影响变量，最终经过回归分析（Logistic），确定了影响中亚来华留学生跨文化适应的主要因素有"就读城市""性别""年龄""来华时间""学历""HSK 等级"等 6 个变量，并建立了 3 个 Logit 模型，对中亚来华留学生的跨文化适应的影响因素进行了解释。

第四节　社会支持网络对丝绸之路沿线国家来华留学生跨文化适应的影响

社会网络是一定范围的个人之间相对稳定的社会关系。（贺寨平，2001）个人能够凭借自己的社会网络关系而获取各种各样的资源。人们可以通过社会网络来解决自己所面临的各种困难，减轻压力。

朋友是社会网络中的一个重要的关系群体，博克纳（Bochner）认为留学生的朋友圈可以由里向外划分为三个"圈子"，分别是本国同胞组成的提供感情支持的单一文化圈，提供职业和学业帮助的东道国学生或工作人员组成的双文化圈，一起休闲和娱乐的周围其他留学生组成的多文化圈。（杨军红，2009）[177]

在心理适应的分析过程中，我们发现中亚来华留学生独特的社会支持网络是影响其跨文化适应的重要因素。在笔者的前期研究中也发现，中亚来华留学生的社会支持网络确实也存在一定的"圈子"。（刘宏宇 等，2014）

本节通过设计三个情景来研究中亚来华留学生社会网络对他们的支持作用。这三个场景分别是，遇到心情不好时、遇到经济困难时、遇到无法解决的困难时，他们会向谁求助。

一、遇到心情不好时的求助对象

生活在异国他乡，难免会遇到各种问题。在跨文化适应过程中有些小问题也需要得到社会网络的支持才能够更好地化解。本小节设计了一个在遇到情绪问题时，中亚来华留学生将会寻求谁的帮助，来调查他们遇到小麻烦时的社会支持网络情况。

表 6-9　遇到心情不好时的求助对象表*

值	求助对象	频率	有效的百分比/%	累积百分比/%
有效	打电话给家人	96	18.3	18.3
	跟自己的朋友倾诉	80	15.2	33.5
	做喜欢的事情排遣	175	33.3	66.9
	慢慢平复	119	22.7	89.5
	向班主任倾诉	10	1.9	91.4
	其他	45	8.6	100.0
	总计	525	100.0	
缺失		23		
总计		548		

* 经卡方检验，数据间具有显著性差异。

从表 6-9 的数据可以看到，在遇到诸如心情不好等生活中的小问题时，大部分中亚留学生会选择自我解决，这表现在选择"做喜欢的事情排遣"和"慢慢平复"两项的人达到 56.0%，其次是"打电话给家人"寻求帮助，再次是"跟自己的朋友倾诉"，而"向班主任倾诉"的人只有 1.9%。这与中亚地区游牧文化传统造就的男性好强、女性坚忍的性格有关系，他们认为生活中小事都不能独自处理的人是会受到大家嘲笑的，因此中亚留学生在遇到生活中的小问题时更倾向于自我解决，而很少寻求他人的帮助。

二、遇到经济困难时的求助对象

经济困难是每个在异国他乡的人都害怕遇到的问题，而对于中亚留学生来说，长期的生活方式养成了他们手中不存"隔夜粮"的习惯，一到月底就囊中羞涩已是他们的生活常态。因此本小节设计了"遇到经济困难时的求助对象"这一问题来考察当他们遇到有些棘手的经济困难时的社会支持情况。

表 6-10　遇到经济困难时的求助对象表*

值	求助对象	频率	有效百分比/%	累积百分比/%
有效	向家里要	275	51.8	51.8
	向留学生朋友借	111	20.9	72.7
	向中国朋友借	84	15.8	88.5
	自己做兼职克服	12	2.3	90.8
	向中国老师借	8	1.5	92.3
	其他方式	41	7.7	100.0
	总计	531	100.0	
缺失		17		
总计		548		

* 经卡方检验，数据间具有显著性差异。

表 6-10 中的数据显示，当遇到经济困难这种棘手问题的时候，中亚来华留学生的社会支持网络发生了显著变化，超过一半的人会选择向家人求助，其次是向留学生朋友求助，再次是向中国朋友求助，而选择其他方式的非常少，这其中就包括很多中国留学生经常采取的打工挣钱的方式。通过访谈还了解到，这里的"留学生朋友"，大部分是指自己国家的留学生，还有一部分是指其他中亚国家的留学生，因为有着共同的语言——俄语，他们能够更好地交流，认同度也较高，几乎没有人会向其他国家的留学生借钱。这说明，中亚留学生在遇到经济较为困难的情况时，主要会求助于包括家人、朋友在内的本国人。

三、遇到无法解决的困难时的求助对象

本小节考察的是遇到最为困难的情况时，中亚留学生的社会支持情况。本项调查的情景是假设遇上了自己无法解决的困难，中亚留学生将会向谁求助。

表 6-11　遇到无法解决的困难时的求助对象表*

值	求助对象	频率	有效百分比/%	累积百分比/%
有效	打电话给家里	146	27.4	27.4
	请留学生朋友帮忙	113	21.2	48.7
	请中国朋友帮忙	33	6.2	54.9
	不说出来	171	32.1	87.0
	向中国老师求助	35	6.6	93.6
	其他方式	34	6.4	100.0
	总计	532	100.0	
缺失		16		
总计		548		

* 经卡方检验，数据间具有显著性差异。

表 6-11 提供的数据大大出乎我们的预料，当遇到自己无法解决的困难时，竟然有 32.1% 的留学生选择"不说出来"，其次才是向家人求助和向留学生求助，而其他方式则很少。这是一个令人十分费解的结果，很大一部分中亚留学生会选择把困难闷在心里这种消极方式来应对，这中间有着非常复杂的原因，其中很重要的一点就是中亚留学生自尊心强，有好面子的心理。中亚国家都是在 20 世纪 90 年代初宣布独立的，中亚各国的公民在独立后民族意识觉醒，民族自尊心和自豪感空前强烈，他们在享受到国家民族独立带来的尊严的同时也在面对重新定位自我的困惑，如何在大国之间获得足够的国家尊严，如何树立主体民族的优越感，成为各国需要面对的头等大事。这样的背景因素，再加上中亚地区游牧文化中崇尚英雄的情结，形成了中亚留学生这种自尊的心理，而在跨文化适应过程中，这种心理不断发酵，就造成了他们在遇到重大困难时，为了维护自己的面子，宁可消极地独自面对，也不愿让别人看到自己软弱的一面，因此大多不向别人求助。

选择率位居第二和第三的分别是向家人求助和向留学生朋友求助，这与遇到经济困难时的求助对象较为一致。同样，也很少有人会寻求其他的支持方式。

四、中亚来华留学生跨文化社会支持网络模型

通过上述三个小节的研究可以发现，中亚来华留学生跨文化社会支持网络有着鲜明的特点，突出表现在经常以个体的自我排解为重要方式，这在上文中已经做了论述，因其不属于社会支持网络的部分，在这里先不做考虑。对于其他社会支持网络的情况，在前期研究总结的三种文化圈的基础上不难发现，中亚来华留学生社会支持网络具有较强的封闭性，突出表现为以下三点。

一是单一文化圈扩大，中亚留学生更倾向于和本国人在一起，也更倾向于向本国人寻求社会支持。中国有句俗话是"物以类聚，人以群分"，人总喜欢和与自己有共同特性的人交往。这些共性囊括了众多方面。大多数中亚留学生喜欢与自己的同胞交往与交流，中国有句古话叫"在家靠父母，出门靠朋友"，在中亚也具有这样的理念，他们很重视与自己关系亲近的朋友，尤其是在国外。同胞是心灵的安抚剂，是信息源。同胞间可以分担压力，分享快乐。留学生在本国的圈子里，使用母语交流，保持原有的习惯。这在研究中亚留学生跨文化心理适应时就有充分的体现，中亚留学生在中国能够表现出较强的适应水平，很大程度上就是因为他们有一个稳定的单一文化圈社会网络的支持。

来自哈萨克斯坦的赞萨亚说："我喜欢和自己国家的朋友待在一起，我们累的时候，可以互相安慰，高兴的时候，一起去'happy'，我们女孩子还可以一起去买衣服、做美容，这让我觉得轻松。"

虽然留学生这种单一文化圈有很多好处，但也有消极的一面，这种只与本国人交往、抱团的思想，可能会引发更多的问题。我们遇到过一个极端案例，就是一位来中国学习的吉尔吉斯斯坦留学生，由于其只与本国人交往，又不努力学习汉语，一年后他的汉语水平基本没有得到提高，即使是简单的交流他也难以做到。这种交朋友的方式，有时也是危险的。抱团后，一国的某一位成员如与其他人产生纠纷，就可能把小事演变成大事，把个体事件演化为群体事件，甚至上升到国与国层面上的冲突。另外，在中国，留学生大多与中国学生分开住宿，目的是便于管理，但这样的居住方式阻断了留学生与中国学生之间的交流，客观上强化了单一文化圈的功能。

二是双文化圈功能小，中亚来华留学生的双文化圈中主要包括教师、语言伙伴、管理办公室的工作人员。他们为来华的中亚留学生提供语言、学业和生活帮助，起到了一定的积极作用。

在访谈中，很多中亚留学生都提到他们会交中国朋友，有时在一起交流，一起练习口语，或是进行课业辅导，但总体来说中国人在其社会支持网络中的功能十分弱，很多人只是限于学业上遇到困难时会寻求中国老师和同学的帮助，其他情况则很少会找中国人帮忙。很少有关系发展到真正意义上的"朋友"的。很多中亚留学生认为和中国人成为真正的朋友是很难的。来自吉尔吉斯斯坦的姆娜拉说："我原来有几个中国朋友，但后来，就逐渐不联系了。他们总是很忙，和他们相约一次两次还行，次数多了，他们总是说自己没时间，久而久之就不联系了。"

三是多元文化圈单一化，中亚来华留学生的多元文化圈以中亚地区留学生为主，由于中亚地区各国除了塔吉克斯坦略有差异外，其余国家的人信仰相同，价值观念相似，思维方式相近，生活习惯类似，再加上以俄语为共同的交际用语，因此很容易形成一个以中亚地区为界限的多元文化圈，而与其他国家的留学生则很少交往。

哈萨克斯坦的阿扎马特说："我们宿舍另外两个人来自吉尔吉斯，我们是好朋友，关系非常好，干什么都在一起。"

塔吉克斯坦的禾木说："我和我的舍友们关系很好，他们来自哈萨克斯坦和吉尔吉斯斯坦，我们一起买东西、上网、看电影。"

综合以上分析，我们可以构建一个中亚来华留学生社会支持网络模型（如图 6-1），该模型由四个圈层构成。最内层：本国人群体；第二层：俄语国家人群；第三层：中国人群体。在第二层和第三层之间有一个亚层，是指留学生所在院校的中国老师、同学群体。

该模型各个圈层的功能是不平衡的，其中最为核心的是本国人群体圈层，这个圈层人数并不多，甚至不一定就在身边，但是它的存在对于中亚来华留学生跨文化适应的支持却是至关重要的，它帮助留学生在来华前就形成有关中国的初步印象，它使得留学生来到中国后能迅速了解当地的风土人情，传授给留学生在当地的生存之道，并为他们更好地在中国进行跨文化适应提供持续的支持。但是过于强大的功能和其固有的封闭性也会使它成为限制中亚留学生更深入地接触中国社会和其他文化群体的障碍。

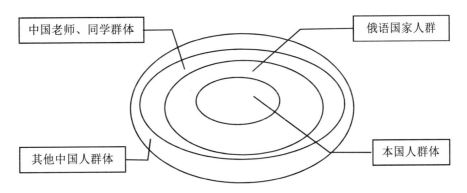

图 6-1　中亚来华留学生社会支持网络模型图

　　处于第二层的俄语国家人群，实际上就是中亚国家的在华人士。这个圈层也有其独特功能，它的存在扩展了中亚留学生的社会支持资源，为他们的适应提供了一个基于共同语言、相近的价值观和生活方式的社会支持网络，这个圈层作为第一个圈层的补充，有时也发挥着促进不同国家留学生之间相互协助、共同适应的作用。

　　第三圈层中的中国老师和同学亚层，虽然在整个圈层中人数不多，但其作用和存在的意义却十分重大，因为他们在大多数场合下起着联通中亚留学生和中国社会的重要作用。正是通过他们，中亚留学生较为深入地接触到真实的中国人，了解到真实的，有时甚至是全部的中国社会、中国文化。他们起着促进留学生更好地学习汉语和中国文化的作用。但是我们在调查中也发现，这个亚层的功能并没有得到很好的发挥，在中亚留学生社会支持网络中还没有起到应有的作用。

　　第三圈层中的其他中国人群体，是数量最大的，同时也是对留学生影响面最宽的。留学生在中国的时时刻刻、方方面面都会受到他们的影响，这个群体目前的表现是比较令人满意的，他们勤劳、努力，创造了令中亚留学生倾慕的成就，他们为人友善，不歧视他人，让中亚留学生能舒心地生活在这个群体之中。他们虽然并未在中亚留学生的社会支持网络中处于明显的核心位置，但是却是最厚重、最有分量的支持网络。当然，也应该看到，这个群体也存在公共意识淡漠、有些人道德缺失的问题，有些人对外国人过于好奇或者对其文化不够包容，也在一定程度上影响到了中亚留学生对中国社会的整体印象。但是瑕不掩瑜，正是有了这个圈层的社会支持，中亚来华留学生才能够顺利地完成在中国的跨文化适应。

第五节 中国民众对丝绸之路沿线国家来华留学生跨文化适应的影响

本节数据来源于笔者和研究生合作进行的一项研究。（杨兴子，2013）中国民众属于丝绸之路沿线国家来华留学生跨文化适应社会支持网络的一部分，留学目的国的民众对留学生的认知度会影响到留学者对该国社会文化的适应。因为民众对特定群体的认知度会形成一种社会氛围，这种氛围将会影响到民众对该特定群体的态度和行为，从而会直接影响到留学生群体在中国的跨文化适应。在前文关于跨文化心理的研究中发现，中亚来华留学生对中国社会的适应度较高，在"人际关系""偏见""文化冲击"等方面的心理压力均处于较低水平。但同时又发现，中亚留学生社会支持网络分层明显，各层之间的功能相差较大，尤其是第一层"本国人群体"及第二层"俄语国家人群"对中亚留学生跨文化适应的支持度远大于第三层"中国人群体"的功能。产生看似存在悖论的两种研究结论的原因何在？本节将从中国人对中亚来华留学生认知的视角进行探究。

本节通过调查中国民众对中亚来华留学生的认知情况，在收集来华中亚留学生的学习、生活、与中国民众日常交往等方面第一手资料的基础上，研究中亚来华留学生与中国民众的日常交往情况、中亚留学生与中国人的冲突及其解决途径、中国民众对中亚留学生社会行为习惯的认知等方面的内容。了解该群体在中国普通民众心目中的形象，进一步探讨中亚来华留学生在中国社会所获得的社会支持情况。

一、调查及抽样

（一）调查概况

由于本研究涉及的调查对象需要与中亚来华留学生有过接触，有一定的认知度，因此，调查采用的抽样方法为主观抽样的判断抽样方法。经过前期的调查了解，从 2012 年 4 月至 2012 年 11 月先后在新疆大学、新疆师范大学、新疆师范大学附属中学、新疆农业大学、新疆医科大学、新疆财经大学、新疆农业职业技术学院等 7 所院校，交通银行新医路支行以及上述学校周边的市场、超市等 9 个场所共计 16 个调查点进行抽样调查，对与中亚留学生有过交往的教师、学生、楼层管理员、餐厅工作人员、售货员、清洁工等人员进行问卷调查。共发放问卷 350 份，回收问卷 330 份，回收率 94.3%，其中有效问卷 324 份，有效率 98.2%。

　　我们在研究过程中还进行了访谈，通过对典型案例的访谈获取资料，对问卷中具体的数据进行补充说明，共与 10 名相关人员进行访谈，语音材料累计 850 分钟。

　　（二）样本基本情况

　　判断抽样得到总样本数为 324 个，样本基本情况如下。

　　样本中男性 128 人，占总数的 39.5%；女性 196 人，占总数的 60.5%。

　　职业情况为：学生 196 人，占总数的 60.5%；教师 39 人，占总数的 12.0%；其他人员，包括食堂工作人员、学校楼层管理员、银行及超市工作人员，共计 89 人，占总数的 27.4%。

表 6-12　民族情况表

值	民族	频率	有效百分比/%	累积百分比/%
有效	汉族	170	52.5	52.5
	维吾尔族	136	42.0	94.4
	哈萨克族	4	1.2	95.7
	回族	9	2.8	98.5
	其他民族	5	1.5	100.0
	总计	324	100.0	

　　从表 6-12 中的数据可以看到，样本中民族比例最高的是汉族，其次是维吾尔族，这与乌鲁木齐市高校周围的民族分布情况基本相符。

表 6-13　文化程度表

值	文化程度	频率	有效百分比/%	累积百分比/%
有效	初中以下	5	1.5	1.5
	初中	46	14.2	15.7
	高中	33	10.2	25.9
	本科	128	39.5	65.4
	研究生以上	112	34.6	100.0
	总计	324	100.0	

表 6-13 显示，样本中本科以上学历者为 74.1%，学历层次较高。

表 6-14　年龄分布表

值	年龄	频率	有效百分比/%	累积百分比/%
有效	16～22 岁	152	46.9	46.9
	23～29 岁	126	38.9	85.8
	30～36 岁	24	7.4	93.2
	36 岁以上	22	6.8	100.0
	总计	324	100.0	

表 6-14 显示，样本年龄段主要集中在 16～29 岁，占样本总数的 85.8%，以青年人群为主。

从以上样本基本情况的数据可以看到，本次调查主要选取与留学生关系密切的学生和教师，这些样本与中亚留学生接触最为密切，对他们的调查可以得到更为客观的材料。

结合问卷调查结果，研究者在中国人群中展开了多次深入调查，访谈样本的基本情况如表 6-15。

表 6-15　访谈对象情况表

访谈对象	民族	年龄	性别	类别	接触中亚留学生时间
马宁波	汉族	36	男	大学教师	4 年
苏长香	汉族	30	女	硕士研究生	3 个月
王艳翠	汉族	27	女	硕士研究生	6 个月
李园园	汉族	22	女	本科学生	1 年
古丽	维吾尔族	35	女	楼层管理员	2 年
阿依达	维吾尔族	24	女	硕士研究生	2 个月

访谈对象	民族	年龄	性别	类别	接触中亚留学生时间
叶丽娅	哈萨克族	32	女	餐饮服务员	1 年
奴尔兰	哈萨克族	24	女	本科学生	8 个月
李坤	回族	29	男	硕士研究生	1 年
张岩	回族	34	女	餐饮服务员	3 年

注："访谈对象"栏均为化名。

二、对留学生了解程度调查

虽然本次调查在选取样本时采取的是主观抽样，主要从有可能接触到留学生的人群中进行抽样，然而，这些人群是否真正地了解中亚来华留学生，还需要进一步研究。因此，本小节设计了三个问题用于调查样本对中亚来华留学生的了解度。第一个问题调查样本是否了解所接触的中亚留学生是哪个国家的；第二个问题调查样本对中亚留学生来华留学原因的了解程度；第三个问题调查样本对中亚来华留学生经济来源的了解程度。这三个问题有一定的层次性，代表不同的了解程度：第一个问题是最浅层的了解，第三个问题了解程度最深，第二个问题了解程度居中。根据这三个调查所划分出来的层次，将中国民众对中亚来华留学生的了解程度划分为三个类型，分别是轻度了解型、中度了解型和深度了解型。

（一）对中亚留学生来源国的了解情况

表 6-16 显示的是对中亚留学生来源国了解度的调查，目的是考察样本对中亚来华留学生情况最基本的了解，因为和来自异国的留学生进行交往，首先就应该了解他们从哪里来。如果连留学生来自哪里都不知道，就可以判断这些样本对留学生的了解度很低，甚至可以判断他们之间没有直接的交往。

本项调查以职业为自变量，考察不同职业的样本对中亚来华留学生国籍的了解情况。

来新疆师范大学的中亚留学生主要以哈萨克斯坦、塔吉克斯坦、吉尔吉斯斯坦三国的学生为主，乌兹别克斯坦和土库曼斯坦的学生较少，从表 6-16 可以看到，有 52 个样本对中亚来华留学生的国籍不了解，被归为轻度了解型。经过筛选后的 272 个样本进入中度了解型的调查中。

表 6-16　对国籍的了解/职业交叉列表

对国籍的了解 [a]	计数及百分比	职业			总计
		学生	教师	其他	
哈萨克斯坦	计数/人	144	27	44	215
	对国籍了解内的百分比/%	67.0	12.6	20.5	
	职业内的百分比/%	68.9	71.1	57.1	
	占总计的百分比/%	44.4	8.3	13.6	66.4
吉尔吉斯斯坦	计数/人	134	23	43	200
	对国籍了解内的百分比/%	67.0	11.5	21.5	
	职业内的百分比/%	64.1	60.5	55.8	
	占总计的百分比/%	41.4	7.1	13.3	61.7
塔吉克斯坦	计数/人	134	25	40	199
	对国籍了解内的百分比/%	67.3	12.6	20.1	
	职业内的百分比/%	64.1	65.8	51.9	
	占总计的百分比/%	41.4	7.7	12.3	61.4
乌兹别克斯坦	计数/人	67	15	35	117
	对国籍了解内的百分比/%	57.3	12.8	29.9	
	职业内的百分比/%	32.1	39.5	45.5	
	占总计的百分比/%	20.7	4.6	10.8	36.1
土库曼斯坦	计数/人	36	14	18	68
	对国籍了解内的百分比/%	52.9	20.6	26.5	
	职业内的百分比/%	17.2	36.8	23.4	
	占总计的百分比/%	11.1	4.3	5.6	21.0
不知道	计数/人	36	4	12	52
	对国籍了解内的百分比/%	69.2	7.7	23.1	
	职业内的百分比/%	17.2	10.5	15.6	
	占总计的百分比/%	11.1	1.2	3.7	16.0
总计	计数/人	209	38	77	324
	占总计的百分比/%	64.5	11.7	23.8	100.0
百分比及总计以应答者为基础					
a. 在值 1 处表格化的二分法群组					

（二）对中亚留学生来华留学原因的了解程度

　　表 6-17 显示的是对经过第一个问题筛选出的样本进行的研究，通过对样本关于中亚留学生来华留学原因的了解度调查，进一步筛选出对留学生有一定了解度的中国民众。

表 6-17　留学原因/职业交叉列表

留学原因 a	计数及百分比	职业			总计
		学生	教师	其他	
找工作	计数/人	50	16	20	86
	留学原因内的百分比/%	58.1	18.6	23.3	
	职业内的百分比/%	28.9	47.1	30.8	
	占总计的百分比/%	18.4	5.9	7.4	31.6
旅游	计数/人	39	10	19	68
	留学原因内的百分比/%	57.4	14.7	27.9	
	职业内的百分比/%	22.5	29.4	29.2	
	占总计的百分比/%	14.3	3.7	7.0	25.0
学习文化	计数/人	65	9	28	102
	留学原因内的百分比/%	63.7	8.8	27.5	
	职业内的百分比/%	37.6	26.5	43.1	
	占总计的百分比/%	23.9	3.3	10.3	37.5
为了回国发展	计数/人	140	28	31	199
	留学原因内的百分比/%	70.4	14.1	15.6	
	职业内的百分比/%	80.9	82.4	47.7	
	占总计的百分比/%	51.5	10.3	11.4	73.2
不清楚	计数/人	12	5	8	25
	留学原因内的百分比/%	48.0	20.0	32.0	
	职业内的百分比/%	6.9	14.7	12.3	
	占总计的百分比/%	4.4	1.8	2.9	9.2
总计	计数/人	173	34	65	272
	占总计的百分比/%	63.6	12.5	23.9	100.0
百分比及总计以应答者为基础					
a. 在值 1 处表格化的二分法群组					

　　本项是从留学原因的角度调查样本对留学生的了解程度。之所以设计这样的调查项是基于交往的常识，当知道了留学生是从哪个国家来的之后，人们很自然地就会想要知道他们来中国的原因和目的是什么。从表 6-17 的数据可以看出，样本中有 25 人表示不清楚留学生来华留学原因，他们被归为中度了解型。将这些样本筛除后，剩下的 247 个样本进入深度了解型的调查中。

（三）对中亚来华留学生经济来源的了解程度

表6-18显示的是对第二次筛选出来247个样本进行的研究结果，通过对样本关于中亚来华留学生经济来源的了解程度调查，筛选出对中亚留学生了解程度更深的中国民众。

表6-18　经济来源/职业交叉列表

经济来源 [a]	计数及百分比	职业			总计
		学生	教师	其他	
家人资助	计数/人	94	20	13	127
	经济来源内的百分比/%	74.0	15.7	10.2	
	职业内的百分比/%	58.4	69.0	22.8	
	占总计的百分比/%	38.1	8.1	5.3	51.4
中国奖学金	计数/人	119	20	28	167
	经济来源内的百分比/%	71.3	12.0	16.8	
	职业内的百分比/%	73.9	69.0	49.1	
	占总计的百分比/%	48.2	8.1	11.3	67.6
打工	计数/人	25	9	4	38
	经济来源内的百分比/%	65.8	23.7	10.5	
	职业内的百分比/%	15.5	31.0	7.0	
	占总计的百分比/%	10.1	3.6	1.6	15.4
本国政府资助	计数/人	35	5	17	57
	经济来源内的百分比/%	61.4	8.8	29.8	
	职业内的百分比/%	21.7	17.2	29.8	
	占总计的百分比/%	14.2	2.0	6.9	23.1
不清楚	计数/人	18	3	14	35
	经济来源内的百分比/%	51.4	8.6	40.0	
	职业内的百分比/%	11.2	10.3	24.6	
	占总计的百分比/%	7.3	1.2	5.7	14.2
总计	计数/人	161	29	57	247
	占总计的百分比/%	65.2	11.7	23.1	100.0
百分比及总计以应答者为基础					
a. 在值1处表格化的二分法群组					

表6-18显示，样本中35个人不清楚中亚来华留学生的经济来源，与前两个问题不同的是，本问题因为是要调查民众对中亚留学生深层次的认

知，所以在选项中设计了一个干扰项，也就是"本国政府资助"一项，实际情况是中亚留学生基本没有受到本国政府或企业资助而来华留学的。因此，在分析中把选择这一项的 57 个样本也从中剔除，共剔除 92 个样本，并做降级处理，归入中度了解型，最终共得到深度了解型样本 155 个。

经过以上三个小节的分析，共得到深度了解型样本 155 个，中度了解型样本 117 个，轻度了解型样本 52 个。本研究将以三种了解类型为研究维度，分析中国民众对中亚来华留学生的影响情况。

（四）不同了解类型特点分析

下面将从性别、年龄、民族、职业、学历等变量，对各了解类型样本的特点进行研究。

1. 各类型的性别特点

本部分将研究不同类型之间是否存在性别差异。

表 6-19　深度了解型的性别情况表

值	性别	频率	有效百分比/%	累积百分比/%
有效	男性	41	26.5	26.5
	女性	114	73.5	100.0
	总计	155	100.0	

表 6-20　中度了解型的性别情况表

值	性别	频率	有的百分比/%	累积百分比/%
有效	男性	62	53.0	53.0
	女性	55	47.0	100.0
	总计	117	100.0	

表 6-21　轻度了解型的性别情况表

值	性别	频率	有效百分比/%	累积百分比/%
有效	男性	24	46.2	46.2
	女性	28	53.8	100.0
	总计	52	100.0	

从表 6-19、表 6-20 和表 6-21 三个表格可以看出，不同类型间存在性别差异，具体表现为：深度了解型以女性居多，中度和轻度了解型的性别差异不明显。中国民众中女性在跨文化交际中有着一定的优势，这主要与

交际话题的性别差异有关。就话题而言，男性的话题一般涉及新闻、政治、体育、军事、各种竞争或个人的见闻等，女性则较多生活在私人场景中，所以，她们的话题多涉及个人感情、购物、美容、孩子、夫妻关系等。（刘晓玲，2008）当前研究普遍认为：交际活动中女性注重与对方建立关系（relationship），男性则更倾向于信息（information）的获得。对女性而言，语言是交流情感，建立亲密、和睦关系的途径，言谈内容琐碎，生动有趣；而男性则把语言当作获得信息的工具，谈话目的明确，认为琐碎枝节会妨碍交谈目的的实现。（钟雯，2006）因此，在与中亚留学生的跨文化交际过程中，女性谈论的话题决定了她们能够较为深入地了解到留学生群体的生活信息。

2. 各类型的职业与年龄特点

本调查的样本以在校大学生为主，其年龄段主要集中在18～30周岁，职业和年龄有着较强的相关性，因此将职业和年龄进行交叉分析，来研究各类型中两者之间的关系。

表 6-22 深度了解型职业/年龄交叉列表

职业	计数及百分比	年龄				总计
		16～22 岁	23～29 岁	30～36 岁	36 岁以上	
学生	计数/人	70	36	2	0	108
	职业内的百分比/%	64.8	33.3	1.9		100.0
	年龄内的百分比/%	92.1	70.6	18.2		69.7
	占总计的百分比/%	45.2	23.2	1.3		69.7
教师	计数/人	3	14	3	1	21
	职业内的百分比/%	14.3	66.7	14.3	4.8	100.0
	年龄内的百分比/%	3.9	27.5	27.3	5.9	13.5
	占总计的百分比/%	1.9	9.0	1.9	0.6	13.5
其他	计数/人	3	1	6	16	26
	职业内的百分比/%	11.5	3.8	23.1	61.5	100.0
	年龄内的百分比/%	3.9	2.0	54.5	94.1	16.8
	占总计的百分比/%	1.9	0.6	3.9	10.3	16.8
总计	计数/人	76	51	11	17	155
	职业内的百分比/%	49.0	32.9	7.1	11.0	100.0
	年龄内的百分比/%	100.0	100.0	100.0	100.0	100.0
	占总计的百分比/%	49.0	32.9	7.1	11.0	100.0

表 6-23　中度了解型职业/年龄交叉列表

职业	计数及百分比	年龄				总计
		16～22 岁	23～29 岁	30～36 岁	36 岁以上	
学生	计数/人	34	27	4	0	65
	职业内的百分比/%	52.3	41.5	6.2		100.0
	年龄内的百分比/%	58.6	61.4	30.8		55.6
	占总计的百分比/%	29.1	23.1	3.4		55.6
教师	计数/人	4	4	5	0	13
	职业内的百分比/%	30.8	30.8	38.5		100.0
	年龄内的百分比/%	6.9	9.1	38.5		11.1
	占总计的百分比/%	3.4	3.4	4.3		11.1
其他	计数/人	20	13	4	2	39
	职业内的百分比/%	51.3	33.3	10.3	5.1	100.0
	年龄内的百分比/%	34.5	29.5	30.8	100.0	33.3
	占总计的百分比/%	17.1	11.1	3.4	1.7	33.3
总计	计数/人	58	44	13	2	117
	职业内的百分比/%	49.6	37.6	11.1	1.7	100.0
	年龄内的百分比/%	100.0	100.0	100.0	100.0	100.0
	占总计的百分比/%	49.6	37.6	11.1	1.7	100.0

表 6-24　轻度了解型职业/年龄交叉列表

职业	计数及百分比	年龄			总计
		16～22 岁	23～29 岁	36 岁以上	
学生	计数/人	12	24	0	36
	职业内的百分比/%	33.3	66.7		100.0
	年龄内的百分比/%	66.7	77.4		69.2
	占总计的百分比/%	23.1	46.2		69.2
教师	计数/人	0	3	1	4
	职业内的百分比/%		75.0	25.0	100.0
	年龄内的百分比/%		9.7	33.3	7.7
	占总计的百分比/%		5.8	1.9	7.7
其他	计数/人	6	4	2	12
	职业内的百分比/%	50.0	33.3	16.7	100.0
	年龄内的百分比/%	33.3	12.9	66.7	23.1
	占总计的百分比/%	11.5	7.7	3.8	23.1

职业	计数及百分比	年龄			总计
		16～22 岁	23～29 岁	36 岁以上	
总计	计数/人	18	31	3	52
	职业内的百分比/%	34.6	59.6	5.8	100.0
	年龄内的百分比/%	100.0	100.0	100.0	100.0
	占总计的百分比/%	34.6	59.6	5.8	100.0

从表 6-22、表 6-23 和表 6-24 三个表格中可以看到，因为样本分布原因，不同了解类型中的职业和年龄分布特点基本一致，各类型以学生、年龄段在 16～29 岁的样本为主，但是类型间也有一定的差异性，主要表现在随着了解程度的加深，学生和教师的比例在上升，而其他职业的比例在下降，这说明，与中亚留学生为同学的中国大学生是最为了解他们的群体。不同职业的中国人对于中亚留学生的认识是有差距的，中国的教师和学生通过与中亚来华留学生长时间的交流及沟通，不仅清楚他们的国别和经济来源，还能准确地分析出他们来华的原因和目的。而食堂前厅、学校楼层、银行及超市工作人员由于与中亚留学生接触时间短，接触的机会有限，相对来说了解得就少一些。至于食堂后勤工作人员、银行内部工作人员，他们在日常生活中几乎没有接触中亚留学生的场合，对于他们的文化习惯认识不是很深入，他们的了解大多是来自道听途说，所以对于中亚留学生的认识是最浅层的。

3. 各类型的民族特点

表 6-25　深度了解型民族分布情况表

值	民族	频率	有效百分比/%	累积百分比/%
有效	汉族	93	60.0	60.0
	维吾尔族	52	33.5	93.5
	哈萨克族	3	1.9	95.5
	回族	3	1.9	97.4
	其他民族	4	2.6	100.0
	总计	155	100.0	

表 6-26　中度了解型民族分布情况表

值	民族	频率	有效百分比/%	累积百分比/%
有效	汉族	51	43.6	43.6
	维吾尔族	60	51.3	94.9
	哈萨克族	1	0.9	95.7
	回族	4	3.4	99.1
	其他民族	1	0.9	100.0
	总计	117	100.0	

表 6-27　轻度了解型民族分布情况表

值	民族	频率	有效百分比/%	累积百分比/%
有效	汉族	26	50.0	50.0
	维吾尔族	24	46.2	96.2
	回族	2	3.8	100.0
	总计	52	100.0	

表 6-25、表 6-26 和表 6-27 三个表格显示，深度了解型的民族以汉族为主，而中度和轻度了解型汉族和维吾尔族两个民族的比例相差不大，其他民族比例较小，没有统计意义。这一数据说明，以往很多人的认识中存在着一个误区，即中亚留学生因为与中国的维吾尔族宗教习俗相近，语言相通，所以更容易产生亲近感，关系也会更加密切。但现实中，中亚留学生对国家的认同感超过了对宗教、习俗等方面的认同感，他们来到中国想要接触和了解的，更多的是代表着国家的元素，包括中国文化、汉语等中国元素。因此，他们在选择交往对象时，并没有特别的以民族划分的偏好，只是由于新疆高校人数最多的两个民族汉族和维吾尔族中汉族的汉语更好，留学生由于学习汉语的需求，更倾向于和汉族同学进行深入的交流。这就造成了深度了解型中汉族的比例较高。

三、中国民众与中亚来华留学生交往方式调查

（一）交往时长

人与人在交往中能有多长时间相处是影响到相互之间了解程度的重要因素，本项调查就是研究不同了解类型的中国民众和中亚留学生交往时间长短的情况。

表 6-28　深度了解型交往时长表

值	交往时长	频率	有效百分比/%	累积百分比/%
有效	3 个月以下	40	25.8	25.8
	3～6 个月	24	15.5	41.3
	7～12 个月	41	26.5	67.7
	13～24 个月	28	18.1	85.8
	24 个月以上	22	14.2	100.0
	总计	155	100.0	

表 6-29　中度了解型交往时长表

值	交往时长	频率	有效百分比/%	累积百分比/%
有效	3 个月以下	47	40.2	40.2
	3～6 个月	20	17.1	57.3
	7～12 个月	22	18.8	76.1
	13～24 个月	17	14.5	90.6
	24 个月以上	11	9.4	100.0
	总计	117	100.0	

表 6-30　轻度了解型交往时长表

值	交往时长	频率	有效百分比/%	累积百分比/%
有效	3 个月以下	24	46.2	46.2
	3～6 个月	15	28.8	75.0
	7～12 个月	8	15.4	90.4
	13～24 个月	1	1.9	92.3
	24 个月以上	4	7.7	100.0
	总计	52	100.0	

　　从表 6-28、表 6-29 和表 6-30 三个表中可以看到，交往深度与交往时长有着较为密切的联系，深度了解型中，有 58.8%的人与中亚留学生交往时长在 7 个月以上，中度了解型交往时长在 7 个月以上的有 42.7%，而轻度了解型交往时长在 7 个月以上的只有 25.0%。这说明中国民众与中亚留学生交往时长是影响了解程度的重要因素，和留学生接触的时间越长，对他们深入了解的可能性就越大。

　　访谈中，中国学生奴尔兰说她和中亚留学生接触几个月以后，最不适应的是他们见面就要握手、贴脸等，这种不适应有时甚至比较激烈而形成巨大的精神压力。阿依达说她和留学生交往了一段时间，对这些现象逐渐习惯之后，又会有新的问题产生。她发现留学生太过热情，体会到了习俗差异所造成的适应困难，感到"有些累，甚至越来越不适应了"。在实际接触过程中，有一部分中国人与中亚留学生的交往非常有限，比如食堂后勤工作人员、银行内部工作人员对于中亚留学生的认识也只是非常肤浅的表面印象，所以对他们的态度和看法有一些误解，甚至是偏激和错误的。在和中亚留学生交往时间久了之后，熟悉了一些他们的语言，了解了他们的文化，之前一些不习惯的地方也慢慢习惯了。因此中国人与中亚留学生之间的交往经历与社会文化适应问题，是一个随着时间变化而不断面临新问题到克服新问题的过程，很多交往问题并非在同一个时间出现，对留学生的看法和态度是一个随着交往时间的变化慢慢增强或慢慢减弱的过程。（杨兴子，2013）

（二）交往频率

通过上一项调查我们发现，除深度了解型外，大部分中国民众与中亚留学生交往时间都不太长。本项调查将研究他们与留学生的交往频率。因为与交往时长相比，交往频率往往起着更为重要的作用，它是代表与一个人的交往密切程度的重要指标。

表 6-31　深度了解型交流频率表

值	交往频率	频率	有效百分比/%	累积百分比/%
有效	每天	35	22.6	22.6
	每周 2～3 次	21	13.5	36.1
	每月 1～2 次	19	12.3	48.4
	偶尔打招呼	73	47.1	95.5
	没有交流	7	4.5	100.0
	总计	155	100.0	

表 6-32　中度了解型交流频率表

值	交往频率	频率	有效百分比/%	累积百分比/%
有效	每天	8	6.8	6.8
	每周 2～3 次	6	5.1	12.0

值	交往频率	频率	有效百分比/%	累积百分比/%
有效	每月 1～2 次	13	11.1	23.1
	偶尔打招呼	70	59.8	82.9
	没有交流	20	17.1	100.0
	总计	117	100.0	

表 6-33　轻度了解型交流频率表

值	交往频率	频率	有效百分比/%	累积百分比/%
有效	偶尔打招呼	38	73.1	73.1
	没有交流	14	26.9	100.0
	总计	52	100.0	

表 6-31、表 6-32、表 6-33 说明，中国民众与中亚留学生的交往频率不高，即使是深度了解型仍有 47.1%的人只是和留学生"偶尔打招呼"，甚至还有 4.5%的人与他们"没有交流"。中度了解型有 76.9%的人与中亚留学生的交往频率少于每月 1～2 次，而轻度了解型所有的样本都只是集中在"偶尔打招呼"或是"没有交流"的层面。通过本项研究可以发现，中国民众与中亚留学生的交往频率较低，大部分人与他们几乎没有交流，这就有可能造成对中亚留学生的不了解，从而形成各种不正确的认识。

（三）交往方式

在调查了不同了解类型的中国民众与中亚留学生交往的时长和频率之后，接下来将就中国民众与中亚留学生交往方式问题展开研究。

表 6-34　深度了解型交往方式表

交往方式[a]	回应		观察值百分比/%
	N	百分比/%	
随意交流	36	14.9	23.2
敞开心扉	13	5.4	8.4
主动找话题	71	29.3	45.8
很少交流，但很好奇	91	37.6	58.7
不主动	19	7.9	12.3
帮助他们	12	5.0	7.7

交往方式[a]	回应		观察值百分比/%
	N	百分比/%	
总计	242	100.0	156.1
a. 在值 1 处表格化的二分法群组			

表 6-35 中度了解型交往方式表

交往方式[a]	回应		观察值百分比/%
	N	百分比/%	
随意交流	22	12.8	18.8
敞开心扉	13	7.6	11.1
主动找话题	41	23.8	35.0
很少交流，但很好奇	71	41.3	60.7
不主动	9	5.2	7.7
帮助他们	16	9.3	13.7
总计	172	100.0	147.0
a. 在值 1 处表格化的二分法群组			

表 6-36 轻度了解型交往方式表

交往方式[a]	回应		观察值百分比/%
	N	百分比/%	
随意交流	5	7.1	9.8
主动找话题	1	1.4	2.0
很少交流，但很好奇	40	57.2	78.4
不主动	13	18.6	25.5
帮助他们	11	15.7	21.6
总计	70	100.0	137.3
a. 在值 1 处表格化的二分法群组			

表 6-34、表 6-35 和表 6-36 显示的调查结果，"很少交流，但很好奇"是各个了解类型最为普遍的交往方式，这说明中国民众对中亚留学生有着较为浓厚的兴趣，但是却有些害羞，不愿主动与他们进行交流。

除了这一共同点之外，深度了解型的中国民众倾向于主动与中亚留学生交往，响应数为 29.3%。而采取向他们"敞开心扉"和"帮助他们"等进一步交往方式的响应数只有10.4%。

中度了解型的中国民众也有 23.8%的响应数是"主动找话题"与留学生交流，轻度了解型响应数第 2 位的是不主动和中亚留学生交往。但是这两种类型与深度了解型不同之处还在于，他们愿意"敞开心扉"和"帮助他们"的响应数高于深度了解型，这说明虽然不是很了解中亚留学生，但是相当多的中国民众对留学生的态度是较有善意的，内心也是不排斥他们的。

总体来说，虽然与中亚留学生交流不是非常顺畅，但是中国民众对中亚留学生是较为友好的，如果能够排除交往中的一些障碍，他们还是有着和留学生交往的基础的。

（四）影响交往的因素

上面得出的结论是中国民众和中亚留学生的交往有着很好的心理基础，只是存在着一定的障碍，才造成交往不够深入。接下来将继续上面的研究，探讨影响中国民众与中亚留学生交往的因素。

表 6-37　深度了解型交往障碍表

值	因素	频率	有效百分比/%	累积百分比/%
有效	语言不通	81	52.3	52.3
	没机会	27	17.4	69.7
	家人不同意	1	0.6	70.3
	不了解	8	5.2	75.5
	不喜欢	17	11.0	86.5
	没障碍	21	13.5	100.0
	总计	155	100.0	

表 6-38　中度了解型交往障碍表

值	因素	频率	有效百分比/%	累积百分比/%
有效	语言不通	70	59.8	59.8
	没机会	21	18.0	77.8
	家人不同意	1	0.9	78.7
	不了解	10	8.5	87.2
	不喜欢	9	7.7	94.9
	没障碍	6	5.1	100.0
	总计	117	100.0	

表6-39　轻度了解型交往障碍表

值	因素	频率	有效百分比/%	累积百分比/%
有效	语言不通	30	57.7	57.7
	没机会	16	30.8	88.5
	不了解	4	7.7	96.2
	不喜欢	1	1.9	98.1
	没障碍	1	1.9	100.0
	总计	52	100.0	

从表6-37、表6-38和表6-39的数据中可以看到，语言问题是影响到中国民众与中亚留学生交往的最主要的障碍。语言问题不仅影响了中国人与中亚留学生的日常交往，也阻碍了中亚留学生文化适应的过程。此次调查中也有俄语专业的学生，但即使是俄语专业的学生，交流的时候也存在对自己语言不自信、不敢与留学生交往的情况。（杨兴子，2013）

其他的障碍因素在各个类型中都有着相似的表现，排在第2位的障碍因素是"没机会"，这主要是因为留学生学习和生活的主要区域是学校，特别是为了便于管理，留学生往往是集中住宿，正如第二章第二节在"对就读城市住宿的适应情况"这一小节中所分析的，集中住宿给留学生带来了相对舒适的生活环境，令他们普遍较为满意，但是弊端就是给留学生设置了一个较为封闭的环境，不利于他们与当地民众接触和交往。另外，在学习过程中，学校也往往成立专门的学院进行相关教学管理工作，在一定程度上也隔离了他们和中国民众的交流。这一点，在本项研究中有着突出的表现，深度了解型和中度了解型的样本多是在校的大学生，他们中很多人尚且没有机会与中亚留学生交往，轻度了解型的样本大多是高校周边的人员，他们就更没有机会接触留学生了。

上述两个障碍因素的累积百分比基本上都在70%以上，其余各种障碍都不是主要因素，在这里就不做详细分析了。其中值得注意的是，交往程度越深，"不喜欢"的比例就越高，这其中的原因将在下面的小节中进行详细分析。

四、中国民众与中亚来华留学生跨文化交流内容调查

（一）跨文化交流态度

在上一小节中我们研究了中国民众和中亚留学生的交往方式，总体上

可以发现，中国民众与中亚留学生交往尚不够深入，但民众普遍对中亚留学生表现出较大的善意，也有一些民众对他们表达出一些不满，弄清这些不同的态度来自哪些方面，是研究中国民众眼中的中亚留学生形象的重要内容。下面从中国民众眼中中亚留学生的优缺点着手，对中国民众跨文化交流态度进行研究。

1. 中国民众眼中的中亚留学生优点调查

表 6-40　深度了解型眼中留学生优点表

优点 a	回应		观察值百分比/%
	N	百分比/%	
热情	23	7.4	14.9
真诚	6	1.9	3.9
友好	94	30.1	61.0
理解他人	34	10.9	22.1
异域风情	82	26.3	53.2
没有	64	20.5	41.6
其他	9	2.9	5.8
总计	312	100.0	202.6
a. 在值 1 处表格化的二分法群组			

表 6-41　中度了解型眼中留学生优点表

优点 a	回应		观察值百分比/%
	N	百分比/%	
热情	39	17.8	34.8
友好	63	28.8	56.3
理解他人	18	8.2	16.1
异域风情	60	27.4	53.6
没有	33	15.1	29.5
其他	6	2.7	5.4
总计	219	100.0	195.5
a. 在值 1 处表格化的二分法群组			

表 6-42　轻度了解型眼中留学生优点表

优点[a]	回应		观察值百分比/%
	N	百分比/%	
热情	27	24.5	52.9
真诚	3	2.7	5.9
友好	29	26.4	56.9
理解他人	7	6.4	13.7
异域风情	26	23.6	51.0
没有	17	15.5	33.3
其他	1	0.9	2.0
总计	110	100.0	215.7
a. 在值 1 处表格化的二分法群组			

从表 6-40、表 6-41 和表 6-42 中的数据可以看到，"友好"是中国民众眼中中亚留学生最大的优点，接下来是中亚留学生所具有的"异域风情"。可以看到，无论了解程度如何，大多数中国民众对中亚留学生都有着较强的好感。而第三大优点各个了解类型就有所不同了：深度了解型认为"没有优点"的占比居于第三位，中度了解型和轻度了解型则认为"热情"是中亚留学生第三大优点。这一数据特点与"影响交往的因素"研究结果类似，即了解程度越深，对中亚留学生的态度就越复杂。

2. 中国民众眼中的中亚留学生缺点调查

了解了中国民众眼中中亚留学生优点的情况，本项调查将侧重研究中国民众对中亚留学生缺点的认识，以此来探究不同了解类型，尤其是深度了解型民众对中亚留学生持较为复杂态度的原因。

表 6-43　深度了解型眼中留学生缺点表

缺点[a]	回应		观察值百分比/%
	N	百分比/%	
打招呼方式	9	1.8	5.8
上课随意	5	1.0	3.2
不遵守公德	121	24.7	78.1
香水味太浓	40	8.2	25.8
穿着暴露	65	13.3	41.9

缺点 [a]	回应		观察值百分比/%
	N	百分比/%	
吵闹	25	5.1	16.1
乱开玩笑	50	10.2	32.3
男女关系	8	1.6	5.2
在学校做礼拜	9	1.8	5.8
没有	71	14.5	45.8
其他	87	17.8	56.1
总计	490	100.0	316.1
a. 在值 1 处表格化的二分法群组			

表 6-44　中度了解型眼中留学生缺点表

缺点 [a]	回应		观察值百分比/%
	N	百分比/%	
打招呼方式	10	3.0	8.5
上课随意	11	3.3	9.4
不遵守公德	62	18.9	53.0
香水味太浓	17	5.2	14.5
穿着暴露	16	4.9	13.7
吵闹	32	9.8	27.4
乱开玩笑	45	13.7	38.5
男女关系	17	5.2	14.5
在学校做礼拜	14	4.3	12.0
没有	42	12.8	35.9
其他	62	18.9	53.0
总计	328	100.0	280.3
a. 在值 1 处表格化的二分法群组			

表 6-45　轻度了解型眼中留学生缺点表

缺点 [a]	回应		观察值百分比/%
	N	百分比/%	
打招呼方式	2	2.0	3.8
上课随意	5	5.1	9.6
不遵守公德	14	14.1	26.9

续表

缺点 [a]	回应		观察值百分比/%
	N	百分比/%	
穿着暴露	5	5.1	9.6
吵闹	2	2.0	3.8
乱开玩笑	25	25.3	48.1
男女关系	13	13.1	25.0
在学校做礼拜	3	3.0	5.8
没有	6	6.1	11.5
其他	24	24.2	46.2
总计	99	100.0	190.4
a. 在值 1 处表格化的二分法群组			

从表 6-43、表 6-44 和表 6-45 中的数据可以发现，深度了解型和中度了解型都认为中亚留学生最大的缺点就是"不遵守公德"，因为这两种类型的样本大部分都是与中亚留学生同在高校的大学生和教师，他们在日常的校园生活中与留学生有着较为密切的接触。根据访谈，他们认为留学生"不遵守公德"的表现主要是指中亚留学生在宿舍楼的墙壁上乱涂乱画等不文明行为。"其他"一项也占了较大比例，通过访谈了解到，这里面包括："他们损坏公物，如水龙头、淋浴设备等""他们从宿舍窗户里朝外面扔垃圾，严重威胁到行人的安全""他们喜欢挤电梯，并经常把电梯的按键弄坏"，等等。

在访谈中也有很多中国民众提到了中亚留学生中存在的另外一些他们接受不了的行为。王艳翠说："中亚留学生在上课期间不遵守中国的课堂纪律。在课堂上随意走动，接打手机，喜欢与老师随意开玩笑。"研究者本身在学习和生活中也经常和中亚留学生接触，发现中国学生对中亚留学生经常夜间不休息、大声喧哗、播放音乐或跳舞、影响周围宿舍的同学休息等情况是非常反感的。不仅如此，他们经常在楼道、教室等地乱写乱画，乱扔垃圾，引起学校楼层管理员、清洁工、老师和同学们的不满，继而产生矛盾。（杨兴子，2013）

诚然，这些行为在中亚留学生里是存在的，但是在跨文化交流中，特别是对于我们这样一个正在日益开放的世界大国，我们的国民应该有更宽广的胸怀,用理性思考来分析其中的原因:首先,因为中亚留学生中相当一部分是短期培训生,他们中很多人的年龄处于18～20岁的年龄段,正值青春期,精力旺盛,很多学生比较顽皮,爱捣乱,这在中国学生中也是常见的;其次,中亚国家的学校情况所限,中亚国家的学生大都在家乡附近的学校上学,即使离家较远,他们也会寄宿在亲戚家,学生大都没有住校的经历,也不习惯学校宿舍的管理,这就造成他们在学校有些不适应,会感到有压力,有时候做出一些不文明的事情也是某种情绪的宣泄;再次,中亚学生来到一个陌生的国家求学,他们不仅要应对各门功课,还要面对不同的文化,而除了上课时间,他们大部分时间都在宿舍度过,很多学生为了打发空闲时的寂寞,也会做出一些反常的行为。这些问题产生的原因,归根结底还是由文化背景和生活习惯的差异引起的。中国民众在对待这些跨文化问题时,应该有着一个现代大国国民应有的胸襟和态度,即,要有一颗理解和包容的心,同时也要积极主动地去沟通和解决其中的问题,特别是从事对外汉语教育的教师,在课堂内外不但要给留学生们传授汉语知识,更应该了解学生存在的跨文化问题的现象和原因,并有针对性地进行疏导,这样不但能促进留学生的跨文化适应,也能为改善留学生在中国民众中的形象提供帮助。

(二)跨文化理解

上面的研究显示,中国民众对中亚来华留学生有"爱"有"怨",究其根源,这些态度大都是由跨文化理解的不同造成的。人作为文化载体受到文化时空的限制,在与不同文化人员接触中,人们总是通过本我文化视角去感知、理解和评论异同文化和其载体的文化行为,由此产生跨文化问题,如跨文化误解、文化误释和文化冲突。(王志强,2005)本研究将从跨文化理解的角度调查中国民众对中亚留学生的认知情况。本项调查以最为显性的外表着装为内容,将中国民众对留学生外表着装的理解分为正面和负面两个维度,来考察中国民众对中亚留学生生活习惯的理解程度。

表 6-46　深度了解型对留学生生活习惯理解表

生活习惯 a	回应		观察值百分比/%
	N	百分比/%①	
穿着讲究	61	8.0	39.9
重要场合很正式	23	3.0	15.0
衣着有异国风情	57	7.5	37.3
首饰有特色	21	2.8	13.7
用香水有教养	48	6.3	31.4
讲究卫生	1	0.1	0.7
化妆太浓	96	12.6	62.7
不注重外表	94	12.3	61.4
香水味太浓	71	9.3	46.4
不讲究卫生	70	9.2	45.8
不喜欢中国服饰	58	7.6	37.9
女生穿着暴露	50	6.6	32.7
女生包头	30	3.9	19.6
没看法	39	5.1	25.5
不清楚	3	0.4	2.0
其他	40	5.2	26.1
总计	762	100.0	498.0
a. 在值 1 处表格化的二分法群组			

从表 6-46 可以看到，深度了解型对中亚留学生生活习惯的理解，正面印象列前三位的分别是"穿着讲究""衣着有异国风情""用香水有教养"；负面印象列前三位的分别是"化妆太浓""不注重外表""香水味太浓"。

表 6-47　中度了解型对留学生生活习惯理解表

生活习惯 a	回应		观察值百分比/%
	N	百分比/%	
穿着讲究	48	8.2	41.0
重要场合很正式	36	6.1	30.8
衣着有异国风情	48	8.2	41.0

---

① 此列百分比数据之和与 100.0 略有出入，这是在用 SPSS 软件自动计算后，对数值修约到一位小数造成的，不影响分析。表 6-47 和 6-48 的情况亦是如此。

生活习惯 a	回应		观察值百分比/%
	N	百分比/%	
首饰有特色	21	3.6	17.9
用香水有教养	39	6.6	33.3
讲究卫生	3	0.5	2.6
喜欢中国服饰	6	1.0	5.1
化妆太浓	56	9.5	47.9
不注重外表	54	9.2	46.2
香水味太浓	53	9.0	45.3
不讲究卫生	39	6.6	33.3
不喜欢中国服饰	42	7.1	35.9
女生穿着暴露	36	6.1	30.8
女生包头	24	4.1	20.5
没看法	33	5.6	28.2
不清楚	13	2.2	11.1
其他	37	6.3	31.6
总计	588	100.0	502.6
a. 在值 1 处表格化的二分法群组			

　　从表 6-47 可以看到,中度了解型对中亚留学生生活习惯正面印象列前三位的也是"穿着讲究""衣着有异国风情""用香水有教养",这与深度了解型一致;负面印象列前三位的分别是"化妆太浓""不注重外表""香水味太浓",与深度了解型基本一致。

表 6-48　轻度了解型对留学生生活习惯理解表

生活习惯 a	回应		观察值百分比/%
	N	百分比/%	
穿着讲究	22	9.7	44.0
重要场合很正式	12	5.3	24.0
衣着有异国风情	22	9.7	44.0
用香水有教养	18	8.0	36.0
讲究卫生	3	1.3	6.0
化妆太浓	25	11.1	50.0

续表

生活习惯 a	回应		观察值百分比/%
	N	百分比/%	
不注重外表	14	6.2	28.0
香水味太浓	21	9.3	42.0
不讲究卫生	21	9.3	42.0
不喜欢中国服饰	16	7.1	32.0
女生穿着暴露	14	6.2	28.0
女生包头	9	4.0	18.0
没看法	16	7.1	32.0
其他	13	5.8	26.0
总计	226	100.0	452.0
a. 在值 1 处表格化的二分法群组			

从表 6-48 可以看到，轻度了解型对中亚留学生生活习惯正面印象列前三位的同样也是"穿着讲究""衣着有异国风情""用香水有教养"，这与前面两种类型一致；负面印象列前三位的分别是"化妆太浓""不讲究卫生""香水味太浓"。

通过以上调查可以发现，在衣着打扮方面，不同类型的中国民众对中亚留学生的印象惊人地一致，但是这些认识中存在三个误区。首先，中亚留学生对着装礼仪有着非常明确的规范，在如生日、会见重要客人、论文答辩、典礼等重大场合，男女生都要穿正装出席，这是一个注重礼仪的文明表现，而中国学生却很少注重这一点。同时在调查中也可以看到，我们往往忽视了中亚学生这种文明的表现，这可以说是对自身不足的忽视。其次，中亚学生无论男女，都习惯使用香水，用他们的话来说，如果平时不使用香水，就像没有穿衣服一样（不自在）。在西方国家使用不同香型、不同性别类型的香水，是彰显自身个性，同时也是对别人尊重的表现，这点中国民众倒也较为认可，然而，同时在负面印象中会出现嫌中亚留学生"香水味太浓"的情况。通过访谈了解到，之所以出现这种矛盾的情况，是因为认为中亚留学生"香水味太浓"主要是针对男生也使用香水而言的。中国普通民众中男性使用香水的情况较为少见，而中亚留学生男性使用香水却是正常现象，这让中国民众很不理解。最后，中国民众对中亚留学生存在的一个误解是中亚留学生不讲卫生。实际上恰恰相反，中亚留学生比大多数中国民众的卫生习惯要好，突出的表现是他们每天都要洗澡，这在相对干爽环境中生活的中国北方民众中是不多见的，他们的宿舍卫生情况也比很多中国学生的宿舍要好，不论男生还是女生的宿舍都比较整洁，很少存在起床后不叠被子、不打扫宿舍的现象。

　　因此，可以说，大部分中国民众对中亚留学生都有一定的刻板印象，即这些外国人讲究穿着，有很多人穿着很有中亚特色的服饰，喜欢浓妆艳抹，身上散发着浓浓的香水味，但是实际上却不讲究卫生。这种刻板印象的形成与中国民众对其了解不够深入有关，正如有学者研究指出的那样：跨文化理解的关键，是克服由于文化隔阂和文化落差而产生的文化偏执心态。不同文化背景中的人们由于自己所受的文化教育和文化熏染，在文化研究和文化交流中必然自觉或不自觉地将自己的文化定式和文化价值作为唯一的或基本的标准、尺度和参照来度量、理解和评价其他文化，并将自己的文化观念、文化情感和文化追求作为一种文化定式而倾注到对象之中，从而造成一种巨大的心理反差甚至心理冲突，产生一种被某些国外学者称为"思想帝国主义"的文化心态。这种文化心态的主要特征不是从异文化本身的历史和理念来理解、评价和看待异文化，而是从自己的观念和价值取向来看待、要求甚至改造异文化，从而产生出非常复杂以至根本相反的文化态度和文化解释。为此，在交往中，人们应当自觉地把自己和他人、本集体与他集体、本地域与他地域、本民族与他民族、本国度与他国度、本土文化与外来文化放在同等的水平上进行平行的和交叉的比较，在历史、现实与未来的总过程中进行文化定位，寻求文化差异的内在原因和填补差异的有效途径，探索不同文化形态之间在深层结构和内在本质方面的共同点、联系点和进一步协调发展的生长点，在对共通性和协调性的世界新文化的积极创造中达到跨文化的真正理解与超越。（欧阳康，1997）

五、中亚来华留学生在中国民众中形象的影响因素分析

　　中亚来华留学生在中国的跨文化适应与其受到的中国社会的支持有密切联系，而中亚留学生所获得的来自中国的社会支持的重要指标就是中国民众对他们的接纳程度，它不仅影响到双方交往的积极性，也影响到了

中亚留学生对新的文化环境的认同。如果中国民众对中亚留学生的印象是积极的，那么中亚留学生就有可能在中国受到较多的社会支持。反之，就可能阻碍中亚留学生获得中国的社会支持。本小节将在上面调研的基础上分析影响中亚来华留学生在中国民众中形象形成的因素。

（一）正面形象形成的因素分析

在上文的研究中，可以看到中亚来华留学生在中国民众中的正面形象主要有："友好""异域风情"和"热情"。形成以上正面形象的原因主要有以下两个方面。

第一，中国民众对待外国人有着友善的传统。中国自古以来就是"礼仪之邦"，对待国际人士向来礼遇有加。特别是中华人民共和国成立后，我们既延续着"非洲兄弟"的传统友谊，又曾经和苏联、东欧国家以兄弟相称。在改革开放后，我们又以西方国家为师，虚心向他们学习。进入 21 世纪以来，中国更是以一种开放的心态向世界敞开胸怀，这造就了中国民众对外国人有着发自内心的好感。新疆地处亚欧大陆的中心，作为中国对外开放的西大门，与哈萨克斯坦、塔吉克斯坦、吉尔吉斯斯坦等国相邻，近年来和中亚各国文化经济活动往来频繁，中国经济发展不仅为中亚留学生提供了良好的学习环境，也为中亚留学生就业发展提供了很多机会。新疆自古就是一个多民族聚集和多种文化并存的地方，各民族长期生活在一起，形成了相互包容、相互理解的文化传统，这为中亚留学生适应新疆的生活环境创造了良好的条件。调查显示，中国民众在对中亚留学生的"异域风情"感到好奇的同时，对他们表现出来的各种负面的形象也表现出很大程度的容忍，正如第四章所分析的，中亚留学生自己也认为中国民众并没有对他们表现出歧视、排挤等过激行为，中国民众总体上对中亚留学生是比较友好的。

第二，中亚留学生较为开放，对中国人也比较友好。正如前面在研究中亚留学生来华动机时分析的，中亚留学生来到中国的目的是学习汉语后获得更好的经济收入，工具型动机使得他们对中国的发展羡慕的同时保持着一种积极的心态。另外，中亚地区的游牧文化传统造就了中亚来华留学生们豪放、直爽的性格，他们大多乐观活泼，易于与人相处，对中国很好的印象基础再加上良好的心态使得中亚留学生对中国民众持较为友好的态度。

（二）负面形象形成的因素分析

中亚来华留学生在中国民众中的负面形象主要有："不遵守公德""化妆太浓""不讲究卫生"。正如上文分析的，这些负面印象有一些是中亚留学生中确实存在的不良行为，而有一些则是中国民众对他们的刻板印象。

形成以上负面形象的主要原因是跨文化交际误解。跨文化交际误解是一个言语或非言语交际的过程，包括如下的两种情况：（1）交际者没有认识或觉察到彼此理解上的不同，虽然交际持续进行，但这样的交际应被视为是一种交际失误；（2）交际一方认为对方没有准确、全面地理解自己的话语本意，进而对交际行为（包括自己和对方）进行有意识的调控、磋商，其结果可能会促使双方互相理解而实现跨文化成功交际，也有可能会受制于双方文化差异、话语模式及认知能力等因素的影响而引发双方的不解、交际中断或交际失败。（刘杨，2014）中国民众对中亚留学生的负面印象在很大程度上是因为跨文化交际误解而引起的。跨文化交际失误的根源可简单地归结为文化差异，而文化差异的表现和形式很多，例如思维模式、价值观念、传统习惯、言谈规约、行为规约的差异，种种差异都对跨文化交际产生影响。（黄略 等，2008）这些文化差异现象之所以影响到中亚留学生形象的形成，主要表现为两个层面：一个是中国民众层面，一个是留学生自身层面。

在中国民众层面，中亚留学生负面形象的形成主要是由以下三个因素造成的。

第一，与中亚留学生接触时间短。正如上文数据所显示的，与中亚留学生接触时间短是造成中国民众心目中留学生负面形象的重要因素。接触时间短有两个层面。第一个层面是从历史上看，中国与中亚地区的交往时间比较悠久，尤其是古丝绸之路就是以新疆为枢纽延伸至中亚的，然而，从 20 世纪六七十年代中苏关系紧张之后，作为中苏对抗的边境，中国和当时苏联在中亚地区的各加盟共和国鲜有往来，这种状态一直持续到苏联解体。中国与中亚的大范围交流从中亚各国相继获得独立以后才逐渐展开。为了获得更多的地缘战略利益，各中亚国家和中国保持了较为友好的关系，尤其是随着中国改革开放成果日益显现，中亚地区与中国的经济联系日趋紧密，民众间的交往逐渐加深，越来越多的中亚商人、留学生来到中国，中国民众与他们的接触也日渐增多。虽然来华中亚民众的数量增长很快，但是毕竟时间不长，从 20 世纪八九十年代至今，也只有三十多年的时间。中亚留学生大规模地进入中国学习也是 21 世纪初才开始的，中亚地区所特有的社会文化也是从那时起才通过留学生这一媒介逐渐为中国民众所接触，较短的接触历史限制了中国民众对中亚来华留学生的了解。第二个层面是从现在看，中国民众与中亚来华留学生接触的时间不长。正如第一个层面所分析的，由于历史原因，中亚留学生来到新疆留学的时间较短。新疆的两所综合性大学——新疆大学和新疆师范大学开展正规的、成规模的留学生教育的时间都不长，新疆大学专门从事留学生教育的机构"国际文化交流学院"成立于 2008 年，新疆师范大学国际文化交流学院则是 2009 年正式成立。中亚留学生在新疆的人数虽然不少，但是历史却较短，调查数据也显示，和中亚留学生交往在半年以上的中国民众数量较少，超过一年的更少。且不论交往密度如何，仅从交往时长来看，中国民众对中亚留学生的了解程度是不可能太深的。

第二，与中亚留学生接触范围窄。中亚民众来中国的人群相对比较单一，主要集中在商贸和教育领域，他们接触的中国民众也相应地集中在商贸场所和高校附近。由于本研究只针对留学生，因此只调查了高校及其周边的中国民众，发现即使与留学生同处一校的中国学生，也只是在学校的公共场所如教室、食堂、操场、路上、图书馆等地与留学生有接触，在较为封闭和私密的空间几乎没有接触，这就决定了中国民众对中亚留学生的了解不会太深入。造成接触范围窄的一个重要原因，是中国高校留学生管理体制的封闭性。在本书的其他章节也分析过，中国高校与欧美一些留学生教育较为发达国家的高校相比，大都实施差别化管理，即对留学生实施集中住宿、集中专门授课的模式，中亚留学生来华的日常生活及交往范围大多是在学校，接触最多的是老师和同学们，他们有独立的班级、学习环境、宿舍、管理条例，因而他们更多接触的是自己本国的学生或是邻国的学生，很少有机会和中国学生和民众接触。虽然有一些中亚留学生交到了中国朋友，能一起学习，一起娱乐，但这种情况也是极少数。这种模式一方面减轻了教学管理的压力，但是另一方面却人为地造成了留学生相对封闭的生活和学习环境，很多中亚留学生来到中国后，也非常想融入当地的社会去学习汉语，了解中国社会，但是往往因为学校的规定而只能在宿舍住宿。而校外的中国民众也就很难接触到留学生，即使能接触，也仅限于日常生活场合如饭店、银行、市场等，能说的话也就是讲讲价钱，介绍一下商品，很难有更广泛的交往。这就造成在调研中很多的中国民众觉得和中亚留学生有着不同的语言，不同的思维方式，不同的价值观和不同的文化，在现有的环境下这些因素成了不可克服的障碍。这种与中亚留学生人际交往范围的局限性在一定程度上影响到中国民众对他们的正确理解，会使彼此在交往过程中遇到矛盾甚至误解。

第三，与中亚留学生接触程度浅。虽然中国与中亚各国地理距离很近，但是由于中苏关系一度交恶的历史原因，中国民众对中亚地区的关注度和了解程度远远低于对欧美日等发达国家，而这些中国民众与中亚留学生的交往也仅限于日常的接触。从深度了解型的样本构成可以看出，就是和留学生同在一校就读的中国高校学生，也只是在校园的教室、食堂或路上与留学生有接触，交往方式也以偶尔打打招呼为主，而大部分人只是对留学生很好奇，但是很少主动想要接触和了解他们。至于校外的其他人员，就更是由于种种限制缺少深入了解中亚留学生的条件。这种浅层次的接触，就造成了"文化距离"鸿沟。

所谓文化距离，是指由于地理和空间的遥远，文化共同点较少所产生的距离感和陌生感。从理论上分析，不同人的文化和社会背景、生活方式、受教育情况、信仰、性别、年龄、政治信仰、经济条件、爱好、性格等，都存在不同程度的差异。这样，在交际时双方的信息的理解就不可能达到百分之百的认同（贾玉新，1997），由此就有可能产生误解，甚至造成冲突。先前研究表明，文化间的差距越大，跨文化交往的人建立和保持和谐关系的难度就越大（杨军红，2009）。

中亚地区的传统文化与中国传统文化有很大的差异。中亚留学生跨文化适应过程中产生的问题大多是由于其母文化和当地文化的差异引起的。对于进入新文化环境的中亚留学生来说，不但不熟悉语言，更不了解在当地各种行为背后隐含的文化意义，这是导致交往困难的主要原因。中亚地区是传统游牧文化、俄罗斯文化、伊斯兰文化、波斯文化的交会地，其文化有着很强的特殊性，即使在新疆这个多元文化的汇集地，有很多体现在中亚留学生身上的行为也不能得到当地民众很好的理解。调查中发现，正是由于这种双向的文化距离，上述语言和文化的差异性给留学生适应中国社会造成了一定的困难。这些障碍在一定程度上妨碍了中亚留学生和中国民众的沟通和交流，也造成了中国民众对他们的文化误读。在和中亚留学生的交往过程中，这些误读突出的表现就是形成所谓的"刻板印象"——我们在交往时对对方的行为的预测是以我们对其文化的固定看法为基础的，这种固定看法被称为"定式观念"，有人译为"刻板印象"。定式的准确程度与我们对有关人的行为的预测密切相关，即定式越准确，对对方的行为的预测越准确，交际就越顺利。但是这些"定式思维"有些是真实的，有些是部分真实的，而有些是完全错误的。如果拘泥于这些已有的印象，用预期的心理处事，放弃沟通的机会，往往会出问题。（杨军红，2009）例如，许多被调查者所持的诸如中亚留学生喜欢化浓妆、涂浓浓的香水是为了引起其他人的注意、中亚留学生不讲究卫生等观点，都是由于对该群体了解不深所形成的刻板印象。

总之，由于以上三点原因，造成了中国民众对中亚留学生的负面印象，这背后所蕴含的更深层的原因就是缺少弥补文化距离的手段。在交际过程中，微观结构的语法因素与宏观结构的专业知识、社会因素、其他因素、文化因素对信息传递程度的影响力依次减弱，而对交际对方心理的影响力则呈相反趋势，即在跨文化人际交往中，由于文化因素而产生的距离并因而造成的障碍是影响人际交往的最高层障碍。因此文化距离在跨文化交际过程中对交际者的心理距离的影响是最高层的影响。（綦甲福，2007）中国改革开放已经四十多年了，虽然经济取得了翻天覆地的发展，但普通民众接触外国人的机会还不够多，这表现为中国民众大多比较"腼腆"，他们觉得外国人不会汉语，而自己的外语又不好，心理上对外国人又好奇又不知如何沟通。其实现在来华的很多外国人都会汉语，也都希望和中国人交流，语言只是交流的一个因素，很多情况下只要有交流的愿望，借助很多手段都可以实现交流。只有实现了交流，才能从本质上解决文化距离造成的文化误解。中国民众应该以一种积极的心态，更加自信和努力地不断提升自己的跨文化交际能力和跨文化理解力，对来到中国的包括中亚留学生在内的外国人群体有更为深入的认识，才能展现出我们作为一个现代化大国的国民应有的自信和包容,提升中国民众和外国人民相互理解和交流的水平。

在中亚留学生层面,这种负面形象由以下两个因素造成。

第一,对中亚留学生的跨文化交际疏导不足。作为古代文明的汇集之地,中亚地区的传统文化有着很强的特殊性。其中哈萨克斯坦的主体民族哈萨克族、吉尔吉斯斯坦的主体民族吉尔吉斯族、土库曼斯坦的主体民族土库曼族,在历史上都是游牧民族,至今他们的文化中还有很多游牧文化的成分;乌兹别克斯坦的主体民族乌兹别克族历史上有着农耕传统,塔吉克斯坦的主体民族塔吉克族既有农耕文化的历史又有波斯文化传承;而这五个民族的民众大都信仰伊斯兰教,伊斯兰文化又是他们共同的文化基因。近代史上中亚各国又曾是俄罗斯及后来的苏联的一部分,这对中亚来说是一个非常重要的时期,以俄罗斯文化为代表的现代文化凭借着苏俄时期政治、经济、文化、军事等方面巨大的影响力,一度成为中亚地区最为强势的文化。甚至在今天,俄罗斯文化都在中亚地区有着强大的影响力。以上民族传统文化、宗教文化、俄罗斯文化等三种文化相互交错,相互影响,造成了今天中亚各国既有很强的相似性,又有较为明显的差异性的文化现实。

中亚留学生来到中国后,面对中国传统文化的中庸、和谐的传统及现代中国文化的勤奋、高度的组织性,现代化社会快节奏的特点,难免在跨文化适应过程中出现很多问题。中亚留学生身上体现出的游牧文化的自由豪放、俄罗斯文化的优雅骄傲、伊斯兰文化的清修严谨、农耕文化的坚韧持久、波斯文化的悠远自豪等,都会和中国传统及现代文化碰撞出火花。

面对如此复杂的文化交流形式,中国高校的留学生教育和中国社会的民众显然还没有做好充分的准备。这首先表现在,高校作为最直接的留学生教育机构,对留学生的跨文化适应疏导性教育不足。虽然在很多高校的课程设置中有针对留学生的中国文化、中国国情、当代中国等诸如此类的课程,但中国文化课的焦点是中国的传统文化,重中之重又是传统物质文化或艺术文化,中国国情一类的课程偏重理论,而实践性差。留学生学习了这些课程之后,总觉得课堂上了解到的中国文化和现实社会中他们所接触到的中国文化之间有很大的差距,甚至完全不同,这就造成了留学生在跨文化适应方面无所适从。很少有高校会系统地引导留学生进入中国社会去感受中国现代化发展的成就,以及在经济高速发展背后体现出来的现代中国人奋发图强、组织严密、勇于奉献的文化精神。其次，社会层面也缺少系统展示中国现代文化发展的平台，少数一些能用于留学生教育的"基地"或"窗口"也是碎片化的，只能给留学生展示一些关于中国的片面形象。这里我们应该借鉴新加坡等一些留学生教育发达国家的做法。在"非常新加坡"的口号和理念引导下，新加坡政府协同旅游局打造旅游资源的一大举措是：打开了曾一度关闭的市民社会，将私人的市民空间向旅游者敞开。"牛车水"、"小印度"、繁华的金融区、干净的组屋区，这些本是国民的日常居住和工作场所，如今都成了游客旅游的重头戏；华族的农历春节、印族的丰收节、伊斯兰教徒的开斋节、印度教徒的屠妖节，这些本是种族或宗教群体内部的拒绝外人参加的庆典，如今这些活动的时间、地点和看点都被详细刊登在旅游局分发给游客的旅行小册子上，它们成了招揽游客的法宝……新加坡人由此被邀请到了舞台的中央，他们不再仅仅是主体自身，他们还是容纳着文化和意义的客体景观。（夏心愉，2008）这些举措既是本国公民教育的内容，又是独具特色的旅游资源，更可以成为让世界各国人民了解新加坡文化的窗口。如果我们的留学生教育中能引入类似的理念，将会极大地促进留学生对中国社会和文化的了解，从而实现更加有效的跨文化疏导。

第二，中亚留学生社交网络的封闭性。正如本章第四节研究发现的，中亚留学生社会支持网络有着很强的封闭性。他们在中国绝大多数时间是和本国及俄语国家的留学生交往，这就造成了他们容易陷入"身处国外，仍然生活在本国文化氛围内"的怪圈中。对在异国求学的中亚留学生来说，陌生的语言与生活环境会使他们的心理变得敏感和脆弱，孤独和焦虑等情绪的滋长更会加重这种情形，他们经常会陷入难以理解别人也不能被别人理解的困境中。封闭的社交网络虽然在一定程度上有助于他们在比较短的时间内适应陌生的环境，但是从长远上看，长期在这个封闭的环境中，不能真正接触中国现实社会，只能加深他们的孤寂无助感。长此下去，严重的思乡情绪会影响到他们正常的生活和学习，也会影响到中国民众对他们的态度和看法，导致他们的心理更加封闭，从而做出一些极端的行为，给中国民众造成一定的困惑，并给中亚留学生在中国民众的形象塑造造成了一些消极影响。

但是，正如上文所分析的，中亚留学生社交网络的封闭性有着很深的根源，这与他们的文化、语言、心理都有很强的关系。作为留学生教育机构，各高校需要更新理念，了解中亚留学生的特点，提出切实可行的办法来打开中亚留学生的心扉。新疆师范大学曾经在 2016 年联合"阿里巴巴"举办过一场很有特色的"闲鱼集市"。他们将留学生风情展和"闲鱼集市"相结合，让留学生把自己国家的特色物品、美食在这个集市上展示、销售，引来很多中国师生和校外民众的兴趣。有了商品这个特殊的媒介，中国民众也不再"腼腆"，他们饶有兴趣地在充满异国风情的各个展位上观看、询问、购买，中亚留学生也热情而又自豪地介绍着自己国家的物品和美食，这种特殊的方式拉近了中国民众和中亚留学生的距离，当时中央电视台的"朝闻天下"节目对此事进行了专门报道。这个活动就抓住了中亚留学生民族自豪感强烈，在公开场合较为热情活跃的特点，结合中国民众对中亚文化的好奇感，以美食、饰物等人类文化中的共同元素为媒介，加上电子商务这个现代媒介，最终收到了良好的效果。类似这样的活动不失为一种跨文化疏导的良好尝试。

第七章

结语

第一节 丝绸之路沿线国家来华留学生 跨文化适应特点及影响因素分析

一、丝绸之路沿线国家来华留学生跨文化适应特点分析

通过对中国 6 座城市 23 所高校的 548 名丝绸之路沿线国家来华留学生跨文化适应的研究，我们发现，该群体在从社会适应、学业适应、跨文化交际和跨文化心理适应等四个方面都有较为明显的特点。

第一，通过对城市自然环境、市民公共道德素质、衣、食、住、行、交通、生活习惯、校园活动等 9 个方面共 31 个适应指标进行研究，发现中亚国家来华留学生社会适应具有一定的地区差异，具体表现在不同城市间社会适应具有一定的差异，对于同一城市各项指标的适应"大同"而"小异"。具体表现在：

留学生对就读城市自然环境满意度不是很高，其中对空气质量的不适应度最高，年降水量在 55.0 mm～107.9 mm 的城市较易被中亚留学生接受，而气温适应情况较为复杂，留学生对就读城市气温适应度和该城市气温年均值和气候类型有关。总之，不同的气候类型的强烈反差使得丝绸之路沿线国家来华留学生对自己就读城市的自然环境适应度不是很高，这将在一定程度上影响到他们的跨文化适应。

中亚留学生对就读城市人文环境的适应情况表现出了两极化，一方面是对就读城市市民公共道德素质和城市交通状况不太适应，另一方面则是对中国高校的住宿环境和生活状况满意度较高。但遗憾的是，从调查结果看来，中国的饮食似乎还没有征服大多数中亚学生的胃。

第二，学业适应是中亚留学生在中国跨文化适应的重要方面，也是本研究关注的重点。本研究从学习环境、授课方式、学校管理、课程设置、汉语学习、学习压力等 6 个方面共 33 个适应指标对其进行了研究，结果发现：

在当今中国经济高速发展的背景下，高校的硬件环境有了很大的改善，尤其是中国教育与国际接轨的过程中，校园环境建设方面走在了前面，中国的高校普遍都有着令中亚留学生羡慕的多媒体化的教学楼、图书馆等硬件设施。而中国高校的学习氛围是中亚留学生非常认同的，中国学生的勤奋更是让他们印象深刻。同时，中亚留学生们对中国老师也有非常高的认可度。

相较于中方教学和管理者对中亚留学生的负面评价，大部分城市的中亚留学生却十分认可中国高校的管理。在很多中国老师眼里，中亚来华留学生是不服管理的特殊群体；而在中亚留学生眼里，中国的管理则是"非常人性化"的，他们也十分享受这种轻松的管理方式。因此，对于中亚留学生这个群体的管理是一项非常重要而又复杂的工作，在这个过程中应该结合中亚留学生的特点，进行有效管理。

经过改革开放四十多年的发展，中国的教育质量有了极大的提升，中亚来华留学生对中国各类课程教学质量很认可。但是接下来的研究发现，中亚留学生在学业适应方面压力不足。他们对管理没有压力，固然可以减轻心理负担，但更可能导致忽视纪律，放任自流，反而成为管理的"不适应者"。对学习没有压力，一方面说明中亚留学生有着良好的心态和轻松的心情，这可能会使他们轻装上阵，但是如果没有适当的学习压力，则会让他们迷失自我，丧失学习的动力，成为一个懒散的群体。

第三，跨文化交际适应研究认为，丝绸之路沿线国家来华留学生跨文化交际适应普遍较好，在言语交际、非言语交际、文化和价值观三个层面的适应没有太大差异。中亚留学生的个人因素造成了不同城市间跨文化交际适应方面的差异。留学生所在城市的地域文化特点也是影响留学生跨文化交际适应的一个因素。

第四，经过跨文化心理适应的研究，不难发现，丝绸之路沿线国家来华留学生跨文化心理适应特点非常明显，那就是出于对中国经济快速发展的敬佩，他们对中国社会抱有很强烈的好感，这种好感促进了他们的跨文化心理适应。同时，中亚留学生因为本民族语言、文化的小众性，在中国社会交往中失去了很多社交资源，不像来自英语国家的留学生那样可以利用自己的语言优势在与中国人交际过程中获得一定的本地社交资源，他们会更多地选择与自己国家或操俄语的留学生交往，这导致他们的社会支持网络相对单一和封闭。

二、丝绸之路沿线国家来华留学生跨文化适应影响因素分析

本书通过"汉语交流水平""HSK 等级""出国经历""了解中国的途径""来华时间""就读城市""生源国""性别"及"年龄""就读专业""学历"和"来华留学动机"12 个自变量对跨文化适应影响因素进行研究。

首先，对环境因素对中亚来华留学生跨文化适应的影响进行研究，发现"生源国"和"就读专业"两个变量在其总体适应上没有表现为显著性差异，而"就读城市"因素作为本研究的一个重要变量，在社会适应、学业适应、跨文化交际等方面都是较为重要的影响因素。

其次，通过对个体因素对中亚来华留学生跨文化适应的影响研究，结果发现，中亚留学生因其独特的中国印象和社会支持网络，造成了他们跨文化适应的特别之处，从而使得跨文化适应经历对其跨文化适应的影响不大。

在了解中国的途径方面，中亚来华留学生倾向于通过周围人的介绍来了解中国，经由网络途径了解中国则是当今信息化时代的趋势，还有就是通过当地的孔子学院了解中国。这种了解有助于中亚留学生来华后的跨文化适应。

在来华留学动机方面，工具型动机占据中亚来华留学生学习动机的主流，说明该群体留学生到中国留学有着非常明确的目的性，他们来到中国最主要的动机并不是出于对中国古老文明和文化的好奇，也不是因为中国城市和大学的条件，而是为了能够直接为今后的工作创造条件。

留学生的汉语水平与其学业适应和跨文化交际关系较为密切。

性别是影响中亚留学生的跨文化交际适应和跨文化心理适应的重要因素。

年龄因素对中亚留学生学业适应、跨文化交际适应、跨文化心理适应有着较为重要的影响。

在研究的基础上，我们最终筛选出"就读城市""性别""年龄""来华时间""HSK 等级"和"学历"等 6 个变量，通过回归分析（Logistic），

构建出 3 个累加概率 Logit 模型。

我们在对丝绸之路沿线国家来华留学生跨文化适应的社会支持网络研究后发现,中亚来华留学生跨文化社会支持网络有着鲜明的特点,突出表现在经常以个体的自我排解为重要方式,社会网络呈现单一文化圈扩大、双文化圈功能小、多元文化圈单一化的趋势,由此,我们最终构建出由四个圈层构成的中亚来华留学生社会支持网络模型。

第二节　辅助丝绸之路沿线国家来华留学生跨文化适应的建议

一、社会适应方面

针对中亚留学生了解中国途径的特点,可以主动与在华的中亚学生、商人等群体接触,向他们推介中国的留学生教育,让学生提前了解一个真实的中国。应继续发挥孔子学院的作用,孔子学院在当地的形象和口碑将直接影响到当地学生对中国教育,乃至国家形象的认知。网络是宣传中国途径的一个新方向,但目前中国很多高校的网络仍以内网为主,许多中亚学生在本国不能顺利地打开我国高校的网页进行浏览,而且国内大部分高校的网页没有俄文版,这也给学生了解其中的信息造成了很大障碍。在目前的情况下,如果能够利用中亚地区的网络资源,建立一个能用当地通用语言集中介绍国内高校的信息平台,不失为一个切实可行的途径。

针对在研究中反映出的留学生对就读高校住宿的适应情况,应在现有基础上开展中外学生混合住宿、留学生进入有条件的中国家庭借宿等组织管理工作,让他们能够在与中国人的交流中更客观地看待中国社会发展的进步与不足,了解中国人对待社会问题的态度和处理遇到的社会问题的方法,这样可以进一步加快中亚留学生对中国社会的适应速度。

针对留学生对于参加校园活动反映出的认可度不高的问题,承担留学生教育的部门应该注意在留学生培养过程中,联合更多的相关部门,如团委、学联等，相互参加对方组织的校园文化活动，以便于中亚留学生能更多地和中国大学生产生互动，相互理解，从而更好地适应中国校园文化。

二、学业适应方面

充分发挥中国高校的硬件优势，引导中亚来华留学生学会利用学校的多媒体设备、实验室、图书馆、电子资源、自习室等资源，增强他们的学习兴趣。

在留学生教育过程中，应该加强对诸如中亚留学生这样的"小众"群体跨文化适应的关注程度，即使不能在课堂上面面俱到，也应该在课下多开"小灶"，这样才能更好地解决学生的跨文化适应问题，使中国留学生教育更好地适应来华留学生生源多元化的趋势。

对中亚留学生群体的管理，应该结合中亚留学生的特点，既要突出人文关爱，又不能失之于宽，关键是要有明确的制度作为保障，有足够的执行力和解释力，这样才能使中亚留学生既能享受中国高校人性化的管理，又对管理制度心有敬畏，不成为特立独行的群体。

基于中亚来华留学生对中国文化的强烈需求，我们应该进行"精准"的文化教学：既要保留中华传统文化中的优秀元素，又要与时俱进，深入了解中亚留学生对中国现代文化的需求，通过与多部门、企业系统共同策划，密切合作，建立一批现代文化展示基地，充分展示我国现代文化，特别是改革开放四十多年来取得的卓越成就中体现出的文化、经济、科技、社会、民生等各领域的物质文化、制度文化和精神文化成果。让中亚留学生充分感受到真实而丰满的中国文化。

针对中亚来华留学生在学业适应方面压力不足的问题，要深入研究该群体的学业适应特点，采取相应措施。扬其"学习动力"，加其"学习压力"，才能更好地促进他们的学业适应。比如，利用留学生好面子的心理，采取措施，使他们的学习与国家和个人的荣誉相结合；再如，留学生注重家庭，就应该建立电话家访制度，多与家长沟通，通过家长向留学生施加压力；还可以利用留学生社会支持网络注重本国人支持的特点，多发挥高年级留学生的引导作用，让他们帮助新生解决在学习和管理中遇到的问题，往往也会取得事半功倍的效果。

三、跨文化交际方面

跨文化交际中除了与语言水平有关的问题，需要逐步提升汉语水平才能解决外，还有一些情况值得我们重视。针对留学生语用方面遇到的问题，应该注重加强语言文化实践教学，如设置专门的课程或教学环节，引导留学生走入中国的市场、餐厅、公共服务部门等实际场合，让留学生进入真正的语言环境中，去感受中国人的语用文化、语言风格、非言语交际行为，从而提升中亚来华留学生跨文化交际能力。

四、跨文化心理适应方面

在跨文化心理适应方面，首先要注意强化留学生工具型留学动机所带来的有利因素，大力凸显中国经济发展所带来的社会发展、民生改善的成果，让留学生认识到学好汉语和专业知识将会给自己的人生带来重大转变，进一步强化留学生对学习汉语和适应中国社会的信心和动力。

还应该注意中亚来华留学生社会支持网络特点及其带来的双面作用。一方面加强对留学生社会支持网络中核心圈层的了解和掌控度，注意发挥该圈层对于留学生跨文化适应的支持作用，同时也要防范其封闭性带来的排他性和不可控性，最终达到合理利用该网络的目的；另一方面，还应加强教师及中国学生在其社会网络中的作用，尤其是教师、班主任、辅导员甚至院系领导都应该多关注该群体。中亚来华留学生具有游牧民族的率真与豪爽的性格特点，决定了只要你赢得了他的信任与尊重，他就会毫无保留地信任你，支持你。当中亚留学生深情地把你称为"爸爸""妈妈"时，你就真正进入了他的世界。

本研究至此就告一段落了。在研究过程中，本书作者对中亚来华留学生的跨文化适应有了更深的理解，对他们的很多行为有了一个全新的认识。他们的生源国虽然是中国的邻邦，但却是一个我们大多数人完全不了解的地方。正如改革开放前后欧美人看我们一样，他们的形象对我们来说，是那么朦胧甚至有些扭曲；他们现在来到中国，正如我们当初迈出国门走进欧美一样，是那么地好奇、期待、忐忑不安。他们需要很长时间来了解中国，了解中国人、中国事和中国的社会，而我们要做的就是多一些宽容，多一些理性，多一些耐心，总有一天，随着"一带一路"的不断延伸、发展，我们的心会交会在一起，我们在文化交流中会互相信任，互相理解，从而真正实现民心相通。

参考文献

布罗斯纳安，1991. 中国和英语国家非语言交际对比[M]. 毕继万，译. 北京：北京语言学院出版社：37-38.

车笠，2010. 美国旅居者在中国的跨文化适应[D]. 上海：华东师范大学.

陈菲菲，2009. 焦虑与再社会化：中国上海年轻知识型移民面临的挑战[D]. 上海：上海外国语大学.

陈慧，2003. 留学生中国文化适应性的社会心理研究[J]. 北京师范大学学报（社会科学版）（6）：135-142.

陈慧，车宏生，朱敏，2003. 跨文化适应影响因素研究述评[J]. 心理科学进展（6）：704-710.

陈向明，2004. 旅居者和"外国人"——留美中国学生跨文化人际交往研究[M]. 北京：教育科学出版社：序.

陈晓丽，2013. 施瓦茨价值观研究与跨文化适应：以爱因斯特赴西欧国家的实习生为例[D]. 上海：上海外国语大学.

贺寨平，2001. 国外社会支持网研究综述[J]. 国外社会科学（1）：76-83.

胡文仲，2012. 跨文化交际学概论[M]. 北京：外语教学与研究出版社.

胡增运，倪勇勇，邵华，等，2013. CFSR、ERA-Interim 和 MERRA 降水资料在中亚地区的适用性[J]. 干旱区地理（4）：700-708.

胡哲，2012. 来华留学生再建构社会网络与跨文化适应研究[D]. 北京：中国青年政治学院.

黄慧莹，2010. 法国旅居者在沪的跨文化适应——质和量的研究[D]. 上海：华东师范大学.

黄略，蒲志鸿，2008. 跨文化交际误解探析[J]. 学术研究（2）：

143-145.

黄秋霞，赵勇，何清，2013. 基于 CRU 资料的中亚地区气候特征[J].
干旱区研究（3）：396-403.

黄文虎，2011. 跨文化适应的影响因素与结果变量研究——以国家外
派汉语教师的调查研究为例[D]. 上海：华东师范大学.

黄妍，桑青松，2009. 中国传统文化视域中的人际空间距离[J]. 安徽
师范大学学报（人文社会科学版），37（1）：80-83.

基辛，1981. 文化人类学[M]. 张恭启，于嘉云，译. 台北：巨流图
书公司.

贾玉新，1997. 跨文化交际学[M]. 上海：上海外语教育出版社：23.

雷龙云，甘怡群，2004. 来华留学生的跨文化适应状况调查[J]. 中国
心理卫生杂志，18（10）：729-730.

李君文，2003. 非言语交际的跨文化差异——"沉默"的文化含义对
比[J]. 漳州职业大学学报（1）：67-69.

李迺明，2012. 赴泰汉语实习生跨文化适应问题及对策研究——以广
西大学 2010—2011 年赴泰学生为例[D]. 南宁：广西大学.

李萍，2009. 留学生跨文化适应现状与管理对策研究[J]. 浙江社会科
学（5）：114-118.

李萍，孙芳萍，2008. 跨文化适应研究[J]. 杭州电子科技大学学报（社
会科学版），4（4）：15-19.

林德成，2010. 赴泰汉语志愿者跨文化适应研究[D]. 广州：华南理工
大学.

刘宏宇，贾卓超，2014. 来华留学生跨文化适应研究——以来华中亚
留学生为个案[J]. 中央民族大学学报（哲学社会科学版），41（4）：171-176.

刘炜，2008. 中国留英高校生跨文化适应、社会支持与生活满意度的
相关研究[D]. 福州：福建师范大学.

刘晓玲，2008. 跨性别交际中的性别话语特性及其归因研究[J]. 甘肃
社会科学（1）：215-218.

刘杨，2014. 跨文化交际误解的概念探析[J]. 中华文化论坛（8）：
112-117.

卢梦梦，2015. 中亚留学生日常服饰审美研究——以新疆师范大学为例[D]. 乌鲁木齐：新疆师范大学.

卢薇薇，王育珍，2015. 中亚来华留学生现状、问题及对策研究——以北京青年政治学院为例[J]. 学理论（23）：39-40.

吕文燕，2011. 出国经历与英语教师跨文化交际能力的相关性研究[D]. 哈尔滨：哈尔滨工业大学.

欧阳康，1997. 跨文化理解与交往[J]. 社会科学战线（6）：86-87.

朴丁美，2013. 在华韩国留学生的跨文化适应问题研究[D]. 沈阳：沈阳师范大学.

亓华，李秀妍，2009. 在京韩国留学生跨文化适应问题研究[J]. 青年研究（2）：84-93.

綦甲福，2007. 人际距离的跨文化研究——论中国留德学生的人际距离体验和跨文化学习[D]. 北京：北京外国语大学.

萨莫瓦尔，波特，麦克丹尼尔，2012. 跨文化交际（第7版）[M]. 董晓波，编译. 3版. 北京：北京大学出版社.

史崇文，2007. 跨文化交际中的性别差异[D]. 长春：吉林大学.

史密斯，彭迈克，库查巴莎，2009. 跨文化社会心理学[M]. 严文华，权大勇，等译. 北京：人民邮电出版社.

孙风格，2012. 中亚来华留学生跨文化适应研究——以新疆师范大学为例[D]. 乌鲁木齐：新疆师范大学.

孙进，2010. 文化适应问题研究：西方的理论与模型[J]. 北京师范大学学报（社会科学版）（5）：45-52.

孙雷，2010. 来华印尼留学生跨文化适应研究——华南理工大学短期汉语师资培训人员跨文化适应[D]. 广州：华南理工大学.

谭瑜，2013. 高校中外合作办学项目学生跨文化适应研究[D]. 北京：中央民族大学.

谭志松，2005. 国外跨文化心理适应研究评述[J]. 湖北民族学院学报（哲学社会科学版），23（6）：64-67.

田澜，向领，2010. 大学生学业压力研究综述[J]. 江苏高教（4）：64-67.

万梅，2009. 在华的美国留学生跨文化适应问题研究[D]. 上海：华东师范大学.

　　王东山，刘爱真，2010. 动机因素影响跨文化交际能力的调查与分析[J]. 河南工业大学学报（社会科学版），6（3）：116-119.

　　王芳，2008. 中俄留学生人格特征与跨文化适应关系研究[D]. 沈阳：沈阳师范大学.

　　王佳蕾，2009. 日本旅居者在上海的跨文化适应研究[D]. 上海：华东师范大学.

　　王亮，严宝刚，2015. 中亚留学生眼中的西安城市形象调查研究[J]. 今传媒（8）：10-12.

　　王贤红，2013. 在华跨国公司中国雇员跨文化适应问题的调查[D]. 上海：华东师范大学.

　　王亚鹏，李慧，2004. 少数民族的文化适应及其研究[J]. 集美大学学报（教育科学版），5（1）：59-64.

　　王志强，2005. 文化认知与跨文化理解——以中德跨文化交际为例[J]. 德国研究，20（3）：71-76.

　　邬智，2011. 来华留学生汉语教育现状及问题研究——以广州地区高等教育留学生为例[D]. 广州：华南理工大学.

　　吴锋针，2003. 中西习俗文化"冲突"——跨文化交际实例分析[J]. 绥化师专学报，23（1）：90-92.

　　吴为善，严慧仙，2009. 跨文化交际概论[M]. 北京：商务印书馆：21.

　　夏心愉，2008. "非常新加坡"——从新加坡旅游符号机制看国家整体认同的建构[D]. 上海：复旦大学.

　　肖三蓉，2009. 美国华人移民的异文化压力与心理健康[D]. 上海：华东师范大学.

　　徐大明，2006. 语言变异与变化[M]. 上海：上海教育出版社：161.

　　徐洁琳，2010. 人格对在沪美国旅居者和定居者跨文化适应的影响[D]. 上海：上海外国语大学.

　　徐婷，邵华，张弛，2015. 近32a 中亚地区气温时空格局分析[J]. 干旱区地理，38（1）：25-35.

　　许力生，2000. 跨文化的交际能力问题探讨[J]. 外语与外语教学（7）：

17-21.

严晓莹，2013. 赴泰汉语志愿者在跨文化适应中的情绪调节研究[D].
广州：华南理工大学.

杨军红，2009. 来华留学生跨文化适应问题研究[M]. 上海：上海社
会科学院出版社.

杨兴子，2013. 他者眼中中亚留学生的形象研究[D]. 乌鲁木齐：新
疆师范大学.

余伟，郑钢，2005. 跨文化心理学中的文化适应研究[J]. 心理科学进
展，13（6）：836-846.

占豪，2013. 丝绸之路经济带上的中亚[J]. 社会观察（10）.

张秋红，2011. 外国留学生跨文化心理适应问题的探析与对策[J]. 现
代教育科学（高教研究）（5）：71-74.

张秋红，李纯丽，2009. 留学生跨文化心理探究与高校外国留学生管
理[J]. 兰州学刊（3）：212-215.

赵蓉晖，2003. 语言与性别——口语的社会语言学研究[M]. 上海：
上海外语教育出版社：202.

郑萱童，2012. 在华留学生的跨文化适应研究[D]. 上海：华东理工大
学.

郑雪，David Sang，2003. 文化融入与中国留学生的适应[J]. 应用心
理学，9（1）：9-13.

钟雯，2006. 语言的性别差异及其对跨性别交际的影响[J]. 长沙大学
学报，20（3）：106-108.

朱国辉，2011. 高校来华留学生跨文化适应问题研究[D]. 上海：华
东师范大学.

朱国辉，2011. 西方国际学生跨文化心理适应研究述评[J]. 创新与创
业教育，2（2）：51-55.

邹小群，2014. 高校来华留学生跨文化适应支持服务问题研究——以
厦门大学为例[D]. 厦门：厦门大学.

Tan Ing Bean，2013. 东南亚来华留学生的跨文化适应研究[D]. 上海：
上海交通大学.

BABIKER I E, COX J L, MILLER P M, 1980. The Measurement of Cultural Distance and Its Relationship to Medical Consultations, Symptomatology and Examination Performance of Overseas Students at Edinburgh University [J]. Social Psychiatry, 15: 109-116.

BERRY J W, 1980. Acculturation as Varieties of Adaptation [A] // PADILLA A M, ed. Acculturation: Theory, Models and Some New Findings. Boulder: Westview Press: 9-25.

CANALE M, 1983. From communicative competence to communicative language pedagogy[A] // RICHARD J C, SCHMIDT R W, eds. Language and Communication. London: Longman.

CANALE M, Swain M, 1980. Theoretical bases of communicative approaches to second language teaching and testing[J]. Applied Linguistics: 1.

SWAIN M, 1984. Large-scale Communicative Language Testing: A Case Study[A] // SAVINGNON S J, BERNS M S, eds. Initiatives in Communicative Language Teaching: A Book of Reading, MA: Addison Wesley.

附　录

附录一　中亚来华留学生访谈录

B001 国籍：吉尔吉斯斯坦；性别：男

问：这里（北京语言大学）①的住宿条件怎么样？

答：宿舍的价格较贵，条件也不是太好。

问：多少钱？

答：65 块一天，一学期 6000 多，两人一间。

问：有没有卫生间？

答：有。

问：有没有空调？

答：不能用空调。天气现在比较凉快，而且两个人。我以前在北航大学住过，那里的宿舍比较便宜，而且条件也不错，现在比北航的宿舍差一点儿，还[是]②比较贵，而且网络也不太好。

问：那网费贵不贵？

答：120 元一个月。

问：你之前是从你们国家直接来北京的吗？

答：是的，以前在北航大学学过一年的汉语，今年上了本科。

---

① 编者注：口语中有省略或表达中不准确、不完整的，或需要加以说明的，以小括号做标注。下同。

② 编者注：留学生回答时有一些不符合语法的表达，为保留原貌，在应删去的词语上以中括号标注。下同。

问：宿舍还有没有其他问题？

答：没有。

问：北京交通怎么样？

答：太乱了，根本不遵守交通规则！还有一个奇怪的事情，我从来都没有见过交通事故。

问：这是好事情嘛！还是？

答：这是好事情，但是还是不太好，特别是在五道口那边根本不遵守交通规则。在北京生活一年了，经常堵车，而且堵车很厉害。

问：那你们平时出门坐公交？坐地铁？

答：怎么方便怎么走，有时公交，有时地铁。但还是地铁比较方便，没有堵车。

问：北京气候怎么样？

答：天气还好，空气不太好。

问：一年四季的天气变化能不能适应？

答：去年没有下雪，而且不太冷，今年比较冷。

问：不下雪不太习惯吧？

答：是。还好今年比去年冷，和我们国家差不多了。可是我们国家已经下雪了，这儿还没下。

问：夏天呢？

答：夏天特别热，而且空气不好。

问：那你们有解决方法吗？

答：空调。

问：宿舍的空调能用吗？

答：可以。

问：教室有空调吗？

答：教室里有。

问：你们要是在室外的话会热一点儿？

答：是的。

问：室内好点儿？

答：是。

问：吃饭怎么样？

答：已经习惯了，没办法，好吃的也很多。跟我们的国家很不一样，但是已经习惯了。而且我们只吃清真食品，有点儿难。

问：在学校活动多不多？

答：特别是在北语特别多。

问：那你参不参加？

答：参加。

问：比如？

答：国际文化节比较多，学校的晚会、运动会。

问：那你参加活动、表演节目吗？

答：会。

问：表演什么节目？

答：有的时候唱歌，有的时候跳舞。

问：唱（的）歌都是汉语歌吗？

答：是的。

问：流行歌曲？

答：是，有一次唱的是《因为爱情》，和一个中国同学一起唱的。

问：《因为爱情》，我在网上看到（过）法语版的。你在网上搜一下，特别有意思。除了唱歌还有什么？

答：跳舞。跳舞一般不是中国传统的那些舞，两个人一起跳的那种舞。

问：那就是说你们学校的文化活动还蛮多的？

答：就是，在北语还是蛮多的，北航没有。

问：北航没有吗？

答：这边外国人比较多，百分之七十都是外国人，可能这样的文化活动比较多。

问：那你们平时文化课有哪些？

答：现在没有。

问：那武术课、剪纸课之类的呢？

答：这些是课外选修，像太极拳、唱歌的、跳舞的都有，中国传统的（也有），我们可以自己选。

问：你选了什么？

答：我选了书法和太极拳。

问：现在练得怎么样？

答：还行，我觉得练书法对身体好，太极拳我以前没学过，现在慢慢开始。

问：你现在主要是学习汉语吗？

答：不是，我在读本科。

问：本科什么专业？

答：新闻学。

问：那你们汉语课程还有没有？

答：有，是高级口语课、阅读与写作、中国历史。

问：你学汉语多少年了？

答：两年多。

问：你们同学各国来的都有，是不是？

答：俄罗斯的比较多，韩国的也有，日本的也有。

问：你们同学之间交流用什么语言？

答：和俄罗斯人用俄语，其他的用的是汉语。

问：不用英语吗？

答：不会英语。

问：韩国同学和俄罗斯同学交流用什么？

答：还是汉语。

问：你们新闻学专业的是留学生单独成班吗？

答：也不是，我们新闻学是和中国学生一起上。

问：和中国人一起上课你们能不能跟得上？

答：有时候有不懂的，自己要学习。

问：你们班新闻学的有几个人？

答：如果和中国学生在一起的话那就是 35 个人，4 个外国人。

问：老师都是中国人？那他们讲课你们是不是一般都听不懂？

答：也不是听不懂，要是说太快就不懂，有时中国学生也会说（听不懂），有些老师讲得也不太清楚，而且他们说得也比较快。

问：你觉得老师教课的时候是因为有留学生在而有意放慢语速还是不管你们，用正常的语速？

答：有的时候吧，但是我觉得外国人比较少，所以他们说得快，而且他们没有对外国人教书的经历。

问：专业课都是中国人上吗？

答：是。

问：你们平时成绩怎么样？

答：我们现在还没有考试，以后慢慢来，而且大部分都是我们自己学习。现在不好说，半年后来吧，到时候再告诉你。

问：其实语言方面得尽量克服困难，中国学生上课天然的克服力可能比你们强，所以他们比较占优势。

答：但是老师用幻灯片，所以我们看这个幻灯片大概的意思是什么，我们都会懂，但讲自己的故事的时候，我们不太明白他说什么。但是我们在班里跟中国同学关系不错。以后可以问他们。

问：你们和中国学生经常在一起吗？

答：有时间的话（会在一起）。

问：你觉得和他们关系好不好？

答：好。

问：你平常放假和谁一起逛街呀？买东西或出去玩和谁在一起？

答：平时我自己，去玩的话和中国人一起，外国人很少，但别的外国学生和本国同学一起去。

问：你们这个还算可以啊。

答：就是宿舍，宿舍要是便宜点儿就好了。条件要是好点儿就没问题。

问：你们在学费和奖学金方面有没有什么问题？

答：我拿的是北京市的奖学金，所以我不用交学费。

问：只要负担衣食住行的相关费用？

答：是，但就是宿舍比较贵。

问：我们再说一下和中国人交流这方面。

答：挺好。

问：你觉得有困难吗？

答：觉得中国人交朋友很热情的。

问：比如初次见面会不会有问题？比如今天刚认识的？

答：中国人比较热情，所以大部分都是他们在说，但是我现在还是要提高我的水平。

问：你平时想不想家？

答：特别想家，特别想吃到我妈妈做的菜。

问：你多长时间回家一次？

答：一年一次。

问：什么时候？

答：夏天的时候，暑假。

问：回家待多长时间？

答：可能就一个月吧，7月中旬到8月份，冬天的时候也可以，但就是飞机票比较贵。

问：平时为什么会想家？心情不好的时候吗？

答：也不是心情不好，也可能是心情（不好）。第二个就是我的朋友、父母都在那儿，而且生活中碰到什么问题都是一个人，吃（的）饭也不像我妈妈做的菜。

问：就是说在这儿吃饭还是有点儿不合口？

答：有一点点，因为还是没有习惯吧，而且在外面的清真餐厅还是有中国的味道，所以吃饭还不是那么地道，我妈妈做的菜比中国的本国餐厅（地道）。喜欢中国[就]是喜欢中国，但家还是自己的家。

问：学习上有没有压力？

答：压力有，但是不算是很大，一般可以克服。

问：也交到（了）很多中国朋友？

答：交了很多朋友，为了提高自己交了很多朋友，但是真正的朋友没有几个。

问：你觉得你学新闻专业，毕业以后留到这儿还是回去？

答：现在还是不好说，我在中国还要待四年时间，四年后再说。如果有机会就继续留在这儿。

问：你来中国主要还是为了你的这个专业，你（学习）这个专业为什么选择北京？

答：其实去年我在北航大学学习的时候，我在我的国家已经读过大专。我主要是想读本科，我想在中国试一试能不能读本科，所以我去了北航大学、北语大学、北京工业大学。

问：这些东西你都是从哪儿看到的？

答：在中国已经一年了，交了有很多朋友，在网上看到差不多，就是想试一试能不能通过，通过后就得到了北京市奖学金，如果不通过的话就回我的国家。我的梦想就是在中国学习，在我的国家就不会学到。

问：你觉得到现在为止，你来中国得到的最大收获是什么？

答：我得到了自己的梦想。我从 2008 年就对中国很感兴趣，去年到了中国。

问：你为什么对中国感兴趣？

答：因为奥运会，我觉得中国的文化很有意思，而且[是]汉字（很有意思），我想知道汉字是怎么写的。

问：你们那边媒体、新闻上中国的信息有没有很多？

答：有，现在很多。当时（中国举办）奥运会，看了开幕式，很有意思。从那时候起，就对中国感兴趣。高中毕业后上大专，在我们学校有孔子学院，我在那儿开始学汉语，然后我的老师说我可以试试，会不会得到孔子学院的奖学金到北京去学习。

问：那你到现在为止觉得适应了吗？有没有觉得自己是半个北京人？

答：有，但想家的时候还是觉得自己是外国人，北京的习惯和我们的习惯还是不一样。

问：特别想家的时候会不会给家里打电话？

答：有的时候是，有的时候不是。有的时候干自己比较喜欢的事，给家里打电话说我想家也不是特别好，说了这个我已经想家了。你是新疆来的？

问：是的，新疆师范大学。去过没有？听说过没有？

答：没去过，听说过，我的好多同学都在那里。问这个目的是什么？

问：这个目的就是调查一下中亚来华留学生对中国适应情况。

答：你们为什么选择北语呢？

问：我们选了北京、上海、武汉 3 个城市。

答：为什么？

问：因为这几个城市的中亚留学生比较多。

答：不是在新疆特别多吗？

问：新疆特别多，新疆的都做过了，我们之前的研究就把新疆的留学生都做过了，然后我们就延伸一下，做一下内地的留学生。

答：在新疆从吉尔吉斯斯坦、哈萨克斯坦来的同学他们比较适应吧？和我们国家差不多。听说过，我没有去过。

问：确实，新疆和你们国家文化上和饮食上差得不多。

答：听说去那里不会迷路，差不多每个人都会说俄语、吉尔吉斯斯坦语、哈萨克斯坦语。好像维吾尔语和这些语言差不多。

问：在上海或北京听得懂人们说的话吗？

答：北京还好，听得多了，懂的也就多了。

问：去上海更听不懂他们说话吧？

答：就是，去上海玩时，我觉得他们说的不是中国话。

B002 国籍：吉尔吉斯斯坦；性别：男

问：在这儿上本科吗？

答：是。

问：汉语水平怎么样？

答：我的 HSK？

问：嗯。

答：我还没考。

问：你觉得现在跟中国人对话有没有困难？

答：没有，随便说。

问：你以前学过汉语吗？

答：在我们国家没有。

问：你是来中国学的？就学了一年？

答：对。

问：你学得还可以。为什么选择来中国？

答：我不知道，我喜欢学语言。现在我学习汉语，可能学完以后去别的国家学习别的语言。

问：你喜欢学语言，你还知道哪些语言？

答：土耳其语、哈萨克语、俄语、英语。

问：这么多语言，你去过土耳其吗？

答：不是，我是在这里学的。

问：你是在这里学的？

答：对，是我以前的同学教的。我刚来的时候什么都不会说，不会说英语、土耳其语、汉语。然后他教我土耳其语，我们在饭店用土耳其语，跟汉语一样，可以聊天儿。

问：你们这儿条件怎么样？

答：很好。

问：北京这个城市气候怎么样？

答：我喜欢北京。这里是首都，但是不喜欢北京的天气。

问：空气污染，冬天冷夏天热这些呢？

答：这个没事，空气污染这是个问题，别的都无所谓。

问：说到空气污染，你觉得多大的程度上影响了你的生活？

答：我已经习惯了。

问：已经习惯了？吃饭怎么样？

答：吃饭的问题我也已经习惯了。刚来的时候什么都不想吃，现在习惯了，现在最喜欢的就是烤肉串。

问：你现在上的是对外汉语吗？

答：嗯，我的专业是国际汉语教育。

问：你们现在有没有文化课，像武术、剪纸、书法之类的？

答：我们有，可是一个星期只有一次。

问：你们班多少人？

答：14 个人。

问：这个专业吗？别的专业的呢？

答：我们班都是国际汉语。

问：这个班 14 个人里有几个人是中亚留学生？

答：8 个人。

问：8 个人是中亚的？剩下的人是别的国家的？

答：对。有哈萨克斯坦的、乌兹别克斯坦的、塔吉克斯坦的。

问：这都是中亚的。就是你们 8 个人是中亚来的吗？

答：吉尔吉斯斯坦就我一个，哈萨克斯坦有一个人，乌兹别克斯坦是 4 个人，塔吉克斯坦是两个人。

问：你觉得来中国收获最大的是什么？

答：语言上学会了很多，还学（了）会做中国菜。

问：你现在会做中国菜？

答：我会做宫保鸡丁。

问：你现在会做宫保鸡丁？

答：对。

问：好厉害，现在好多中国人都不会做。

答：我[在]上网看的。

问：别的呢？

答：太极拳。

问：太极拳好吗？

答：太极拳对身体好。

问：那你平时打吗？

答：对，我们每个星期都有。

问：除了上课之外你们打吗？

答：不是，有的时候跟我的朋友（打），他现在不在，他明年在，现在没有人跟我一起去，一个人觉得没意思。

B003 国籍：吉尔吉斯斯坦；性别：女

问：来北京之前去过别的城市吗？

答：没有。

问：直接从你们国家来北京的吗？

答：嗯。

问：你来北京的这两个月去过别的地方吗？

答：没有。

问：马上放假，不想出去玩一下吗？

答：我想去上海、西安、天津。

问：天津很近啊。

答：对啊，但我不知道坐什么去。

B004 国籍：吉尔吉斯斯坦；性别：男

问：北京语言大学的中亚留学生多不多？

答：我们北京语言大学中亚（学生）也挺多的，最多的就在我们学校，别的学校也有，但是我们学校好像最多。

问：你们学校大概有多少位中亚留学生？

答：我不知道。

问：你们学校最多是吧？

答：我们最多，还有北航，这个大学也有，朝阳区好像也有。

问：你觉得北京的物价高还是乌鲁木齐的物价高？

答：北京的物价太高了！说实话，有点儿想新疆，饭也特别好吃。

问：对，我也是从新疆过来的，那边饭也好吃，水果也好吃，还不贵。

答：是啊，那为什么这里的那么贵！

问：这里是首都嘛！城市交通怎么样？

答：太差了。

问：有一些公交车司机大喊大叫？

答：他们没有大喊大叫，但是有时候不太好，上车时你从后面跑过来他会走掉；到站时你刚要下去，他就开走。这样不太礼貌。

问：交通有没有问题？

答：中国式过马路。

问：道路规划，这路的设计是不是复杂？

答：我觉得有点儿复杂但是管理得很好。这么多的人，这么小的地方，我觉得管理很好。还有交警指挥得比较好。听说北京是世界上空气污染最严重的城市之一。

问：你们平时能不能感觉到？

答：可以啊，我每天都能感觉到。

问：你觉得乌鲁木齐和北京哪座城市好？

答：乌鲁木齐比北京好点儿，但是乌鲁木齐也是有问题的，不如吉尔吉斯斯坦的（城市）。

B005 国籍：吉尔吉斯斯坦；性别：男

问：你们都是比什凯克的人吗？

答：不是比什凯克（的），我是奥什的，南方的。

问：你在奥什上过汉语课吗？

答：我没上过，我在比什凯克上过。

问：你们是在吉尔吉斯斯坦认识的吗？

答：不认识。

问：到师大来认识的？

答：嗯嗯，在中国认识的。

问：你是新疆师大本科毕业的？

答：对。

问：然后在北语上研究生？研究生是直接考过来的吗？

答：对。

问：难不难？

答：很难。我们的课其实不难，很有意思，就是我们的研究做得比较详细，所以我们跟你们一样做的工作比较多。我也要努力，所以我也要对留学生做这种调查。

问：那你现在做了没？

答：我正在做。

问：问卷写了没有？

答：我现在设计了5个问题，还要（设计）十几个问题。

问：你主要是（负责）哪个方面的？

答：我主要是语法方面的。

问：汉语语法？

答：汉语和吉尔吉斯语的对比。

问：你们导师给你们提的吗？

答：对，我们老师商量定的题目。

问：可以，那你明年就毕业了呀，得赶紧做呀！

答：对对对，我正在做。我是 11 月 14 号开题，然后 5 月份答辩，时间很紧迫，所以我要抓紧时间。

问：那你赶紧做。你的问卷是只问留学生吗？

答：对。

问：你为什么选择北语？

答：我刚才说过，这边的专业做得特别好。

问：对外汉语专业这方面做得好是吧？

答：对，这方面做得很好。

问：那，奖学金呢？

答：有奖学金。

问：奖学金够不够？

答：北京的不太够。

问：北京和新疆师大比的话一样吗？

答：一样的。这边的物价比较高，所以不太够。

问：除了这个专业以外，为什么选择北京？是老师推荐你来还是你自己知道北京？

答：我知道这个学校，这个学校在北京。

问：你是怎么知道，怎么了解这个学校的？

答：我们本科学习汉语以来，用的教材都是北语的。世界上对外汉语教材百分之九十以上都是我们学校出版的，我从那（里）知道北语，然后网上查了北京语言大学。

问：你对自己的要求挺高的嘛！

答：以后你有问题，可以找我。

问：如果你需要我们学校的同学的话可以找我。中国吃的方面不适应的话，哪些地方不适应？

答：我不知道，应该有很多方面要说的，比如说我不喜欢吃辣的。

B006 国籍：吉尔吉斯斯坦；性别：女

问：这里住宿条件怎么样？

答：很好，我一个人一间房，研究生和博士生一人一间房，条件很好。

问：住宿费怎么样？

答：我是全额奖学金。

问：生活费呢？

答：生活费也有。

问：一个月补贴多少钱？

答：一个月是 1700 元。

问：来北京多长时间了？

答：来北京第四年。

问：你们的课多不多？

答：研究生课不多。

问：来北京之前去过中国的其他城市吗？

答：去过。宁夏、兰州、西安、乌鲁木齐、上海、温州、无锡。

问：在这些城市长待过吗？

答：长待过，我以前在上海工作。

问：你是工作了之后才来北京的吗？

答：在大三的时候来中国留学，到了宁夏。大四毕业后申请中国国家奖学金没有通过，就在自己的国家工作了一年。一年后再申请通过后去上海工作了一段时间，到 9 月份来到北京。

问：你在上海干什么工作？

答：我那时候是孔子学院的老师。

问：在北京适不适应？

答：适应，交通什么的都没有问题，最大的问题就是雾霾，雾霾很严重。夏天还行，冬天、春天、秋天根本不行。可能一个星期一天两天还行，日子多了就不行了。我们就受不了。

问：夏天有没有太热？

答：特别热，热得受不了。在我们国家我们生活在湖边，夏天就不热不凉。

问：你们宿舍有空调吗？

答：有，但我不太喜欢用空调。

问：不用空调不热吗？

答：唉，就是没办法。

问：你觉得中国哪些城市气候最好？

答：厦门和大连，厦门可以游泳，那边还行。

问：那，吃饭怎么办？

答：一般情况下我自己做饭。

问：自己做饭，买菜什么的，方便吗？

答：方便，我都知道什么东西在什么地方。

问：一个月生活费1700块够用吗？

答：我还工作，所以还行。

问：现在还做教师吗？

答：我是139集团的代理。

问：平时有没有在外面吃饭？

答：我们学校里有清真食堂，我们一般情况下去那边，然后其他的（食堂）就是在外面，我们知道哪些地方有清真的，我们就在干净的地方吃。

问：这种地方好不好找，多不多？

答：在我们学校附近没有，大部分都是我自己做饭，所以没事。

问：平时在校园里有没有举办一些文化活动？参不参加？

答：有，一个星期（前）我们办文化节，还有很多项目。我的导师经常带我去别的地方，很丰富。

问：是去调研吗？

答：嗯，是的。

问：你们旅游学院调研的话去什么地方？

答：去各种地方，都是国内。国外我去不了，因为我在中国算是留学生，所以只能本地的学生才能去国外，我就去不了。

问：调研主要是跟导师去吗？

答：嗯，跟着导师去。

问：一个导师带几个人？

答：最多就是 5 个人，因为那个导师是副院长，他经常没有时间，所以一有时间就会带很多研究生出去，因为一个班里他的学生可能是两个，也可能一年级两个，二年级两个。

问：要是出去调研的话，都调研什么东西？

答：我们调研的话主要就是丝绸之路，关于旅游方面。

问：丝绸之路？你们都去过哪儿？

答：山西、北京郊区有些活动。

问：你们这些调研活动是经常的吗？每个学期都有吗？

答：每个学期都有，每个学期一次或者两次都有。

问：你们这个条件还可以吗？

答：就是，夏天和冬天的时候我跟中国人一起上课，他们去美国或日本待一个月或两个月，他们的机会比我们还多。

问：你们中亚来的留学生想出国的话能不能办成？

答：我们是毕业了以后才能去，因为我们已经算是留学生。

问：留学生的签证不能办吗？

答：也可以，因为比如英国想邀请中国的留学生，那它干吗邀请我？

问：出国不是很方便？

答：就是，不符合条件，他们的条件。

问：其实在中国也挺好的，中国很大啊，把中国好好了解一下。那，你觉得中国文化或自然有没有意思？

答：比不了我们国家。

问：在哪方面？自然吗？

答：自然，对对对。

问：比如说呢？

答：比如，这可能是很大城市的问题，在我们国家城市比较小，大部分都是农村，全部都是自然的村。你吃饭或者什么问题都是纯天然的。

问：没有大城市的污染啊，噪声这些问题是吧？

答：是的。

问：你觉得，毕业之后要留在北京还是回到自己的国家？

答：那当然是回自己的国家呀。

问：回自己的国家，你这个学旅游专业的可以干什么工作？

答：这是我自己私人的秘密。

问：就是说，是你打算回去，还是家里人要你回去？

答：都是。

问：中国的文化比如影视作品啊，这些对你有没有感染力？电视看不看？

答：看。

问：看什么节目？

答：11频道有关动物的节目。

问：那个是汉语的吗？

答：是的，我们中午在家吃饭的时候播《非诚勿扰》。

问：喜欢看吗？

答：不喜欢，中午别的频道没有别的（电视节目），所以就看这个。

问：电视剧看不看？

答：电视剧要花很长时间，所以我基本上不看。

问：平时和朋友之间的娱乐活动都有哪些？

答：我比较保守一点儿，就是不去各种各样的地方，所以就去北京郊区或以前没去过的地方转一转。

问：平时去不去电影院这类地方？

答：电影的话，我工作的地方在CCTV，所以他们经常给我们免费的票，有免费的票我们才去看。

问：你看过哪些电影？

答：大部分都看中国的，我们不是在中国吗，如果是外国的，在我们的国家也能看，或者在电脑里可以看，所以基本上都是中国的。

问：你看过哪些中国的电影？

答：《亲爱的》。

问：你觉得好不好看？

答：我觉得不太好看，但是它意识到了现在中国社会的问题。比如偷小孩儿，把他们的内脏卖掉或者把他们变成奇怪的人。

问：你是不是觉得这种情况在中国很多？

答：很严重。

问：你见过吗？

答：就在电视上或新闻上听过，没有真正见过这些父母。

问：就是说你觉得这种现象其实很严重，是吧？

答：因为在中国，人多，也可能发生各种各样的事。

问：这样的事情确实有。你们的专业课现在没有汉语课吧？

答：本来我们班对中国学生来说第二语言是英语，所以他们学英语的时候我去学中文，我自己跟老师调整了一下。

问：现在你们这个班有中国学生也有留学生？

答：我们只有两个留学生，我和另外一个学生。

问：你们旅游专业就两个留学生，然后他们上英语课的时候你们就不一块儿去了，是吗？

答：他们上英语课，我上中文课，我跟其他留学生上中文课。

问：他们程度怎么样？跟你一起上汉语课的学生的汉语水平怎么样？

答：他们的水平也不错，我们都是上高级班。

问：你觉得你现在对中国整体适应了吗？

答：适应了。

问：如果现在一定要让你说一个不适应的（情况）有吗？

答：我们本来就是游牧民族，一个星期在这个地区，过一个星期又去别的地方，所以到别的国家也一样。

问：就是说你们本来适应能力就强？

答：嗯，是的。

Sh001　国籍：吉尔吉斯斯坦；性别：男

问：你是来中国多长时间（的）？

答：一年多。

问：你在这边上本科吗？

答：本科。

问：什么专业？

答：工商管理。

问：除了上海之外有没有去过别的城市？

答：我去过绍兴、江苏。

问：你觉得喜欢这些城市吗？

答：对。

问：你觉得上海漂亮吗？

答：当然，上海比那几个城市漂亮。

问：你现在是哪个学校的？

答：上海理工大学。

问：你现在是本科一年级？

答：对。

问：你们这个学校大概有多少来自中亚的学生？

答：大概四五十人。

问：你们平时都联系吗？

答：我不认识他们。

问：你们认识几个？

答：认识的有 15 个左右。

问：平时联系的，和你们一起过来的大概有多少个？

答：15 个左右。

问：你们平时出去逛街、上课、吃饭都是跟本国的人在一起还是和中国人在一起？

答：跟留学生。

问：有没有中国朋友？

答：有。

问：中国朋友多不多？

答：不多，大概 5 个。

问：平时上课的话是和他们一块儿上？

答：对，如果我有课就会联系他们帮忙。

问：就是你们学习上互相帮助？

答：大概 10 个人一起学习。

问：你们这个班有多少人？

答：差不多四五十人。

问：留学生大概占多少？

答：留学生是 10 个人。

问：分别来自哪些国家？

答：吉尔吉斯斯坦、哈萨克斯坦、蒙古、肯尼亚。

问：你们现在跟蒙古和肯尼亚的留学生交流用汉语吗？

答：对，汉语。

问：就是说你们现在汉语水平都可以。平时有什么娱乐活动？周末不上课的时候干什么呢？

答：一般都在这里（好像是一个餐厅），我在这里帮忙。

问：这算你的娱乐活动吗？除了在店里面帮忙，平时喜不喜欢看电视、看书或者是其他？

答：看书。

问：看书的话看中文书吗？

答：嗯。

问：喜欢看什么类型的中文书？

答：都是我们上课时候的书。

问：除了专业书，平时文学类的书、杂志、报纸看不看？

答：不看。

问：不看啊，只看专业书啊！平时看不看电视节目？

答：看。

问：你们宿舍有电视吗？

答：现在没有。

问：你们平时在哪儿看？

答：在宿舍用电脑看。

问：用电脑看什么？

答：看电影，有时候看中文的。

问：那大部分看中文的？还是……

答：我有时候看英文的有时候看中文的。

问：俄语的电影看不看？

答：看。

问：你觉得看哪个多一点儿？

答：俄语的多一点儿。

问：中文都看哪一类？一般看多长时间？

答：一个星期看两个小时。

问：最近看的一部电影是什么？

答：我已经忘了。

问：你最近喜欢的电影是什么？

答：就是《温州一家人》。

问：这是电影还是电视剧？

答：电视剧。

问：你了解中国的影视明星？

答：没有认识的。

问：知不知道李小龙？

答：不知道。

问：成龙呢？

答：不知道。

问：平时有没有喜欢的体育运动？

答：喜欢健身、跑步。

问：一般一个人还是和朋友？

答：一个人。

问：我们聊一下上海。你觉得上海这个地方整体形象怎么样？感觉这个城市怎么样？比如交通呀，气候呀？

答：交通乱，人特别多而且吵。

问：你是说在出行方面，中国人太多，会太吵是吧？声音特别大？

答：对。

问：你在绍兴和其他城市也是？

答：也是这样的。

问：除了这个，交通便不便利？出门方不方便？你有没有感觉想到哪个地方去但是很不方便？

答：没有这种感觉。

问：在上海吃饭怎么样？

答：我在这里吃。

问：平时都在这里吃吗？

答：是。

问：这个地方你们经常来是吧？在学校吃不吃饭？

答：如果在学校，下课在那边吃。

问：食堂的饭怎么样？

答：还可以。

问：贵不贵？

答：有一点儿贵。

问：相对这儿呢？

答：这里吃免费。

问：你现在学的本科，什么时候开始学中文的？

答：去年一开学（就学中文了）。

问：去年一开学就是 9 月份吗？你是属于预科吗？

答：就是写汉字，读课（文）。

问：现在属于工商管理，还上不上这些课？一年就没有专业课，都是汉语课？

答：对。

问：你觉得一年之内你的汉语达到了什么样的水平，现在上专业课有没有问题，能不能听懂老师讲的课？

答：有问题，老师说得很快。

问：都是中国的老师吗？

答：但是我有个课是《美国文化》，他是美国来的老师。

问：是英语课吧？

答：对。

问：一年的预科你觉得够不够？

答：不够。

问：现在假如说上课，老师讲的听不懂怎么办？

答：下课的时候跟他说一下，把上课的课件发给我，我在宿舍复习。

问：平时和中国的同学交流吗？

答：我们每个留学生都有几个中国朋友，如果有问题的话我们可以问他们，留学生办公室也会帮忙。

问：你现在上专业课，你的汉语课是不是没有了？

答：没有了。

问：你觉得现在上专业课跟不上，自己有没有在学汉语？

答：我自己学。

问：怎么学？通过什么方式学？看书还是跟中国人交流？

答：我现在有时候写汉字，用微信，常常跟中国人联系，如果微信的话他们给我发一句话，如果有不知道的句子，我就查字典，我会记住。

问：平时在外面吃饭，或者买东西，或者问路有没有问题？

答：吃饭、买东西没有问题，但是在网络上有一些问题。

问：是生字太多了吗？

答：如果我想在淘宝买东西，我不知道怎么买，然后不认识的汉字很多。

问：那你怎么办？

答：我问同学。

问：你觉得你学汉语的那一年在课堂上学得多，还是平时和中国人交流得多？哪个方式学得更多？

答：我觉得外面。上课时候就一两个小时，然后可以学，但是要去外面说，要听。上课可以学写字，但说话、听力一定要在外面。

问：你觉得社会实践增加能力？

答：对，然后你要听消息。

问：你除了在课堂上，在外面有不认识的字什么的，会拿手机查一下吗？

答：会。

问：还有没有别的方式学汉语？

答：有的，就是跟别人交流。

问：平时跟中国朋友在一块儿的机会多吗？

答：多。

问：大概什么时候？举个例子。

答：不知道。

问：上课老师让不让你们回答问题？

答：不让我们回答。

问：他上课提问不提问？

答：不提问我们，他让中国学生回答问题。

问：他从来不叫留学生回答问题吗？

答：对。

问：那，你觉得这样好吗？

答：我觉得好。

问：你觉得这样不用回答问题就轻松了是吧？

答：如果老师问我们问题，我们可以用英文回答。

问：你英文好吗？你现在英文水平高还是汉语水平高？

答：英语。

问：你的英语是在你们的国家学的吗？

答：是的。

问：那还可以，美国老师讲课你们都能听得懂？

答：对。

问：那你得加油呀，你现在在中国。除了课堂上以外，平时讲汉语的机会多不多？你现在回宿舍都是留学生吗？

答：对。

问：你们是用什么语交流？俄语吗？

答：用俄语，跟肯尼亚（学生）用英语。

问：在班里有几个肯尼亚人？

答：很多，大概 15 个。

问：就你们和他们交流的时候用英语吗？

答：用英语或者用汉语，但是跟蒙古的留学生用汉语，跟哈萨克斯坦的留学生用俄语。

问：除了这些外还有哪些场合使用汉语？除了上课用汉语，日常生活中别的场合用汉语吗？

答：在外面（也经常用汉语）。

问：比如说干什么的时候？

答：在外面跟同学用汉语。买东西吃的时候，跟师傅说。

问：你说你有中国朋友，都是用汉语，一般聊什么话题？

答：我常常问他们有没有作业，如果有作业能不能帮我做。

问：就这些吗？

答：对。

问：平时不讨论一些问题吗？就只问有没有作业，能不能帮我做一下之类的？

答：对。

问：那你使用汉语的机会很少，跟中国朋友交流很少。现在老师讲课会不会讲慢点儿？

答：会。

问：你学这个专业毕业后想留在这儿还是回自己的国家？

答：我还没确定。好像要回家。但是在这儿找到工作我就留在这儿。

问：那，你觉得这里找工作还行吗？

答：如果在这里很容易找到工作。

问：为什么呢，这边工作好找是吧？

答：对。

问：还是你们专业好找工作？

答：好像。

问：那，你对学校有没有什么建议或意见，住宿呀，吃饭方面？

答：没有。

问：对学习还满意吗，觉得能学到东西吗，比如说专业课，充实吗？

答：好像可以。

Sh002　国籍：哈萨克斯坦；性别：男

问：说到上网，你光上淘宝吗？不看别的网站吗？不听听音乐吗？

答：我看我们国家的。

问：你看你们国家的网站，中国的网站很少上，是吧？

答：我只是有时候上淘宝看东西。

问：买过吗？

答：这个是在淘宝上买的。

问：满意吗？

答：满意。

问：经常在淘宝上买东西吗？

答：就这一个。

Sh003 国籍：吉尔吉斯斯坦；性别：男

问：你是学什么专业的？

答：学土木工程。

问：几年级了？

答：大一。

问：你来中国是第二年？

答：今年是第三年。

问：就是说第三年的话，前面都是学汉语吗？

答：前面学过汉语，是在我的国家学的。

问：在家那边？

答：对，在老家大概学过两年。

问：在家学过两年？

答：因为在老家，老师们教得不是那么好。

问：你们那儿是中国人教的吗？

答：不是，没有中国人，是当地人。

问：那边是不是没有和中国人交流的机会？

答：很少。

问：我看你是第三年，现在是大一，之前是干什么？

答：学过汉语。

问：你在上海理工大学学了一年汉语？

答：我在上海学了两年汉语。

问：都是在这个学校上的吗？

答：第一年在同济大学，第二年在金融学院。

问：分别在这两个学校学了一年时间，然后你现在开始在土木工程专业上。你们这个专业一共多少人？

答：我不太清楚，很多时候别的班的过来一起上课。

问：大概几个？

答：我就知道外国人大概有 5 个。

问：加上你外国人共 6 个？

答：如果中国人的话可能四五十个。

问：你们这个班留学生只有 6 个人，他们分别来自哪些国家？

答：蒙古、哈萨克斯坦、柬埔寨、吉尔吉斯斯坦。

问：你们留学生之间平时交流的话，比如你和柬埔寨的留学生交流的话用什么语言？

答：中文。

问：不用英文，他们中文好吗？

答：很好。

问：你们之间就用中文，和哈萨克斯坦的留学生呢？

答：和哈萨克斯坦的留学生用俄语。

问：跟蒙古（的留学生）呢？

答：用中文。

问：一般都说俄语的就用俄语，不用俄语的就用汉语？

答：对。

问：你们现在就是专业课，还有没有有关汉语的课？

答：有些课老师们教我们中文，有些教英文。

问：有些课？和土木工程有联系的那些专业课？

答：都是中文。

问：上课能跟上老师的进度吗？

答：有的时候有问题，不明白可以问老师。

问：现在还需要练习汉语吗？

答：会有需要，在家里找一些不认识的汉字。

问：从哪儿找不认识的汉字？

答：随便在外面就有，就是天天在路上看到。

问：自己查一下是吧？

答：对。

问：有没有中国朋友？

答：有。

问：关系好吗？

答：还可以。

问：你们平时一起做什么？

答：我教他俄语。

问：他现在学俄语吗？

答：因为他在一个俄罗斯公司上班。

问：他俄语好吗？

答：还可以。

问：他之前学过吗？

答：没有。

问：从你这儿开始学的？

答：对。

问：你觉得他学得快不快？

答：他学俄语不是那么快，因为俄语比较难学。

问：他教你汉语吗？

答：他基本上教我中国的历史。

问：他教你历史啊？

答：他教我一些文化。

问：你喜欢中国的历史吗？中国文化呢？

答：喜欢。

问：他就是平常给你教一些中国的历史故事、文化故事，是不是？然后你教他俄语。

答：是的，就是互相帮助。

问：平时除了学习之外，两人出去玩吗？

答：没有，就见面的时候在一个餐厅讨论。

问：平时有没有什么娱乐活动呢？看电影、运动之类的？

答：下课后就来这儿帮忙。

问：平时没有什么体育运动啊，听听音乐什么的？

答：有体育锻炼。

问：锻炼在哪儿锻炼？上操场跑步吗？

答：不是，在健身房，单杠。

问：喜欢上海吗？

答：喜欢。

问：感觉适应这里的生活吗？

答：适应，生活很方便，因为交通很方便。

问：交通很方便。毕业之后有什么打算？

答：大概一两年在中国，然后就回家。

问：你们学校留学生住几人间？

答：我现在一个人住。

问：条件还可以？

答：很好的呀。

问：平时上课和中国人一起上吗？

答：我们一起上的。

问：你现在拿奖学金还是自费？

答：是奖学金，上海奖学金。

问：都包括什么？

答：就学费，然后书、住自费。

问：住一年多少？

答：一年不知道，我每个月付 1075 元。

问：生活有没有补助，吃饭住宿都是付费吗？

答：自己花钱一个月大概两三千元。

问：你觉得学校环境怎么样？

答：环境还可以。但因为附近有一些工厂，所以也不是太好。

问：有些工厂，空气不好吗？

答：对。

问：除了上海之外，去过别的城市吗？

答：去过，浙江、江苏那边，北京那边也去过。还有乌鲁木齐。

问：乌鲁木齐也去过？

答：来的时候是经过乌鲁木齐到上海的。

问：这些地方比较喜欢哪儿？

答：就上海。

问：还是喜欢上海是吧？

答：因为已经习惯了，什么都方便，有前途。

问：以后好就业，好找工作？

答：对。

问：就是说现在有没有建议或意见，对学校或者对我也行，有没有异议？有什么做得不好的地方？有需要改进的地方吗？

答：因为基本上中国人应该发展自己的教育，比如，百分之七十的人学得不是特别好，都是工人；百分之三十很聪敏，去国外，会理解其他的文化。就是要帮助那个百分之七十的人，教他们。

问：你是说中国人？

答：学生都学得很好，但是只学自己的专业，其他的什么都不知道。比如地理不知道，文科也不太清楚，不太会表达自己。

问：你现在就是发现这个问题：中国的学生，比如学你们这个土木工程的，光知道土木工程，其他的都不知道，中国历史啊、文化科学方面的东西都不知道，这个很严重是吧？

答：对。

问：你平时除了你这个专业外，还比较关心哪些？

答：我想学生意。

问：你是想学经商的。你是上网还是看书？

答：网上比较容易找到。

问：那你现在上网，是上你们国家的网站还是汉语网站？

答：随便，汉语的、英语的，就用谷歌。

问：除了这个以外，你觉得对中国还有没有要改变的？

答：比如说，每个外国人都有一个问题：我是这个国家（的），那是另一个国家，我们的文化，在我的老家是礼貌的，但是对他是不礼貌的，所以就不会理解。所以不能说你这个不对。

问：就是跨文化的，相互理解彼此的文化，不要觉得按我的来做，或者按你的来做。那你觉得和中国人交流，有这样的问题吗？

答：基本上有。现在的年轻人没问题，有些有。他们不会理解。

问：不能很好地理解文化之间的差异，这是一个问题，还有呢？你可以看看哪些项目（还有）需要改善的地方。比如上海的交通、房子呀，或者老师？

答：老师没有什么问题。

Sh004 国籍：哈萨克斯坦；性别：男

问：来中国几年了？

答：来中国差不多两年了。

问：当时为什么会来中国？

答：我以前上大学的时候打算学中文。我从小就喜欢学语言，所以我就开始学中文。

问：你们那儿学中文方便吗？

答：很方便，因为国家跟新疆很近，在我们国家有很多中国人。

问：一开始就喜欢中文，为什么喜欢中文？

答：不知道，从小时候就这样。

问：那，你觉得中文难不难？

答：我觉得不难。如果每天努力学习的话，不难。

问：那你说，你觉得你学中文的话，是原来在学校学的东西多，还是现在来中国之后学到的多？

答：在外面学的多。

问：来这里两年都是在上海待的吗？

答：没有，我在乌鲁木齐待了一年多。

问：一年在乌鲁木齐，一年在上海？

答：不是，以后回家了，回家毕业。

问：就来上海了？

答：对。

问：感觉对上海的生活适应吗？

答：可以。

问：喜欢这里吗？

答：喜欢，很发达。

问：你们平时什么时候会用到汉语？可以用到多少？

答：可以的，我觉得百分之九十。

问：百分之九十都用到汉语，你有中国朋友吗？

答：有。

问：中国朋友多不多？

答：不多，差不多五六个。

问：你们平时和中国朋友都干什么？

答：都是学习。

问：跟他们学汉语？

答：对。

问：平时交流一些什么话题？平时聊什么？

答：每天都是（聊）生活的情况。这里的中国人，我是说上海的中国人，他们都很喜欢说英语，为什么他们想认识俄罗斯人或者长得像欧洲人的人，（因为）上海人觉得他们都会说英语。

问：他们（上海人）喜欢说英语？

答：在上海会说英语是很重要的。

问：你说不说英语？

答：也可以说，有时候说。

问：除了这个，平时看不看中国的电视节目？

答：看。

问：看什么节目？

答：《中国好声音》。

问：《中国好声音》？你喜欢看那个？

答：对。

问：你觉得中国人好交往吗？

答：好交往。

问：在交往过程中，他们有没有因为自己的习惯习俗的不同产生误会的时候？

答：有。

问：比如说？

答：习惯的话我们国家的传统和中国的传统不一样，所以有时候我看到有些事会觉得奇怪。

问：比如什么？

答：比如说开车，不太好。红绿灯的时候，灯是红的但人还是会走，或者灯是黄的车也会开。

问：你觉得假如说你自己的习俗保留的话，中国的朋友会不会尊重你的习俗？

答：会。

问：你觉得中国人的习惯，比如过节、拜年、送礼那些习惯你能不能理解？

答：可以理解，慢慢理解。

问：比如说和中国人交谈，会不会学他们讲一些客气话？

答：可以的。

问：你平时多久回一次家？最近回家了没？

答：我到上海是今年3月份，夏天8月份回家，9月份回来。

问：你觉得你来中国有什么收获？感觉学到了什么？

答：我的中文提高了，独立生活，自己赚钱，学到了很多文化知识。

问：中国的文化哪方面比较感兴趣？

答：古代的历史。

问：那，你会在中国一直待下去吗？

答：不知道，很难说。

问：想回家吗？

答：肯定想。

问：你觉得在中国或者上海，你现在生活的这个圈子有没有不好的习惯，你现在还不习惯或需要改善的地方，或者建议？

答：已经都习惯了，宿舍、吃的都没有问题。

问：交通方面呢？

答：可以吧，地铁（比较方便）。

问：基本上已经习惯这里的生活了吗？

答：对。

Sh005 国籍：吉尔吉斯斯坦；性别：男

问：是第一次来中国吗？

答：不是，这是第三次来中国。

问：一共在中国待了多长时间？

答：三年。

问：三年都在上海吗？

答：山西、贵州（后面的地方没听清楚）。

问：现在是？

答：现在工作。

问：你来中国之前，自己想象的中国是什么样子的？

答：没有看法，因为在俄罗斯的大学学的汉语。

问：那现在对中国有什么看法？

答：还好。

问：你之前是哪个学校毕业的？

答：在吉尔吉斯斯坦的大学。

问：那你在生活当中，有没有什么困难？

答：钱，没有钱。

问：还有呢？

答：有的时候和中国人说话有点儿难。

问：和中国人说话是听不懂他们的话吗？

答：因为每个中国人说话都不一样。

问：你意思是普通话和方言吗？

答：有些人不说普通话所以我听不懂。

问：你平时在哪里吃饭？

答：就是这里，以前我吃过中国菜，但现在不喜欢。

问：为什么？

答：因为做得不好，好像很脏。

问：你现在有中国朋友吗？

答：有很多中国朋友。

问：和他们相处的话交流上有什么困难？

答：没有。

问：你们交流是用汉语呢，还是汉语和英语？

答：汉语和英语。

问：英语是在哪里学的？

答：在吉尔吉斯斯坦学的英语，然后来中国跟外国人说话，他们帮我提高。

问：你对中国人有什么看法？

答：我觉得中国人觉得外国人有很多钱。

问：那你们有没有钱？

答：没有，他们觉得你是外国人，你就有很多钱。

问：他们觉得你很有钱，会不会有什么做法，比如说卖东西提高价钱？

答：对，卖东西的时候把价格提高。

问：你会采取什么措施吗？

答：讨价。

问：平时没有课，或下班的时候做些什么？

答：去健身房或游泳馆，睡觉。

问：平时不看电影吗？

答：我不喜欢看电影。

问：在中国有没有遇到不开心的事？

答：有，我不知道怎么（说）。

问：比如说和中国人交流的时候遇到什么麻烦？

答：我感觉我说话是个问题。

问：那你怎么解决这个问题？

答：没有办法，现在没有特别多的时间。

问：你还去过中国哪些城市？

答：北京、大连、沈阳。

问：你觉得那些城市怎么样？

答：大连非常好。

问：比上海好吗？

答：我觉得比上海好。

Sh006 国籍：哈萨克斯坦；性别：男

问：你来中国几年了？

答：七年。

问：都是在上海待吗？

答：第一年在西安，乌鲁木齐待了一个学期，其他时间都在上海。

问：在上海待了大概五年多？

答：对。

问：在上海上的什么学校？

答：同济。

问：什么专业？

答：国际贸易。

问：那，你为什么选择来中国上学？

答：不知道。

问：你不知道你自己就来了？

答：我无所谓。

问：你对中国有没有什么印象？

答：没有印象，我知道中国是个大国家，我们的邻居，其他的就不用知道了。

问：那你现在来中国很多年了，现在有什么想法。

答：中国现在变成我的家了，中国很欢迎我。

问：然后呢？

答：没有什么。

问：学校怎么样？好不好？

答：好，非常好。

问：现在你在生活方面有什么问题？

答：没有问题。

问：你平时吃饭在哪儿？

答：有时在学校吃，也有时自己做。

问：有没有中国朋友？

答：很多。

问：你平时和他们一起做什么？

答：没有做什么，就一起吃饭，踢足球。

问：你们吃饭的时候聊些什么？

答：普通的聊，都是年轻人的问题，没有什么大问题。

问：是用汉语聊吗？

答：对。

问：你没有课的时候做什么？

答：在家里躺着，我不喜欢干别的。

问：你和朋友聊天儿的时候有没有什么问题？

答：没有问题，一点儿问题都没有，开放一点儿就行了。

Sh007 国籍：哈萨克斯坦；性别：男

问：你们学校中亚留学生大概几个？

答：1000 人左右。

问：光中亚学生 1000 多个人？哈萨克斯坦、吉尔吉斯斯坦、塔吉克斯坦？

答：对对，1000 多个。

问：就在这个学校，有这么多呀！

答：对。

问：你是什么专业？

答：我是金融学。

问：你们班有多少个人？

答：我们班大概有 50 人左右。

问：你们班所有加起来有 50 人？

答：对。

问：你们中亚留学生有几个人？

答：应该只有两个人。

问：就你和另外一个人？

答：还有一个姑娘。

问：他们所有人中有几个中国人？

答：都是留学生。全部都是。

问：全部都是留学生的话，他们都来自哪里？

答：大部分是韩国的。

问：大部分是韩国的？

答：对，韩国的，还有老挝的、越南的、泰国的，还有美国的。

问：他们之间交流用什么语言？

答：应该是汉语吧。

问：你和他们交流用什么？

答：我自己用汉语。

问：汉语是跟韩国的学生、老挝的学生交流的语言吗？

答：对，全部都是，我们用中文。

问：你来中国几年了？

答：这是我的第二年。

问：你现在是上几年级？

答：大一。

问：学了一年汉语课吗？

答：是。

问：你来上海之前去过其他城市吗？

答：苏州、杭州，我一年在南京上的。

问：你第一年是在南京上的是吧？

答：对对。

问：南京哪个学校？

答：南京师大。

问：你觉得南京和上海比，哪个城市比较好？

答：我觉得如果看[到]名胜古迹还有什么的地方，南京比较好点儿，但是上海的经济发展很快，所以现在可能大部分人喜欢上海。

问：上海经济发展快，大部分人喜欢上海是吧？

答：对，经济发展比较快。

问：你觉得生活方面哪个好？

答：生活方面肯定是上海更方便。

问：上海方便，南京不太方便吗？

答：在南京我住的地方是在郊区，所以什么都不方便，没有交通，买吃的东西，买其他东西都不方便。但是现在在上海，我很方便。

问：你现在吃饭很方便吗？吃饭在外面吃还是在学校吃？

答：我们租房子，在那里面自己做。

问：你们现在在外面自己租房子，不住学校宿舍吗？

答：我租房子。

问：你和朋友一块儿吗？你们一块儿来的？

答：对，一块儿来的。

问：你来中国之前对中国有什么印象没有？

答：还没有。

问：你为什么选择来中国？

答：因为大部分人知道中国的经济发展，然后中国的文化，中国很长时间的历史。我对中国历史感兴趣，所以选择中国。

问：你来中国感觉怎么样？

答：感觉还可以吧。

问：感觉还可以吗？

答：对，我第一次来的时候感觉太复杂了，因为我看到中国人太多，没有卫生，还有很吵，然后实在不太卫生。

问：不太卫生吗？

答：对。

问：公共场合不讲卫生吗？

答：对，吐痰、抽烟什么的，都有。

问：这在你们国家一般都没有吗？

答：我们的国家公共的地方不可以抽烟，路上不可以抽烟。

问：你是从哪个城市来的？

答：我从哈萨克斯坦的南边，但是我们现在已经习惯了。

问：现在平时生活上有没有遇到什么困难？

答：现在没有，发现有困难的话我有好多朋友，他们可以帮我。

问：你好多朋友中有没有中国朋友？

答：有，当然有。

问：有中国朋友，跟中国朋友平时都干什么？

答：一块儿吃饭，聊天儿。

问：你们一般聊什么？

答：应该是我跟他介绍我的国家，他介绍中国。

问：交流一下你们自己的国家是吧？

答：对对对，还有别的事情，随便聊。

问：你觉得在中国吃的方面方便吗？

答：不方便。

问：还是自己做是吧？

答：对，身体健康。

问：平时不在外面吃？

答：中国人已经习惯了，但是我们还是没有习惯，对我们的胃不好。你们喜欢吃辣椒。

问：你们不喜欢吃辣的？

答：对。我们不会吃辣。

问：你们出去吃饭嫌特别辣吗？

答：特别辣。

问：你们国家就不吃辣的？

答：对，我们不常吃辣的，吃的话对我们的身体不好。

问：你平时没课的时候一般都干什么？

答：踢足球，比如说今天没有课我们进行了踢足球，然后还有跟朋友交流。

问：平时跟不跟朋友去逛街？

答：有的时候可以去玩一下，去上海的城里，然后逛逛街。

问：平时看不看中文的报刊呀、书籍呀？或者，看不看电视节目？

答：我看，最近我很少看，以前看过电视剧、新闻。去年我看电视，看电视剧。

问：平时上网的话，一般上你们的网站多一点儿还是汉语的网站多一点儿？

答：应该是俄语的多一点儿。

问：如果说上汉语网站的话，看什么内容多一点儿？

答：比如说优酷，还有的时候看幽默的照片，再有就是上淘宝。

问：你上淘宝买东西吗？

答：当然买。

问：自己买吗？

答：不是自己，我的朋友帮助，自己还没有办卡。

问：平时上课的话专业课都是汉语老师讲吗？

答：对，都是汉语。

问：平时老师讲课你有什么问题吗？

答：比如说我学[了]汉语只有一年，所以比较难。老师讲的有的词我听不懂，然后去问一下老师就可以了。

问：问老师？

答：对，一般我问老师。

问：那除了有的词不懂之外，他们说话能不能懂？

答：懂，八成懂，百分之八十。

问：你们都是其他国家的同学，他们的汉语好不好？

答：他们的应该好，因为他们学了大概很多年。我们班好多都是华人，外国的汉族，他们从出生就讲汉语，还有好几个人从小学过汉语，还有的人学了五年八年。他们说得很流利。

问：你觉得需要改进一下？

答：我觉得没有了。

问：平时作业多不多？

答：有的时候不多，有的时候多，每个课的作业不一样。

问：平时考试有没有压力？

答：考试的时候？要是你学得认真，那就没有压力。

问：我现在就是问你考试的时候有没有压力？

答：我没有。

问：你觉得难不难？

答：我们是外国的，所以[那个]开卷考试，所以考试不太难。

问：都是开卷呀？

答：对对对。

问：你和中国朋友交流的时候有没有什么困难？

答：我们都听不懂他们的话，有的是讲上海话。

问：那这种时候你们怎么办？

答：我会问什么意思。

问：就是说中国学生或在外面交流的时候有没有什么问题？

答：在外面有，他们都是讲上海话。

问：假如说你过去问的话他们会不会转变（为）普通话？

答：我跟他们说请讲普通话。

问：你平时还学不学汉语？

答：还继续学，自己学。

问：自己学？通过什么方式？怎么学？

答：大部分是看电影，看中国的电影。

问：喜欢看什么类型的电影？

答：电视剧。

问：你都看过什么电视剧？

答：我以前看过，现在很少看。

问：现在很少看呀？

答：对。

问：平时看不看中文的书？

答：看，学普通话。

问：你觉得现在用汉语的机会多不多？什么时候你能用汉语，在学校，在上海，什么时候用汉语？

答：在学校里面，去办公室的时候，或者我一个人去逛街的时候，跟中国人见面的时候我会用汉语。

问：你们这个班用英语的人多不多？

答：我觉得没有，他们已经习惯了，所以完全都是讲汉语，但是有不少人会英语，有美国人，有俄罗斯人，他们会讲英语，但是他们说得很少。

问：最后一个问题，你觉得到中国，到上海来适应了吗？

答：对，这是我的第二年，已经适应了。

问：将来毕业以后会留在上海吗？

答：看情况。

Sh008 国籍：吉尔吉斯斯坦；性别：男

问：来中国几年了？

答：第四年。

问：第四年了？

答：嗯。

问：一直在上海吗？

答：两年在乌鲁木齐。

问：两年在乌鲁木齐，师大吗？

答：是。

问：我也是师大的。

答：我知道。

问：在师大学的汉语吗？哪个老师？

答：李娜。

问：在那儿上两年，光学的汉语，在这儿是本科？

答：对。

问：你本科是金融类的吗？

答：对。

问：你觉得上海和新疆比有什么不一样的？

答：就是生活水平不一样。

问：上海好呢，还是乌鲁木齐好？

答：你自己说吧。

问：你觉得呢？

答：说实话上海。

问：你在乌鲁木齐的感觉和在上海的感觉一样吗？

答：不一样。

问：有什么不一样？

答：就是上海特别大，开放，全世界的人都来。

问：在乌鲁木齐就是人少，圈子小。别的呢？

答：还有就是气候气象跟我们的一样，而上海这边就不一样。

问：你觉得哪个更好一点儿，你还是想跟自己那边一样好还是不一样好？

答：有好处也有不好（之）处，要是跟老家一样应该好。

问：这里的气候不适应吗？

答：已经适应了。

问：感觉有没有不好的？

答：就是夏天太热，还有冬天没有暖气所以冷，就是要开空调，这一点不太方便。

问：那吃饭呢？吃饭是自己做呢还是？

答：就是在食堂，还有清真的兰州拉面，有时候自己做。

问：那，你觉得是在新疆，还是在这儿吃饭方便？

答：当然是新疆！饭菜又好吃，又多，而且便宜。在这儿又贵，又少，而且味道不一定好。

问：有中国朋友吗？

答：有。

问：平时在一块儿你们都干什么？有什么活动？

答：我在乒乓球社团。

问：哦，你打乒乓球的呢，和中国学生？

答：嗯。

问：你们班［是］有多少个人？

答：大概是 20 来个人，我们几个是外国人，平时有一些课和中国人一起上。

问：这个专业有多少人？

答：20 个人。

问：加上中国人？

答：不是。

问：加上中国人呢？就你们班啊，分别来自哪些国家？

答：全世界。

问：全世界都有？比如说？

答：哈萨克斯坦的、俄罗斯的、非洲的、美洲的、东南亚的、印尼的、老挝的、泰国的、日本的、韩国的、澳大利亚的，还有美国的，就这些。

问：你们 20 个人当中有这么多国家的，那你们之间平时交流的话用什么语言？

答：汉语或者英语。

问：说汉语的机会多还是说英语的机会多？

答：汉语。

问：据你观察，他们之间的交流，比如说来自日本的和来自俄罗斯的，他们交流用什么？

答：用汉语。

问：那，什么情况会用英语呢？

答：韩国人和日本人不太会用英语。

问：那，哪些人会用英语？

答：比如说来自欧洲的和北美洲的。

问：比如说，你和美国人说话，用英语还是用汉语？

答：双语。

问：平时上课是和中国同学一块儿上吗？还是有的时候一块儿，有的时候不一块儿？

答：大部分是自己上，有些选修课那些一起上。

问：你们平时上专业课是中国老师教吗？上课能不能听懂？

答：能听懂，因为我们都是外国人，教我们的方式不一样，所以不明白的话他会给我们讲。

问：感觉来中国适应了吗？

答：已经四年了。

问：有没有什么需要的？

答：（想要）多一点儿钱。

问：现在有奖学金吗？

答：我是自费的。

问：有没有需要对学校呀、上海呀、对中国的建议呢？心里怎么想的可以说出来。

答：要是来上海财经大学的话我们学分有点儿贵，一个学分 400 块，比如说我们的高数 4 个学分，要是补考的话没通过需要重修，1600 块，不划算。

问：你经常补考吗？

答：我现在才是大二，一个都没有。

问：有人重修的话一个学分 400 块？

答：嗯，400 块。

问：那还挺多的。

问：还有呢，除了这个学分的事情还有什么问题？

答：现在不知道，没有想起来。

问：学校管理（有没有）不科学的，你觉得不科学的地方？

答：都还行。

问：都还可以吗？

答：都可以。

问：你觉得中国人怎么样？中国人的性格怎么样？好不好交流？

答：他们喜欢大声说话，还有发音的问题，有一些本地人他们的普通话不是特别标准，他们说上海话。

问：上海话听不懂是吧，假如他们说上海话，你会不会告诉他们让（他们）说普通话？

答：我说普通话。有时候在路上有人问怎么走，他用上海话。我说听不懂，请说普通话。他就改（说普通话）。

问：那还可以。除了声音大，说方言，还有吗？

答：都还行。

问：你平时和中国朋友在一块儿的话有什么问题？

答：没有什么问题。

问：那谢谢你。

答：不用。

Wh001 国籍：哈萨克斯坦；性别：男

问：来中国几年了？

答：三年了。

问：学习什么专业？

答：学习汉语。

问：来武汉前，去过什么地方？

答：去过乌鲁木齐和南京。

问：在乌鲁木齐待了多久？和武汉相比，觉得怎么样？

答：在乌鲁木齐待了十天，天气不太好。

问：在南京待了多久？

答：南京五天，比武汉好。

问：你觉得中国怎么样？

答：文化不一样。比如在中国吃快餐，感觉中国是一个特别的国家。我不知道怎么说，感觉很好。

问：来中国生活习惯吗？

答：已经习惯了。刚开始不习惯，离家很远，觉得一个人很无聊。一开始我一个人来，然后交了很多朋友，现在习惯了。

问：交了什么朋友？

答：国外的一些朋友。

问：现在有中国朋友吗？

答：现在没有中国朋友。

问：你们现在上课都是外国人？

答：是的，和中国人没有交流。

问：你们班有多少人？

答：有 30 个人。

问：来自哪些国家？

答：有哈萨克斯坦的、印尼的、越南的、苏里南（的）、非洲的。

问：你们都是学汉语的？大几？

答：是的，都是学汉语的。大二。

问：你和他们平时交流的话，用汉语交流吗？

答：用汉语交流。

问：他们之间也是用汉语交流吗？

答：是的，也是用汉语交流。

问：我刚在路上看到，你用英语打交道，怎么回事？

答：（对方只）会说俄语的，我们说俄语；（对方只）会说英语的，我们说英语；能说汉语的，我们就说汉语。

问：你一开始来不适应，除了因为自己一个人以外，还有哪些不适应？比如吃饭啊、交通啊？

答：没有了，都适应。

问：平时和中国人交流的机会多不多？

答：有时候出去买东西，交流得有点儿多。

问：买东西有没有出现什么问题？

答：也没有，对我来说，还好。

问：你们上课都是中国人？

答：是的。

问：你们上课，讲课的时候有没有听不懂的？

答：有，（听不懂的）我们会说出来，老师就会再讲一遍。

问：你们现在上课主要是什么课？

答：有文化的、历史的。

问：文化课都是哪些具体的课？

答：比如说，古代的一些东西，古时候的朝代。

问：这是历史，还有哪些关于文化的？现在都上什么课？

答：写作、阅读、听力、综合、书法。

问：你们专业到底叫什么名字？

答：就是汉语。（将来）我可以当老师，也可以当翻译。

问：平时上课学习，有问题吗？

答：整体上，中文很难，问题很大。

问：那你该怎么办呢？

答：就是加油学习，每天学习，我觉得会越来越好的。

问：平时有没有和中国人交流，谈一些话题啊？

答：这样的（情况），很少。

问：平时没有课干什么？

答：上班，当服务员。现在还没有，打算下个月做。

问：之前做过吗？

答：是的，之前在 KTV（做服务员）。他们唱歌，想吃东西什么的找我。

问：除此之外呢？

答：当过翻译，他们都是商人，我们国家的。

问：他们怎么找到你的？

答：通过我的朋友。

问：这样的机会多不多？

答：还好，不是很多。

问：平时娱乐干什么？

答：就是去外面散步。星期六去。偶尔去酒吧。

问：去酒吧是和你本国的朋友，还是你现在的同学？

答：都可以。

问：你现在和中国人沟通，有没有困难，不理解的地方？

答：有时候，在车上他们大声说话。然后，有的时候，他和我聊天儿、说话的样子，像是在骂我，声音很大。

问：除此之外呢？除了声音大之外。

答：在路上，随地吐痰。

问：你现在学习汉语的动力？

答：从小学，我就想学语言。然后在我的国家有考试，我考试通过了就来学汉语了。

问：你的国家还有别的什么语言吗？

答：有，阿拉伯语。

问：你为什么选择汉语？

答：因为我的亲戚好多选择汉语的，挺多的。

问：学了汉语之后，喜不喜欢汉语？

答：喜欢。

问：有没有不想学的时候？

答：如果我学了汉语，就选择努力学。

问：你想当翻译，还是老师？

答：都不想。我想干自己的事情。在我的国家有个餐厅，乌鲁木齐也有很多有意思的东西，我想发展到我的国家去。

问：一般什么时候会不想学习汉语，没有心情学习？

答：想家的时候。

问：你刚才说汉语语法很难，有原因吗？

答：也有。有时候学习很多，很累，很无聊。

问：你无聊会不会告诉别人？

答：不告诉，自己知道。

Wh002 国籍：土库曼斯坦；性别：女

问：来中国几年了？

答：快五年了。

问：在乌鲁木齐几年了？

答：在乌鲁木齐四年（本科四年）。

问：在这里（武汉）待了（几年）？

答：这是第一年。

问：乌鲁木齐和武汉比起来有什么差别吗？

答：就是最重要的是环境，周围的人都是汉族人，没有少数民族。还有留学生，在乌鲁木齐学习的留学生都是来自亚洲国家的，这里大部分是欧美国家的学生。

问：这样好吗？

答：这样很好呀。

问：周围都是汉族好吗？

答：当然。

问：欧美国家的留学生多一点儿的话，你们平时交流吗？

答：交流，通常用汉语交流。

问：你从乌鲁木齐来到武汉之后还适应吗？

答：适应。

问：你现在（在）汉硕专业学习，将来就打算当老师吗？

答：是。

问：回你们国家当老师还是准备在中国？

答：在中国不会当老师，当汉语老师（她想表达的意思是她没有能力在中国当汉语老师）。

问：可以当什么老师？

答：回家以后当汉语老师。

问：在孔子学院吗？

答：嗯，在孔子学院。

问：你现在来中国这么多年了，在乌鲁木齐有中国朋友吗？

答：有，有几个。

问：你是2013年过来的？

答：2010年。

问：你到武汉是2013年9月份还是2014年？

答：2014年。

问：你现在上专业课的话有没有问题？

答：有问题。

问：比如说什么问题？

答：都是专业课，认识汉字，但读出来内容不明白是什么意思。我们的课程也不是那么多，但内容很难。

问：内容很难？专业课内容很难的话，是老师讲不明白呢还是本身很难？

答：不是不是不是，我觉得是我自己的问题。

问：其他同学觉得难不难？

答：有些同学说有点儿难，有些同学说不难。

问：你们汉硕班的同学，都是来自哪些国家的学生？

答：我们班的？

问：嗯。

答：我们班只有 14 个人，分别来自不同国家，有越南的、约旦的、印度尼西亚的、塔吉克斯坦的、哈萨克斯坦的、泰国的、美国的、老挝的。

问：他们汉语好吗？

答：特别好，比我好多了。

问：会吗？都特别好吗？比如越南的、泰国的、美国的也很好吗？

答：很好，他能记得住中国人。

问：平时你们班同学之间都是用汉语交流？他们有没有用英语？

答：学校不让我们用母语、用别的语言交流，只有用汉语。

问：私下交流的时候呢？

答：也是汉语。

问：课下交流也是汉语？

答：嗯。

问：你说专业课难的话，那他们觉得难不难，你们交流的话？

答：他们说不难。

问：他们说不难？

答：有几个很难。

问：为什么呢？比如说哪些东西比较难？

答：我的朋友，塔吉克斯坦的，这个也很难，那个也很难。

问：是理解起来有问题吗？

答：是的。比如说这个，第二语言学的研究，一开始这本书不明白，一下子不会明白。要看很多次，然后就会明白是什么意思。

问：要看很多次？

答：所以老师上课的时候常常让我们自己讨论一下，是什么意思，什么内容，然后就会明白。

问：现在在武汉吃饭习惯吗？

答：嗯，习惯，但是食堂很远。

问：很远？你平时自己做饭吗？

答：不做饭，在那边，体育馆旁边有一个兰州拉面，是一个回族的饭馆。

问：经常在那儿吃？

答：嗯，经常去那边吃饭。

问：在武汉周围转过没有？都去过哪些地方？

答：今天刚刚回来。先去了北京，然后上海，然后苏州，然后就回来了。

问：去了几天？

答：一个星期。

问：你觉得这几个城市当中，哪个城市（给你的）印象最深？

答：印象最深的就是爬长城的时候印象很好。

问：爬长城的时候？

答：是的，每个城市都有自己的特色。

问：谢谢，祝你学习进步！

答：谢谢！

Wh003 国籍：乌兹别克斯坦；性别：男

问：你来武汉两年，之前有没有去过别的地方？

答：在中国吗？

问：是的。

答：去过上海、南京、苏州。

问：你去的地方都是去玩吗？

答：是的，去玩。

问：你上学的话，第一年就是来这儿？

答：第一年在上海学习。

问：在上海学习过一年中文吗？

答：对，学了一年。然后在北京、南昌学习。

问：你学的是什么专业？

答：土木工程。

问：你们班有多少人？

答：30人。

问：30人的话，有多少留学生呢？

答：1个留学生，别人都是中国人。

问：就只有你一个留学生？那老师讲课的话你能听懂吗？

答：有时候能听懂，有时候听不懂。如果老师说普通话，我能听懂。老师有时候说武汉话，我听不懂。

问：他上课会说武汉话吗？

答：对，老师是武汉人，有时候说武汉话。

问：你的老师都是武汉的吗？

答：我觉得都是武汉人。

问：那他们都说武汉话？

答：我的专业老师我觉得是（武汉人），在中文课上老师说普通话。

问：也就是中文课老师说普通话，专业课说武汉话。你来武汉这两年生活适应不适应？习惯吗？比如吃饭，气候？

答：我不喜欢武汉的饮食，因为吃的有点儿辣。有时候自己做饭，有时候吃武汉的炒面、炒饭，还有饺子。

问：这些都习惯吗？现在都吃什么？

答：会吃兰州拉面之类的。

问：武汉天气怎么样？

答：冬天的时候很冷，天很蓝，偶尔有风。夏天的时候，很闷热。

问：宿舍有没有空调？教室有没有？

答：宿舍有，教室也有。

问：你们现在专业课多不多？文化课都有什么课，关于中国的文化课？

答：中国文化、综合这种课，是必须上的。

问：有没有报刊阅读这种课？就是看报纸之类的？

答：没有，但是有时候看电影。

问：看电影的时候，下面有汉字吗？

答：先看，没听懂的再看下面的汉字。

问：现在看电影如果说有字幕的话可以看懂？

答：可以看懂。

问：你刚才看了什么电影？说一说这个故事。

答：看了武术，功夫。

问：讲的什么故事？

答：这个我忘了，是关于少林寺的。

问：好看吗？

答：好看。

问：平时你自己在宿舍或者在外面，看不看电影？

答：有时候去电影院看电影，有时候在房间看。

问：你现在学专业课最大的问题是什么？你现在觉得有没有问题？

答：考试的时候有点儿不太会答，写（汉字）比讲中文（说中文）难。

问：为什么把你分到中国学生的班而不分到留学生的班呢？

答：在我的专业没有留学生班，在我的学院只有两个留学生。

问：你觉得这样把你分到中国人的班里面好不好？

答：好，非常好，更有机会练习中文。

问：你觉得在武汉生活最大的问题是什么？

答：没有问题，有问题的话，我会打电话给我的朋友，他们会帮我。

Wh004 国籍：哈萨克斯坦；性别：女

问：你来武汉多久？

答：一个月。

问：之前在哪儿呢？

答：之前在乌鲁木齐。

问：在乌鲁木齐哪个学校？

答：在乌鲁木齐新疆师范大学，学习汉语一年。

问：现在读什么专业？

答：现在读本科，法学。

问：你现在同学多少人？

答：我不知道，大概 100 人。

问：他们都是留学生吗？

答：不是，只有 4 个留学生，我和我的朋友是哈萨克斯坦的，还有一个是乌兹别克斯坦的男生，（一个是）南非的女生。

问：专业课上，老师说话能听懂吗？

答：可以听懂。我们有 3 个专业课。

问：你觉得专业课难不难？

答：我觉得挺难的，但是我们会做笔记，老师会给我们笔记。

问：你平常和中国学生交流吗？

答：交流，有三四个女生还有一个男生（和我交流），下课的时候聊天儿，还有去（过）一个女生家里做客。

问：平时你们在一起都做什么事情？

（不知道说的什么）

问：平常都干什么？（有没有一起）出去玩？有没有一起吃饭？

答：和中国人吗？没有吃过饭，因为我们要准备 HSK，还有其他事情。

问：那你来到了武汉，和乌鲁木齐比，怎么样？

答：这里天气比较热，并且这里有很多外国人，我们在乌鲁木齐上学的时候都是说俄语的，但是这里说英语的比较多。

问：比如说你遇到了中国人，你是说汉语吗？还是说什么？

答：说汉语，也可以说英语。我们在乌鲁木齐上学的时候说俄语，因为我知道俄语，所以觉得没有意思。而在这里，可以说英语，我觉得挺有意思的。

问：你觉得来武汉适应吗？习不习惯？

答：习惯了。

问：你觉得在武汉，有没有什么问题？

答：没有什么问题。

问：你现在还上不上关于中国文化的课？

答：上呢。课程就叫"中国文化"。

问：一般讲的都是什么东西？

答：很多，中国历史、孔子，还有你们的京剧脸谱（不知道怎么表达）。

问：你们等会儿要上什么课？

答：综合课，第四节。我已经通过了 HSK 四级，但是还需要准备（其他的考试）。

问：你觉得这个学校对你来说，有没有需要改进的地方？可以提些建议和意见。

答：没有，没有不好的地方。如果我有困难，我可以去办公室，老师可以帮我。

问：好的，那你去上课吧。谢谢你。

Wh005 国籍：塔吉克斯坦；性别：男

问：你来（华中）师大多久了？

答：一年，这是（我来的）第二年。

问：你之前在中国其他城市待过吗？

答：是的。

问：在哪儿？

答：在北京。

问：你之前上的什么？

答：之前上的中文。

问：专业是汉语吗？

答：专业是金融学。但是现在还在学习中文（还没有学习金融专业）。

问：来中国前对中国有什么印象吗？你是怎么了解中国的？

答：因为中国是一个很厉害的国家，也是我们的邻居。

问：你觉得是很厉害的国家？哪方面厉害呢？

答：什么都厉害。

问：你是怎么了解中国的呢？是看电影还是电视新闻？

答：看电影。

问：看什么电影呢？

答：李小龙。喜欢李小龙。

问：现在对中国有什么印象？来了之后，你的真实感受是什么？你想一想，来到中国两年的生活学习（有什么印象）？

答：我不知道，因为现在我的脑子在别的地方。

问：你有事情吗？

答：没有，脑子在那边（精力不集中）。

问：可以说说对学校的印象，对武汉的印象。

答：很多好吃的，很多饭菜。

问：喜欢这里的饭菜吗？一开始来的时候就喜欢吗？

答：是的。

问：在北京呢？北京和武汉（的饭菜）一样吗？

答：不一样，武汉的更辣。

问：你喜欢吃辣吗？

答：不喜欢吃辣。

问：除了这些，其他的你感觉怎么样？比如天气？

答：挺好的，比较湿润。

问：你觉得湿润好吗？

答：挺好的。

问：你现在学习的全部都是预科班，（学）中文吗？

答：是的。

问：你觉得老师讲得怎么样？我刚才也听课了。

答：（我觉得）都讲得很好。刚才的口语课一星期两次。

问：除了口语课还有什么课？

答：阅读、听力、写作。

问：你觉得刚才上的口语课有没有什么问题？

答：没有问题。可是我们的水平不是那么高，我们的水平不一样。

问：你觉得自己的水平怎么样？

答：我的水平一点点（不太好）。

问：那，你在平常的生活中会使用汉语吗？

答：会使用。

问：你平时课下的时候都是和谁在一起？

答：跟中国人吧，（参加了）一些社团。

问：什么社团？

答：截拳道社团（口语不标准，说了好多遍）。

问：就是李小龙截拳道社团？你现在会吗？

答：是的，会一点儿。

问：你们有教练吗？

答：没有，是学生自发的，跟他们的会长在一起。

问：会长是学生吗？中国人？会截拳道吗？

答：是中国学生，他会截拳道，他是黑带（有点儿不耐烦）。

问：你觉得和中国人交流有问题吗？

答：没有什么问题。

问：你觉得中国人对留学生态度怎么样？

答：好奇，很好奇。比如说他们很想知道外国人的生活怎么样。

问：这样你觉得好吗？

答：没什么关系。

问：你觉得他们为什么会问你这些？

答：当然因为他们好奇。

问：你对中国人好奇吗？

答：当然也好奇。

问：你平时学习汉语的话（在哪儿？）在宿舍学不学？

答：在图书馆学习，和中国学生在一块儿（学习）。我和他们一起吃饭，然后去图书馆。

问：你和中国学生交流还比较密切呢。

答：是的。

问：除此之外，你学习汉语有没有什么困难？

答：没有什么困难，除了生词以外。

问：考试有没有什么问题？

答：有，但是可以自己努力，可以做完。

问：你觉得在这儿学习和在北京学习有什么不一样？

答：都一样，但是（这里中国）学生的英语水平比北京差，北京的中国学生的英语水平很高。

问：在北京的话中国学生和你们说英语吗？

答：说英语，因为当时我的汉语水平不高。

问：你现在跟你们班里印度、印尼的学生用什么交流？

答：用汉语交流。

问：你觉得是在课堂上学到的东西多，还是和中国朋友在一块儿学习的（知识）多？

答：从老师那儿学得多。

问：你最喜欢哪一位老师？

答：你不认识他们。

问：你说一下，是年长的还是年轻的？男的（老师）还是女的（老师）？

答：我觉得我们的老师水平都很高。

问：那总有喜欢的呀？

答：我可以告诉你，但是你不认识，你怎么知道（再次不耐烦）。

问：你来中国这两年，你都适应吗？

答：差不多。

问：还有其他的问题吗？

答：有一点儿问题，我经常看到中国老年人倒着走（动作表演），是为什么？

问：他们是在锻炼身体。

答：那他们倒着走也是锻炼身体？为什么年轻人不这么做？

问：是的。因为老年人注重身体，对颈椎比较好，是从中医的角度说。而年轻人不太注重身体，所以老年人经常这样做（倒着走）。

问：你自己在武汉生活有什么问题吗？有没有什么不明白的或者说学校要改进的地方？

答：没有问题。如果有，我会问中国同学和老师。

问：如果你之后学金融学，会去哪儿学习？

答：在湖南大学，明年去。

问：是拿奖学金吗？吃饭住宿都有奖学金吗？还是只有学费？

答：是全额奖学金。

问：好的，那谢谢你啊。

答：不客气（笑）。

Wh006 国籍：哈萨克斯坦；性别：女

问：你是哪国人？

答：（我）来自哈萨克斯坦。说简单的（问题），好吗？

问：我们的访谈，只是为了了解你在中国的适应情况。

答：好。

问：你来中国多久了？

答：来三年了。

问：来（中国）之前，你对中国的印象怎么样？

答：中国和哈萨克斯坦有很好的关系。

问：什么关系？

答：商业关系。

问：在哈萨克斯坦，中国人多吗？

答：不多，但是有，我不知道。

问：你怎么了解中国？

答：我的父母告诉我的。

问：你觉得中国好吗？

答：好，还可以。

问：你觉得有没有不好的地方？

答；没有。

问：比如你吃饭、上课有什么问题？

答：啊，吃饭，中国菜很辣。我不吃辣。

问：那你怎么办？

答：有的时候自己做饭，有的时候在不辣的地方吃。

问：自己做饭方便吗？

答：方便。

问：除了吃饭，还有没有别的地方（不好的）？比如天气、交通什么的？

答：天气很多变化，今天忽冷忽热，昨天有点儿冷。

问：冬天、夏天能不能接受？

答：冬天很冷，但是不下雪。夏天很热，很热很热。

问：可以适应（天气）吗？

答：冬天还可以，但是夏天很难适应。

问：那你怎么办？

答：我能怎么办呢？冬天我又不回国。但夏天时候我一定回家。

问：你觉得冬天太冷、夏天太热会不会影响你的学习？

答：没有没有，不会影响我的学习。

问：你在华中师范大学有自己的朋友吗？

答：有啊。

问：他们是你的同学还是朋友？

答：不是同学，是朋友。

问：你们怎么认识的？

答：在图书馆学习认识的，学习英语。

问：你也（在图书馆）学习英语吗？

答：不是，我是学习汉语。

问：你是（华中师范大学的）哪个学院的？

答：我不知道。

问：上课的话，你们一般多少人一起上课？多少人？

答：20多人上课，都是留学生，没有中国人。

问：他们都是来自哪些国家？

答：有土耳其、巴哈马、土库曼斯坦、印度、印尼。

问：他们的汉语好吗？

答：他们的汉语很好。

问：为什么你觉得他们（汉语）好？

答：因为他们是我的同学。

问：汉语好（只是）因为（你们）是同学吗？

答：不是，是真的好。

问：你平时和中国学生一起都干什么？

答：一起去吃饭，他们知道我不吃辣椒，所以我们吃不辣的（饭）。

问：你们通常什么时候一起吃饭？

答：周末去，一起去玩。

问：去哪儿玩？

答：去黄鹤楼玩。

问：在哪儿？怎么去？好玩儿吗？

答：不知道在哪儿，坐地铁去。很好玩儿，很漂亮。

问：因为我们刚来武汉，我们也没去过黄鹤楼，那是个楼吗？

答：你们可以去，上面是个楼，可以上去。

问：在上面可以干什么呢？

答：可以看武汉的全景。

问：你觉得武汉怎么样？

答：还可以，挺好。（我觉得）漂亮的有北京和上海，但（武汉）也很漂亮。

问：你还去过其他城市没有？

答：没有。

问：你来中国三年了，为什么不去其他城市？

答：不知道。

问：你们放假平常去哪儿？

答：工作，在这儿工作。

问：现在有工作吗？

答：不是现在，是放假的时候做兼职。

问：放假的时候做兼职？做什么兼职？

答：去做服务员。

问：觉得汉语难吗？

答：难，觉得很难。因为我们是高级的，所以越来越难。

问：你平时学习的话，老师上课习惯吗？

答：习惯。

问：平时没有课，你干什么？

答：和朋友一起去吃饭、逛街，在外面聊天儿。

问：除了逛街吃饭，有没有别的爱好？

答：有，跳舞。

问：在中国有没有不开心的地方？比如有没有矛盾啊？

答：没有，这个没有。

问：什么时候会不开心？

答：有时候想家，在宿舍里就一个人，有时候和朋友吵架，也会不开心。

问：你和中国朋友交流有没有困难？

答：有，有不懂的。我听不懂时我会说"再说一遍，我没听懂"。他们会用英语（再说一遍）。

问：你觉得中国人说话奇怪吗？

答：奇怪，有的时候太快。我会（对他们）说，慢慢说吧。慢慢说，我可以听懂。

问：你觉得中国人对你们留学生是什么态度？怎么看留学生？

答：他们（中国人）有的（觉得）很奇怪，有的人很快习惯和留学生交流。

问：有些人会觉得很奇怪吗？

答：有，中国人有不喜欢（留学生）的，也有怕（留学生）的。

问：你觉得学习汉语难吗？除了汉字还有什么困难吗？

答：我觉得口语也难。也有难的汉字写不出来。

问：你觉得在武汉适应吗？习惯吗？

答：已经习惯了，这是我的第二个家。

问：你有没有放假在家时间长了，有想回来（回中国）的感觉？

答：有，我在家里待一个月，我想就回来。

问：为什么想回来？

答：因为我在家一个月后就会无聊，我想在武汉的朋友。

问：然后，到武汉以后又开始想家了，对吗？

答：是的，是的。

问：你现在，[想]对学校、武汉、中国有没有什么建议？（觉得有没有）不好的地方，哪些需要改进？

答：不知道，还没有。

问：那你现在开心吗？

答：开心。

问：你还有什么想要说的吗？

答：没有啦。

问：那谢谢你。

答：不用谢。

Wh007 国籍：土库曼斯坦；性别：男

问：你是哪个国家来的？

答：土库曼斯坦。

问：你来中国几年了？

答：一个月多。

问：之前学过汉语吗？

答：没有。

问：你现在学的什么专业？

答：学的中文。

问：为什么要选择武汉？

答：因为武汉比上海（花费）便宜点儿，我的哥哥在这儿。

问：你哥哥在这儿？你哥哥在这儿上学吗？

答：上学，他大四，学计算机。

问：你来中国一个多月，对中国感觉怎么样？

答：还可以。

问：有没有不好的地方？

答：不好的地方？没有，都非常好。但是我没有习惯吃的东西。

问：吃得不好吗？

答：不是不好，是没有习惯。

问：哪些方面啊？

答：是因为和我们国家有差别。

问：你在哪儿吃饭？

答：学校有很多外国人的餐厅，我们在那儿吃饭。

问：还有别的不适应吗？学习呢？

答：学习还好，学习不难。

（哥哥在叫他，离开了）

Wh008 国籍：吉尔吉斯斯坦；性别：男

问：你来自哪个国家？

答：我是吉尔吉斯人，比什凯克。

问：你来武汉多久？

答：两个月。

问：之前在哪儿学的汉语？

答：没有学过汉语。

问：你在国内的时候，为什么来中国留学？

答：（用英语回答）因为中国很大，经济比较发达。

问：你来这儿，对中国的印象？

答：中国人很好，很热情，是很安全的国家。

问：在你的国家安全吗？

答：还可以。

问：你现在学习什么专业？

答：今年学习汉语，明年学习经济。

问：还是在华中师范大学吗？

答：不是，在湘潭师范大学。

问：你来中国，衣食住行等方面有没有不喜欢的地方？

答：不知道，都可以。

问：这儿吃饭怎么样？

答：有点儿辣。

问：你现在学习怎么样？有没有压力？

答：没有压力，老师很好。我喜欢老师。我喜欢学习汉语。

问：为什么喜欢学习汉语？

答：因为汉语很有趣。

问：你觉得汉语好听吗？

答：汉语好听。

问：平常看电视吗？

答：不看电视，因为我的电视机坏了。

问：你平时没有课的时候干什么？

答：这个楼里有很多中国人，我们和他们一起练习汉语，他们跟我们学习英语。

问：他们是学生还是老师？

答：学生。

问：你和他们交流有困难吗？

答：没有困难，因为他们的英语很好，我可以说英语。用英语明白（彼此说的话）。

问：来武汉有没有去别的地方？

答：1月我去了上海和北京，去旅行。

问：觉得那两个城市怎么样？

答：我非常喜欢上海，很漂亮。

问：北京不漂亮吗？

答：漂亮。

问：你去了北京哪些地方？

答：我去了长城、天安门、颐和园。天安门的里面有一个城市（很多宫殿），很大。天安门的前面有故宫。

问：到上海去哪里了？

答：浦东和南京路。

问：上海有什么好看的吗？

答：有东方明珠。

问：你来中国，喜欢中国吗？

答：喜欢。

问：你来中国，想不想家？

答：想家。

问：你一个人去的北京、上海吗？还是（和其他人一起）？

答：不是我一个人，我的爷爷奶奶也来了。

问：他们喜欢中国吗？

答：不喜欢中国。因为中国人太多了。

问：他们还去了哪里？

答：去了广州。

问：喜欢吗？

答：不喜欢。因为广州很热。

问：听得懂广东人说话吗？

答：当时我还不会说汉语。

Wh009 国籍：塔吉克斯坦；性别：女

问：你好！来中国几年了？

答：在中国第一年。

问：[在]之前学过汉语吗？

答：在我的国家学过一年。

问：没来中国之前，你对中国的印象是什么？

答：我觉得我很喜欢中国，中国经济进步很快，我很喜欢中国的建筑。

问：你觉得中国的建筑有特色吗？

答：我觉得很特别。

问：你说古代的建筑还是现代的建筑？

答：现代和古代。

问：你们国家的现代建筑和中国不一样吗？

答：很不一样。

问：你来中国之后对中国感觉怎么样？

答：还不知道，还没习惯。

问：不熟悉还是不习惯？吃饭习惯吗？哪些方面不习惯？

答：不习惯，我不喜欢辣的，我不喜欢油腻。

问：你平时吃饭在哪儿吃？

答：在饭馆吃。

问：他们做得不好吃怎么办？

答：我总是选择不辣的吃，但我觉得一点儿都不好吃。

问：在武汉你有没有吃过好吃的饭？

答：我想我能习惯。

问：在武汉出行方便吗？

答：去公园、博物馆、很大的超市都知道，有很多车，很多人，还没有习惯。

问：你觉得你能习惯吗？

答：不习惯，在我们国家车很少。

问：你觉得你的学校怎么样？

答：学校很好。

问：哪方面很好？比如住得满意吗？

答：满意。

问：冬天冷不冷？

答：不冷。

问：夏天热不热？

答：很热。

问：你学的什么专业？

答：旅游管理。明年打算去海口，去海南大学学专业。

问：现在你只是学汉语，去海南学专业。

问：你去过海南吗？

答：没有。

问：那地方更热，我的大学就是在海南上的，在那里待了四年。

答：我希望能习惯。

问：你现在在这儿有中国朋友吗？

答：不多，因为我的口语不太好。

问：其实你的口语已经可以了，可以交朋友，其实做朋友不需要太多的口语。

问：你平时生活中遇到困难怎么办？如果有什么事情自己解决不了你怎么办？你去问谁？

答：同学们或者老师。

问：你在这儿朋友多吗？你在这儿的朋友是你们国家的还是自己班里的？

答：是班里的，别的国家的。

问：你现在汉语学习有问题吗？

答：很有问题，汉语很难。

问：老师讲课能听懂吗？

答：能听懂，现在不太难。

问：会不会有时候不想学汉语了。

答：我想学，汉语很有意思，喜欢汉字。

问：汉字很漂亮吗？

答：不太漂亮。

问：你觉得现在汉语进步大吗？

答：不大。

问：你觉得来中国三个月进步大吗？

答：不太大。

问：说真心话你喜欢中国吗？

答：喜欢。

问：以后如果有机会，想不想留在中国？

答：想。

问：要在这里工作吗？

答：做跟专业有关系的工作。

问：谢谢你。

答：不客气。

Wh010 国籍：塔吉克斯坦；性别：女

问：你叫什么名字？

答：幸月。

问：这个名字有什么意思？

答：我不知道。

问：来中国几年了？

答：这是第三年。我在新疆大学学了两年。

问：你来中国之前，到新疆之前对中国有什么印象吗？

答：高中的时候，我来中国旅游一个月，我很喜欢中国，因为我去过4个城市——西安、兰州、郑州、新疆。我看到了很多的高楼大厦，因为在我们的城市没有。

问：喜欢中国人吗？

答：喜欢。因为中国人看到我们都会说："呀，你好，欢迎光临。"然后，他们热情地和我聊天儿，问我从哪儿来的。从那天起，我就想来中国学习。

问：你现在有中国朋友吗？

答：有啊，很多。

问：你们平时都[是]干什么？

答：我们平时交流，我们介绍我们的国家，我们一起吃饭，一边吃一边聊天儿。我们经常互相帮助，他们教我汉语，或者我教他们俄语和英语。

问：你和武汉当地人有交流吗？

答：有啊。

问：出门买菜的时候能听懂吗？

答：有一点儿听不懂，他们说的话不是普通话，是武汉话。所以听不懂。他们说话速度很快，听不懂。

问：你觉得在武汉，出去方便吗？

答：还可以。

问：交通很方便？

答：是的，因为在新疆的时候没有地铁，有 BRT（快速公交系统）。武汉有地铁，很快，但是人特别多，地铁里的人很多，但是夏天地铁里有空调，还不错。

问：吃饭习惯吗？

答：习惯了。

问：乌鲁木齐和武汉，你觉得哪个城市好？

答：肯定乌鲁木齐好，因为在新疆吃饭和我的国家一样，清真食品多。

问：你觉得学习（在）哪个地方好？

答：都好，但是在新疆因为和我们的国家很像，所以我们都是说国家的语言还有俄语，很少说汉语。为了学汉语，我们跑这么远的地方。

问：所以你觉得这里好。

答：对啊，在新疆只有上课的时候说汉语，在这里都可以说汉语。我有很多其他国家的朋友，因为我不会说他们的语言，所以我们用汉语说话。

问：老师上课，新疆和武汉有不一样的地方吗？

答：新疆的老师很严格，我们每次都有小考试，这里的老师不管我们，比如里面有 40 个生词，他们都不管我们学没学会，只解释意思。比如我的作业，这里的老师不检查，不管我是否记住，也不检查我的生词，他只管我写没写。

问：（相对比）哪里好一点儿？

答：（武汉的老师）他们讲语法，比新疆好一点儿。

问：你觉得是老师的原因，还是学校不一样的原因？

答：老师的原因。我们刚来的时候，我们班有 40 个学生，有一个老师讲得不太好，他解释了，我还是不明白，后来我们班的学生分开了，又来了一个老师，他用简单的词语解释生词语法，所以我明白了。

问：那老师讲课用英语讲吗？

答：不用英语，用汉语讲课。比如很难的生词，他会用英语。

问：你觉得是在乌鲁木齐学汉语快，还是在这儿学习快？

答：在这儿学习快。

问：除了上课的原因，还有什么原因？

答：还有课下。因为在新疆我们出去玩的时候，都是用俄语，买东西也是。但是在这儿，每次都用汉语，我们去图书馆都要用汉语，我们买东西也用汉语。但是在新疆可以用俄语、用维吾尔语，可以用的语言很多。所以在这儿比较好。

问：你觉得现在上课有压力吗？

答：压力不太大，因为我们的班比其他班上课少，现在初级班的学生从早上到晚上都有课，可是我们只有早上或者下午（有课）。有一天我们上午有课，有一天我们下午有课。

问：对你来说，有没有不喜欢上的课？

答：当然有，阅读课。我喜欢看书，可是看课文，会发现很多生词有点儿困难，心里感觉很失败。

问：那你可以查字典记下。

答：是的，可以。但是为了看课文需要（用）很长时间去查字典。

问：不想去上课怎么办？

答：我们必须要上课，因为我们是奖学金学生。

问：你最喜欢什么课？

答：综合课。

问：综合课讲什么？

答：讲语法、生词、读课文等。

问：口语课喜欢吗？

答：喜欢。但是口语课对我来说有点儿难，因为我的声调不太好，老师每次都会让我重新（说）。老师就说："你还是努力吧，你的汉语还要加油。"但是我们上课很开心，我们喜欢口语老师。

问：别的老师严肃吗？

答：如果你努力学习，认真学习，认真做作业，他们对这样的学生好；如果你老是旷课，老师就不太喜欢这样的学生。

问：你喜欢什么（样的）老师？

答：所有的（老师）。因为我们经常去玩，今天运动会我们要去吃饭。老师说："上课的时候我是你们的老师，下课是你们的朋友。如果你们有什么问题和困难，可以给我打电话。"我非常感动。因为在新疆的时候，我们通过了 HSK 五级，很开心，刚来这儿的时候，我说自己有（通过）HSK 五级。我跟中国人聊天儿的时候，我对他们说（话）好了很多，他们说："你说什么，我听不懂。"他们说："你要注意自己的声调，你的声调不太好。"

问：你在新疆没发现这一点吗？

答：发现了，但是不知道怎么改。

问：你平时有什么爱好吗？

答：有，我喜欢踢足球。但是在这里只有男生踢足球。我没去，因为他们比女孩儿野蛮。女孩儿的力量太弱小。

问：你觉得在中国开心吗？

答：开心。自由，很自由。

问：在你的国家不自由吗？

答：在我的国家，家里人就会管，我的妈妈就会说你要学习，不能去玩。在中国可以有很多朋友，很多国家的朋友。

问：在中国你交的都是哪个地方的朋友？

答：印尼的、印度的。

问：你们班那个男生是哪儿的？

答：印度的。他挺开朗的。还有巴西的朋友。

问：男生还是女生？

答：男生。

问：你们是怎么认识的？

答：坐地铁的时候，他问我从哪儿来的，就开始聊天儿，然后认识了。比如，我有印尼的朋友，他有很多其他国家（的）朋友，就认识了。

问：你觉得你留学生朋友多还是（中国学生朋友多）？

答：留学生朋友多。因为学院里留学生多。中国学生他们很忙，他们都有课，一打电话他们都说在学习，在做作业，要睡觉，周末再见面吧。我就说好好好。

问：你觉得，中国学生这样好不好？

答：不好，因为这样，他们压力很大。因为我知道你们中国人很多，竞争很大（意思是"激烈"），必须努力找工作，要不然就是乞丐。

问：你毕业之后回家吗？还是……

答：我还没想这个问题。我当然想在我的国家工作，可是我的国家的情况，找到好工作很难。在中国，外国人机会比较多。因为我知道三四种语言，比较好（意思是"有优势"）。

问：你可以在中国找工作啊，现在交通也很发达。

答：比如说我在中国找工作，可以留下来，可是不太长。我想去北京、上海、广州。

问：你现在在武汉有没有家的感觉。

答：没有。

问：如果回家，会不会想学校？

答：会的，因为在这儿，我已经习惯了，有好多朋友，我们的关系也近了。

问：你觉得现在中国或者学校，有没有不好的地方？

答：就是教室里和洗手间有点儿脏，每次都很臭。洗手间没有卫生纸。每次很难冲。

问：你觉得武汉这个城市怎么样？

答：城市还可以，但是天气不好。

问：哪方面呢？

答：因为，夏天很热。（夏天）出去的时候会出汗，很不方便。

问：夏天的时候用化妆品吗？

答：当然，夏天的时候出汗（妆）都花了。真的心情不好。可是冬天也很冷。

问：来中国最大的收获是什么？

答：提高了汉语水平。有点儿进步。

问：除了汉语方面，还有吗？

答：交到了很多朋友，各个国家的文化、习惯等都已经了解。

问：你喜欢中国的风俗习惯吗？

答：喜欢。

问：你在中国经历过中国节日吗？

答：经历过，我喜欢春节。

问：为什么？你在中国过春节了吗？

答：没有过。可是我听说春节是最大的节日。

问：还有没有想说的？

答：谢谢你们。

问：我是新疆师大的，欢迎你去新疆，你去过师大吗？

答：去过，我那儿有朋友，留学生朋友。

问：谢谢你。

答：也谢谢你。

Wh011 国籍：哈萨克斯坦；性别：女

问：你来中国多久了？

答：两个月了。

问：你汉语很好，只学了两个月吗？

答：不是，在自己的国家学了四年，本科生。

问：你现在什么专业，硕士吗？

答：是的，硕士。现在在学语言。

问：你来武汉还适应吗？

答：当然，适应。刚来的时候还不太熟悉。现在慢慢地已经习惯了。

问：在武汉有什么不同？

答：吃的东西太辣。

问：你平时自己做饭吗？

答：我们自己做饭，忙的话在外面。但是尽量自己做饭。

问：现在学习忙不忙？

答：还可以，不太忙。

问：现在你们班有多少人？

答：32 个人。

问：都是哪些地方的？

答：很多，有哈萨克斯坦的、吉尔吉斯斯坦的、泰国的、韩国的、越南的。

问：他们跟你一样也上硕士吗？

答：有的是本科生，有的是硕士生，不一样。

问：你们关系好吗？

答：很好。现在我们开始慢慢联系。

问：你现在跟谁联系比较多？

答：和外国留学生，因为刚来还没有找到朋友，因为（意思是"所以"）我的朋友是外国人。和朋友吃饭、去餐厅买东西。

问：中国人的习惯适应吗？有没有不喜欢的地方？

答：不喜欢的地方？有啊！说实话，吃的方面，他们什么都吃，这点我觉得不太好。我听说中国人什么都吃，除了飞机（不吃），所以这样不好。我在这里，早上看到很多学生一边走路，一边吃饭，也不好。比如在我们的国家，就是早上和家人一起吃饭，上班。中午再自己吃饭。他们这样一边走一边吃饭，不太好。

问：你觉得他们为什么要这样吃饭？

答：节约时间，因为他们可能是很忙。但这是他们的事情。还有，说话不太好。他们说武汉话、说普通话、说方言。比方说有的人说标准的普通话，就可以听懂，不标准的就听不懂。大部分人说方言，不标准。

问：你生活上有没有困难？

答：我想每天和中国人说汉语。跟外国人说汉语和跟中国人说汉语不一样，跟中国人说汉语，他们会指出你的错误，跟外国人说他们不会。

问：你现在还没有认识太多的朋友？

答：是的，刚来还不太熟悉。

问：你平时有没有参加什么社团活动啊？

答：还没有，还没了解。

问：就是现在你想找一个中国人（学习汉语），你想怎么找啊？

答：可以去图书馆，在那儿学习。但是现在找人学习应该会有条件吧，很少有人想学俄语的，很多人想学英语。

问：除了学习方面，生活有没有困难？

答：没有困难，都适应了。我觉得中国政府对留学生的条件做得很好。奖学金也可以，住的方面也很方便。下课以后也可以自己学，也可以出去玩。

问：现在你是全额奖学金？

答：是的，全额奖学金。

问：还有没有什么想说的？想对中国、对武汉、对学校，意见有没有啊？或者中国有些现象不好的？

答：我觉得对留学生要严格，比如说在宿舍里不可以随时进去。

问：你们平常在房子里吵不吵？

答：吵，但是我们会说，这样不好。管理应该严格。

问：你觉得上课要严格吗？

答：要严格。因为拿着中国的奖学金应该要好好学习。自费生也要严格要求自己。因为你代表的是自己的国家，不是你自己，比如我是哈萨克斯坦人，我代表的是哈萨克斯坦。要严格要求自己。

问：你觉得来中国最大的收获是什么？得到了什么？最开心的？

答：在这里你可以认识很多外国人，在这里可以了解很多习俗，知道自己的错误，不要这样做。

问：你在这里有不对的地方吗？

答：有，我觉得这是对的，但是人家以为是错的。我就会改正。

问：比如说？

答：这个，我不说。

问：你觉得是对的，而中国人做得不对的地方，有没有？

答：我说的是外国人，因为现在和中国人还不算太了解。但是很羡慕中国人的学习，很羡慕。有很大的图书馆。

问：可以留下你的电话吗？

答：可以。

问：你叫什么名字？

答：中文名字，星星。

问：谢谢你。

答：不用谢。

Wh012 国籍：乌兹别克斯坦；性别：男

问：你是来自哪个国家（的）？

答：乌兹别克斯坦。

问：来中国多久了？

答：两个月。

问：你之前在国内学过汉语吗？

答：我在乌兹别克斯坦学过五个月。

问：现在专业还是汉语吗？

答：专业是商业。

问：现在上商业课吗？

答：不上。

问：对武汉习惯吗？

答：习惯。

问：有没有不好的地方？

答：汉字不好。

问：我是说中国有没有不好的地方。

答：好，都喜欢。

问：喜欢中国什么？

答：我喜欢中国的饭。

问：现在学汉语难不难。

答：难，汉字很难。

问：口语难不难？

答：不难。

问：和你在国内学习有没有不一样的地方？

答：有不一样的（地方）。

问：你来到中国想回家吗？

答：想回家。

问：为什么？为什么想要回家？

答：因为这里的天气还不太适应，不习惯。

问：你觉得中国好吗？

答：一般。

问：你四年都在这儿吗？

答：在这儿两年以后，我要去广州。

问：你现在在这里学习两年，然后去广州，在那里学习吗？

答：我想在这里学明白汉语，然后去那儿。

问：那你想留在这里，还是去别的地方？

答：可能会回去，比如家乡。

问：是奖学金生还是自费生？

答：自费生。

问：怎么支付的？每年多少钱？

答：每年 2700 美元。

问：是包括所有花费吗？

答：是的。

问：在这里学习怎么样？

答：很好。

问：成绩怎么样？

答：一般般。

问：这里的家庭作业多吗？

答：嗯，很多。

问：为什么会选择汉语？

答：因为我的哥哥在这儿学习。

问：你觉得汉语难还是容易？

答：有点儿难。

问：你觉得最难的是什么？

答：是汉字。

问：你现在在这儿已经两个月了，明白汉语了，平常在外面用汉语交流吗？

答：是的。

问：课外空闲的时间你会干什么？学习汉语吗？

答：会去图书馆，不在房间（宿舍）里。

问：什么时候去图书馆？待多长时间？

答：大约 3 点的时候，下午三四点的时候。

问：有很多外国学生在图书馆学习汉语吗？

答：是的，很多。有哈萨克斯坦的、塔吉克斯坦的，等等。

问：你们平常会一起学习吗，和你的外国朋友？

答：是的。

问：你还有什么想要说的吗？

答：没有了。

Wh013 国籍：哈萨克斯坦；性别：男

问：你来中国几年了？

答：三年了。

问：你是哪儿的？

答：我是哈萨克斯坦的。

问：你们本科学什么专业？

答：汉语。

问：这几年都是在武汉待着吗？

答：不是，在重庆待了一年，然后换学校。

问：为什么换学校？

答：因为我换专业，我想学另外的专业，他们说武汉有这个专业，所以就来了。

问：你觉得重庆和武汉有什么不同？

答：其实没有什么不同。

问：你在中国适应吗？

答：适应了。

问：有没有中国朋友？

答：有。

问：平时都干什么？

答：这边有体育学院，我那边有很多中国朋友，运动员。

问：你现在学习有压力吗？

答：现在有毕业的压力，要写论文。

问：你毕业论文题目想好了吗？

答：想好了。《俄汉谚语中植物对比翻译》。

问：你现在就是查文献，不用做调查？

答：对，查文献。不过老师说我们也可以做调查，但是很难，不好做。

问：你们现在没有课了？

答：现在很少。

问：现在有困难吗？

答：也没有什么困难，就是毕业有压力。

问：心里面有压力。你来中国最大的收获是什么？

答：和我的国家不一样，但是我已经习惯了。来中国有很多朋友，然后学习了汉语，提高了我的英语水平。

问：毕业会回国吗？

答：现在还不确定，读研还是找工作还没想好。

问：在这儿读研吗？

答：不一定在这儿读研。可以（去）别的城市。

问：想去哪里？有没有想去的地方？

答：广州比较好。

问：去过那里吗？喜欢吗？为什么？

答：去过广州，喜欢那里，因为那里有很多机会，工厂什么的。

问：你打算做翻译方面（的工作）吗？

答：还没确定。

问：你现在是偏向于考研究生还是想工作？自己更想哪个？

答：我觉得最好还是读研，因为我现在还小，想趁年轻读书。

问：你觉得，学习汉语有用吗？

答：肯定有用。

问：平时看不看中文书籍？

答：看。

问：你平时学翻译的话，不需要看中文的论文吗？现在看论文有没有大问题？

答：要看汉语论文，没有什么大问题。

问：如果以后在中国工作，想不想呢？

答：看情况，会的。

问：假如，以后你回国了，会不会想回来？

答：想。

问：你有没有什么想表达的？

答：一切都很正常，但是这里的天气不太好，夏天太热，冬天没有雪，但是太冷。

问：你身边的朋友如果想来中国上学，你有没有推荐他们来中国？

答：会给他们说好的和不好的地方，让他们自己选择。

问：你怎么告诉朋友中国不好的地方？

答：比如说，你想找和中国有关的工作，你就来中国上学。如果你就是想来中国玩玩，没有意思。

问：你现在在中国开心吗？

答：开心，算是很开心。

问：谢谢你。

答：没关系。

Wh014 国籍：塔吉克斯坦；性别：男

问：你来中国多久啦？

答：一年多。

问：那你汉语说得挺好的。

答：还好。

问：你是在自己国家学习过汉语吗？

答：学习过一年。在塔吉克斯坦国立民族大学。

问：你们国立民族大学是开的这个专业吗？

答：是有这个专业。

问：喜欢汉语吗？

答：喜欢，如果不喜欢，我怎么可能学汉语呢？

问：为什么喜欢学习汉语？

答：因为我的国家和中国的关系很好。所以我想当翻译。

问：你平时有没有当过翻译？

答：还没有。

问：你当翻译是想回国还是在这儿？

答：现在还不确定，以后的事情，以后再说。

问：在这儿生活习惯吗？

答：已经习惯了。

问：你觉得在这儿开心吗？

答：很开心，每年都会有朋友过来，也会有朋友去其他的城市，这样我们就可以去其他的城市。会去很多地方，认识很多人。

问：你觉得在这儿学习汉语怎么样？学习的东西多不多？

答：很好，学到的东西还可以。

Wh015 国籍：哈萨克斯坦；性别：男

问：你来中国几年啦？

答：我来武汉四年了。

问：你来中国，第一个城市就是武汉吗？

答：以前在乌鲁木齐学习过，在乌鲁木齐学习过四年。

问：你来中国八年了？

答：大概是这样。

问：你在乌鲁木齐上的什么？

答：在乌鲁木齐一个学校，一个小学上学。

问：你在乌鲁木齐小学上学？

答：是的，我在乌鲁木齐上小学，然后学了中文以后，回去我的国家，在我的国家毕业，在这里上大学。

问：你是在乌鲁木齐读小学，然后回国高中毕业之后来到中国。今年大几了？

答：大四了，要毕业了。

问：你这个经历很有意思。你学什么专业？

答：我现在在武汉学习工商管理。

问：你们班有多少人？

答：现在我的班大约有20个人。我现在和中国人一起上专业课。

问：除了中国人之外，还有其他留学生吗？

答：我们专业，大四的只有两个留学生。

问：他是什么国家（的）？

答：具体哪一个，我忘了。

问：你现在（上）汉语课有没有问题？

答：没有问题。

问：平时阅读、写作有没有困难？

答：有些很难，不懂得，也不会。

问：你为什么来中国上小学？你们家本来是中国人吗？

答：是的，我爸妈是中国人，他们是哈萨克族，移民到了哈萨克斯坦。

问：他们都会说汉语吗？

答：会说，但是不是很好，也可以算不会说吧，（会说）一点点。

问：他们主要想让你学中文？

答：是的，他们想让我学中文。

问：那工作呢？也想让你在这里吗？

答：想让我本科毕业，读研究生。

问：还是这个学校吗？还是在别的学校？

答：可能是中国，也可能是别的国家，我想去别的国家看一下，了解一下别的文化。

问：你开始来武汉，有没有不适应的地方？

答：我觉得，这里的饮食有点儿不习惯。比如说这里的人喜欢吃米饭，喜欢吃辣的，这些有点儿不习惯，但是现在习惯了。

问：现在都在哪儿吃饭？

答：现在我们一般在学校食堂里吃饭，或者在学校餐厅里吃饭。

问：除了饮食还有什么吗？比如天气，夏天有点儿热？

答：天气还可以，夏天虽然热，已经习惯了。

问：在武汉出门，交通方便吗？

答：这里交通很不好，很乱。

问：哪方面不好？

答：比如说过人行道，在我的国家过人行道的时候，车会停下，然后人再走。这里，随便，他们很随便。比如说车很多，人很多，交通拥挤，很不方便。

问：除了交通这些方面外，你觉得规划怎么样？比如说地铁啊、公交什么的。

答：我觉得这些都没有问题。比如说，去别的地方，坐地铁很方便。

问：除了这些，生活上有没有不喜欢？

答：还好，我还好，都可以。都已经习惯了。

问：你现在专业课有没有压力？

答：刚来的时候，有点儿不习惯。这里的老师上课说话很快，课间有的老师用武汉话，这个有点儿不习惯。

问：你第一年来武汉的时候，就用汉语上课吗？

答：是的，用汉语上课。

问：第一年来武汉的时候，汉语好吗？

答：不是很好。那时候我说得比较慢，需要想一想再说出来，现在好多了。

问：你现在听武汉话能听懂吗？

答：听不懂。

问：中国的方言很多，你知不知道？

答：我知道，我知道。

问：你都听过什么方言？

答：我听过武汉话、北京话、广东话，我去过广州，那时候听广东话完全听不懂。

问：上海去过吗？那儿的话能不能听得懂？

答：去过上海，我没有听过上海话，都是用普通话。

问：上课的时候，语言方面有没有什么问题？比如作业、讲课的方式等。

答：这些没有，比如老师讲课的时候听不懂，老师就可以用英文解释。他们会给我们英文的资料，让我们看一下。

问：你的英文还不错吗？

答：我觉得我的汉语比较好。因为有其他学生英语比较好，所以给英文材料。

问：你和你们班中国朋友相处如何？

答：很好。每次上课我们都交流聊天儿，每次活动还通知我们（留学生），我们会参加。

问：课下的时候经常在一起吗？

答：会在一起吃饭、聊天儿，但是不经常在一起。

问：你觉得现在对中国的感情如何？是（对）自己的国家感情深，还是（对）中国的感情深？

答：当然是（对）我自己的国家感情深一点儿。但是中国也不错。

问：你爸妈经常回来吗？比如看亲戚。

答：是的，经常回来。乌鲁木齐有亲戚。他们经常来看亲戚，我有时候也去。

问：你来中国有没有什么问题？

答：有，当然有问题。比如我们来的时候，不会说中文，大概第一年对我来说比较困难，我自己常常跟学生一起聊天儿，老师也帮助我。第二年开始就比较好，越来越好。

问：你来大学前，没有上中文课？

答：对，没有。直接上的专业课。

问：你将来想干什么？

答：有很多想法。比如在这里能得到研究生奖学金，也可以来这边学习。有适合的工作，也会继续留下。

问：你觉得现在中国，或者武汉大学，有没有需要改进的地方？比如吃饭、上课等。

答：吃饭没有什么问题。但是上课，他们对留学生负责任（方面），不太好。

问：哪一方面？

答：比如说，我们需要什么东西。对留学生管理，不太负责任。比如我们去问东西，他们态度不太好。我上课的时候。

问：这是普遍的现象？都是这样的吗？

答：我不知道别人怎么样？但是我是这样。比如办签证等。我们问的话，他会告诉我们，但是都是我们自己做。比如说，我们刚来这儿选课的时候，我们不知道怎么选，也不知道怎么问，他们都不管。

问：你们没有班主任吗？

答：没有。

问：通知事情呢？

答：都是我自己去问，我会去问班长。管理方面不好。

问：在上课方面，有没有问题？

答：上课都很好，老师对我们很好。

问：你们宿舍管理如何？

答：不太好。比如，我8月二十几号来了，我两天都没有找到房间，我想住两个人的房间，他（宿舍管理员）不让住，说是奖学金生住的，让我自己去问。我就等了两天，才来了办公室的人，我才住了两个人的房间。

问：其他的还有吗？

答：其他的还好。这是我的朋友，你也可以问，他的汉语不太好。

Wh016 国籍：哈萨克斯坦；性别：男

问：你来中国几年了？

答：两年了。

问：你是学什么专业的？

答：学汉语的。

问：现在是本科二年级吗？

答：大四了，因为在自己国家学过汉语。

问：你觉得中国怎么样？

答：挺好的。在我们国家，中国人很好。我现在学了太极拳，对中国的影视感兴趣，挺好的。

问：你们班现在多少人？

答：20多个人。

问：他们都是来自哪些国家？

答：各个国家的人都有，哈萨克斯坦的和越南的学生，大部分是（意思是"比较多"）。

问：你们平时都是用汉语交流吗？

答：是的。

问：他们的汉语好吗？

答：他们当中汉语最好的是越南的（学生）。

问：为什么？

答：不知道。我觉得他们学汉语，可能更容易。越南语和中文相差不多。

问：你现在学汉语有什么问题？

答：有很多问题。比如一个字很多意思，同义词。不理解。

问：哪些东西会影响你学汉语？不想学汉语的时候有没有？

答：可能有，但是很少。在外面和朋友吃饭，和中国人（当地的武汉人）交流，他们根本不明白什么意思。我感觉自己汉语很差，没有自信。

问：听不懂，怎么办？你会不会再重新说一遍？

答：我可能说两三次，再听不懂就不说了。

问：你举个例子，比如买东西、问路。

答：一下子想不起来了，我觉得是文化上的东西。

问：你觉得文化，中国的文化和你们那儿的文化有什么差异？

答：宗教。

问：宗教肯定不同，除了宗教外，比如人的想法、价值观念有何不同？比如你觉得中国人有礼貌，还是你们国家人更有礼貌？

答：中国人也很有礼貌。但是中国人不爱干净。

问：你觉得他们为什么不讲卫生？

答：我觉得是文化的问题。可能对他们来说不是很大的问题。比如吃饭，没有洗手，不穿干净的衣服。

问：在学汉语方面，你有没有想对老师、学院提意见，怎么学得更好些？

答：我不知道。

问：你觉得学汉语，怎么学得更快？

答：多和中国人交流，多聊天儿，就好些。

问：你有中国朋友吗？

答：有中国朋友，经常聊天儿。

问：你平时聊天儿，（是彼此）交流想法啊，还是问关于学校的事情？

答：我可能会问他学习的问题，学习汉语的问题比较多，好看的电影是什么啊。

问：你平常喜欢看什么电影？

答：《中国合伙人》。

问：看不看英语电影？

答：有时候也看。

问：好的，谢谢你。

附录二 中亚来华留学生跨文化适应
调查问卷（中文版）

亲爱的留学生朋友：

您好，我是新疆师范大学的研究者，目前在做关于中亚来华留学生跨文化适应的研究。本调查问卷想了解您在中国的学习和生活适应情况，您的信息对我的研究有巨大的价值，而且您填写的信息只用作科学研究，请不要担心您的个人信息泄露，请放心填写。

第一部分 个人信息

1. 您的国籍：（　　　　）

   A. 哈萨克斯坦　　　　B. 塔吉克斯坦

   C. 吉尔吉斯斯坦　　　D. 土库曼斯坦

   E. 乌兹别克斯坦

2. 您的民族：（　　　　）

3. 您的性别：（　　　　）

   A. 男　　　B. 女

4. 您的年龄：（　　　　）

   A. 17 岁以下　　B. 18～23 岁　　　C. 24～29 岁　　　D. 30～35 岁

   E. 36 岁以上

5. 您来中国多长时间了？（　　　　）

   A. 1～6 个月　　B. 7～12 个月　　C. 13～18 个月　　D. 19～24 个月

   E. 24 个月以上

6. 您来这个城市多长时间了？（　　　　）

   A. 1～6 个月　　B. 7～12 个月　　C. 13～18 个月　　D. 19～24 个月

   E. 24 个月以上

7. 您在中国学习的学历层次是（　　　　），所学专业＿＿＿＿＿＿

　　A. 短期生　　　　B. 进修生　　　　C. 交流生　　　　D. 本科

　　E. 硕士研究生　　F. 博士研究生

8. 您的汉语水平考试（HSK）等级：（　　　　　）

　　A. 一级　　　　　B. 二级　　　　　C. 三级　　　　　D. 四级

　　E. 五级　　　　　F. 六级

9. 您和中国人用汉语交流的情况：（　　　　　）

　　A. 可以自由交流　　　　　　　B. 可以进行一般交流

　　C. 交流时有困难　　　　　　　D. 完全不能交流

10. 您来中国之前有没有去过其他国家生活的经历？（　　　　　）

　　A. 从来没有

　　B. 去过，我去过＿＿＿＿，目的是＿＿＿＿逗留了多久＿＿＿＿

11. 你来中国之前对中国的了解是通过哪些途径（可多选）？（　　　　）

　　A. 我在这里有朋友或者亲戚　　B. 我从新闻媒体中了解中国

　　C. 我从网络中了解中国　　　　D. 我从中国影视媒体中了解中国

　　E. 来中国之前对这个国家一点儿也不了解

　　F. 其他途径＿＿＿＿＿＿＿＿＿＿＿

第二部分　留学动机调查

1. 您选择来中国留学的原因（可多选）：（　　　　　）

A. 中国的经济对我有吸引力

B. 中国的学习条件对我有吸引力

C. 中国的文化对我有吸引力

D. 中国自然环境对我有吸引力

E. 这所大学很知名

F. 这所大学所在的这座城市对我有吸引力

G. 这所大学的奖学金比较丰厚

H. 这所大学的学费比较低

I. 亲友建议我到中国学习

J. 来中国留学是为了以后的工作

K. 来中国留学想留下来做生意

L. 其他原因_____

第三部分　社会适应调查

根据您在中国这段时间的生活学习情况在句子右边的数字上画钩（√）

（1＝完全不同意；2＝比较不同意；3＝一般；4＝比较同意；5＝完全

同意）

表 1　社会适应调查表

类别	序号	项目	1	2	3	4	5
住宿条件	1	各种设施很齐全，能满足我的需要					
	2	宿舍管理人性化，很方便					
	3	环境卫生很干净，垃圾有人及时清理					
	4	宿舍人员分配合理，不拥挤					
	5	大部分时间很安静，能很好地休息					
城市交通	1	中国交通太拥挤，经常堵车					
	2	公交车、火车、地铁上人很多，很拥挤					
	3	中国公交车司机服务态度不好，经常大喊大叫					
	4	这个城市的人们遵守交通规则意识淡薄，闯红灯的很多					
	5	这里的道路规划让人迷惑					
气候条件	1	我觉得这里的空气质量很差					
	2	我觉得这里雨水太多					
	3	我觉得这里天气变幻无常					
	4	我觉得这个城市夏天太热					
	5	我觉得这个城市冬天太冷					
饮食习惯	1	中国食物种类齐全，能满足我的需要					
	2	中国的食物、饭菜很便宜					
	3	中国食物做法多样，很美味					
	4	中国的食物能保证食品安全					
生活习惯	1	我可以按照自己的习惯生活					
	2	我可以自由选择自己喜欢的服装					
	3	学校能满足我的体育运动					
公德意识	1	中国人不讲公共卫生，乱扔垃圾，随地吐痰					
	2	中国人不遵守交通规则，闯红灯					

续表

类别	序号	项目	1	2	3	4	5
公德意识	3	中国有很多人在公共场合抽烟					
	4	中国人在公共场合大声说话					
	5	公交车上中国人不给老人让座					
校园生活	1	我会参加中国传统节日晚会（春节、元宵、中秋等）					
	2	我会参加学校举办的各种比赛（演讲比赛、书法绘画等）					
	3	我会参加各种体育活动（篮球赛、足球赛、运动会等）					
	4	我从来不参加中国校园的活动					

第四部分　学习适应调查

根据您在中国这段时间的生活学习情况在句子右边的数字上画钩（√）

（1＝完全不同意；2＝比较不同意；3＝一般；4＝比较同意；5＝完全同意）

表2　学习适应调查表

类别	序号	项目	1	2	3	4	5
学习环境	1	学校的教室干净整洁，设备齐全					
	2	学校的图书馆环境幽雅、图书种类齐全					
	3	学校绿化面积大，环境优美					
	4	学校的布局合理，不拥挤					
	5	学校的学习气氛浓厚					
讲课方式	1	老师讲课方式灵活多样，课堂气氛很活跃					
	2	老师教学态度认真负责					
	3	老师上课时会随时和我们进行沟通					
	4	老师讲课会对我们的文化差异解释					
管理制度	1	学校的管理很严格，有时候无法适应					
	2	学校的管理很松懈，我们很自由					
	3	学校的管理简直是变态，不适应					
	4	学校管理很人性化，能满足我们的学习需要					
专业课	1	专业课太多，压力大					
	2	专业课内容设置合理，能满足我对专业的学习					
	3	专业课老师能很好地引导我们学习					
	4	专业课内容有趣，我非常喜欢上					

续表

类别	序号	项目	1	2	3	4	5
文化课	1	文化课程设置得太多，无法专一					
	2	文化课内容丰富，让我更了解中国传统文化					
	3	文化课上课形式很有趣，我很喜欢上文化课					
	4	我觉得文化课没有必要开设					
汉语学习	1	我在汉语课堂上努力学习和使用汉语					
	2	我在多种场合下使用学到的汉语					
	3	我经常和老师同学进行交流来学习汉语					
	4	我经常去中国学生的课堂上听课学习汉语					
	5	我通过阅读中文书籍、报纸、杂志等学习汉语					
	6	我经常观看汉语电视电影节目学习汉语					
压力来源	1	课堂学习不能适应课堂气氛					
	2	我很担心期末考试不能通过					
	3	HSK 很让我头疼					
	4	我跟不上老师的讲课进度					
	5	我学习上没有压力，能很轻松地应对					

第五部分　跨文化交际调查

根据您在中国这段时间的生活学习情况在句子右边的数字上画钩（√）

（1＝完全不同意；2＝比较不同意；3＝一般；4＝比较同意；5＝完全同意）

表3　跨文化交际调查表

类别	序号	项目	1	2	3	4	5
交际困难	1	我不能清楚地表达自己的想法，不能被人理解					
	2	我很难理解中国人的幽默或者笑话					
	3	不能理解中国人非言语的交流方式比如肢体语言					
	4	经常不能够区分中国人交际中的委婉语和真实情感					
	5	汉语课上不能清楚地理解汉语老师讲授的内容					
交际风格	1	我认为中国人比较冷漠，不会主动跟人打招呼					
	2	我认为中国人说话太含蓄，让人搞不懂要表达的意思					
	3	我认为我交的中国朋友和我太过亲密，让我很不适应					
	4	中国人交谈过程中常常保持沉默，搞不懂					

续表

类别	序号	项目	1	2	3	4	5
交际风格	5	我认为中国人很热情，很容易交往					
	6	我认为中国人对留学生有民族歧视和偏见					
价值观	1	中国人价值观跟我差别很大，有时不理解周围发生的事					
	2	当地人的交际方式很难让人理解					
	3	我觉得这里的风俗习惯比较奇怪					
	4	我认为自己民族的行为模式和价值观是最好的					
	5	我很少或尽量不跟中国人打交道					

第六部分　跨文化心理适应调查

根据您在中国这段时间的生活学习情况在句子右边的数字上画钩（√）（1＝完全不同意；2＝比较不同意；3＝一般；4＝比较同意；5＝完全同意）

表4　跨文化心理适应调查表

类别	序号	项目	1	2	3	4	5
适应阶段	1	中国的生活习惯、文化底蕴等新鲜事物让我感到新奇					
	2	这里的文化差异、人际交往困难让我感到失望和孤独					
	3	逐渐适应这里的生活和学习，对中国的文化和社会产生兴趣					
	4	我已经适应这里的生活和学习，有了相对固定的交际圈					
兴趣	1	中国人的生活方式让我很感兴趣					
	2	中国多彩的文化生活让我很感兴趣					
	3	中国建筑风格让我很感兴趣					
	4	中国的饮食文化让我很感兴趣					
孤独感的原因	1	我在这里人际关系处理不好，找不到能谈心的朋友					
	2	当地人不理解自己，对自己有种族偏见					
	3	无法和中国人进行交流，不能理解他人表达的意思					
	4	文化冲击带来的异类感，感觉被孤立					
	5	生活缺乏明确的奋斗目标，没有成就感					
	6	我经常思念家乡和家人、朋友					
	7	在这里单调的学习生活很枯燥					

类别	序号	项目	1	2	3	4	5
适应	1	我在这里交到了中国朋友					
	2	我适应了这里的生活方式					
	3	我适应了在这里的学习方式					
	4	我能和中国人进行正常的交谈了					

第七部分　补充问题

1. 如果你心情不愉快的时候，一般通过什么样的方式解决？（　　　）

    A. 我会打电话给家人倾诉　　　B. 我会跟自己的朋友倾诉

    C. 我会去做我喜欢的事情排遣　D. 我什么也不做，慢慢就好了

    E. 向班主任老师倾诉　　　　　F. 其他_____

2. 如果你遇到自己无法解决的困难，你会向谁求助？（　　　）

    A. 打电话给家人　　　　　　　B. 请留学生朋友帮忙

    C. 请中国朋友帮忙　　　　　　D. 我不会说出来，自己承受

    E. 向中国老师求助　　　　　　F. 其他_____

3. 如果平时生活上遇到金钱方面的困难，你会（　　　）

    A. 向家里要钱　　　　　　　　B. 向留学生同学借钱

    C. 向中国朋友借钱　　　　　　D. 自己做兼职克服困难

    E. 向中国老师借　　　　　　　F. 其他_____

4. 来中国留学给您带来下面哪些收获（可多选）？（　　　）

    A. 汉语水平得到了提高

    B. 体验到了中国文化，丰富了自己的阅历

    C. 交到了很多中国朋友

    D. 学到了很多有用的专业知识

    E. 学术研究水平得到了很大的提高

    F. 社会实践能力得到了很大的提高

    G. 我没有什么收获

5. 综合本次问卷所问到的问题，你觉得在中国的留学生活适应吗？
（　　）

    A. 各方面都非常顺利地适应了

    B. 有困难但是都能克服，已经差不多适应了

    C. 还是有些不适应这里的生活

    D. 非常不适应

为了更好地帮助留学生适应在中国的学习和生活，无论是在生活上，还是学习上的问题,你有什么建议或者意见都可以提出：＿＿＿＿＿＿＿

＿＿＿＿＿＿＿＿＿＿＿＿＿＿＿＿＿＿＿＿＿＿＿＿＿＿＿＿＿＿＿＿＿＿＿＿

＿＿＿＿＿＿＿＿

再次感谢您抽出宝贵的时间进行认真的填写，您的资料对我的研究至关重要，对此感激不尽。

附录三 中亚来华留学生跨文化适应
调查问卷（俄文版）

Дорогие студенты:

Здравствуйте, меня зовут ＿＿＿＿＿＿, студент Синьцзянского П
едагогического Университета，на данный момент я занимаюсь изучени
ем вопроса адаптации студентов приехавших учиться в Китай из сре
дней Азии. В данном опросном листе, мы хотели бы изучить, с каки
ми трудностями сталкиваются наши студенты приехавшие учиться в
Китай. Данная информация очень важна для нас, и она будет исполь
зоваться только для написания моей дипломной работы. Мы вам гара
нтируем конфиденциальность, можете не волноваться, чтоинформация
попадет в чужие руки.

I. IЧасть. Личныеданные

1. Откуда вы приехали:

   A. Казахстан   B. Таджикистан

   C. Кыргызстан   D. Туркменистан

   E. Узбекистан

2. Кто вы по национальности: ＿＿＿＿＿＿

3. Пол:

   A. Муж   B.Жен

4. Ваш возраст:

   A. 17 иниже   B. 18-23   C. 24-29   D. 30-35

   E. 36 и выше

5. СкольковыужевКитае?

   A. 1-6 месяцев   B. 7-12 месяцев   C. 13-18 месяцев

D. 19-24 месяцев　　　E. 24 более месяцев

6. Сколько вы уже находитесь в этом городе?

　　A. 1-6 месяцев　　　　B. 7-12 месяцев　　　　C. 13-18 месяцев

　　D. 19-24 месяцев　　　E. 24 более месяцев

7. Уровень образования в Китае (　　　) Специальность_____

　　A. краткосрочные курсы　　　B. повышение квалификации

　　C. Обмен студентов　　　　　D. Бакалавр

　　E. Аспирантура　　　　　　　F. Докторантура

8. Знание китайского языка (HSK): _____

　　A. Первый уровень　　　　　B. Второй уровень

　　C. Третий уровень　　　　　D. Четвертый уровень

　　E. Пятыйуровень　　　　　　F. Шестой уровень

9. На каком уровне вы общаетесь с носителями языка (Китайцами)?

　　A. Могу свободно общаться

　　B. Понимаю но немогу выразиться

　　C. Трудно общаться

　　D. Вообще не понимаю

10. Был ли у вас опыт проживания в других странах до того как приехали в Китай?

　　A. Вообще не было

　　B. Был, место_____, цель пребывания_____ провел_____

11. По каким и сточникам вы былии нформированы о Китае до приезда

　　A. У меня здесь есть родственники и друзья

　　B. Через СМИ

　　C. Через интернет

　　D. Через фильмы Китая

　　E. До приезда я ничего не знал о Китае

　　F. Другими путями_____

II. Часть.Мотив к обучению за границей

1. Причина, по которой вы приехали учиться в Китай（Можно в ыбрать несколько пунктов）_____

A. Меня привлекает быстро развивающаяся экономика Китая

B. Мне привлекли условия обучения в Китае

C. Меня очень привлекает культура Китая

D. Меня очень привлекает природа Китая

E. Этот университет очень знаменитый

F. Город в котором находится этот университет очень меня пр ивлекает

G. В этом университете очень хорошая стипендия

H. Контрактз а учебу в этом университе теочень низкий

I. Мне друзья и родственники посоветовали учиться в Китае

J. Я приехал в Китай изучать китайский язык чтобы в дальне йшем остаться вКитае работать

K. Я приехал в Китай изучать китайский язык чтобы в дальн ейшем я мог заняться торговлей

L. Другая причина_____

III. Часть. Социальная адаптация

Заполните таблицу согласно вашему опыту пребывания и учебы в Китае (Ставьте галочку)

（1= категорически не согласен 2=сравнительно не согласен 3=но рмально 4=сравнительно согласен 5=полностью согласен）

		Содержание	1	2	3	4	5
Условия проживания	1	Есть весь необходимый инвентарь, удовлетворяет моитребования					
	2	Система управления гуманная, очень хорошо					
	3	Везде очень чисто, вовремя проводят уборку					
	4	Грамотно распределены места в общежитиях, в ко мнатах не тесно					
	5	Здесь очень спокойно, можно спокойно отдохнуть					

		Содержание	1	2	3	4	5
Городской транспорт	1	В Китае транспорт очень загружен, постоянно пробки					
	2	В поездах, метро, общественном транспорте много люд ей, постоянно тесно					
	3	Манера обслуживания водителей в общественных транс портах плохая, они часто кричат					
	4	Жители этого города не соблюдают правила дорожного движения, часто переходят дорогу на красный свет					
	5	Дороги здесь очень запутанные, вводят людей взаблуж дение					
Климатические условия	1	Мне кажется, что в этом городе очень грязный воздух					
	2	Мне кажется, что в этомгороде очень дождливо					
	3	Мне кажется, что вэтомгороде погода очень изменчива я (непостоянная)					
	4	Мне кажется, что летом в этом городе очень жарко					
	5	Мне кажется, что зима в этомгороде очень холодная					
Кулинарные обычаи	1	Ассортимент китайской кухниогромный, может удовлет ворить мои потребности					
	2	Продукты в Китае очень дешевые					
	3	Способы приготовления в китайской кухне разнообразн ые, очень вкусно					
	4	Китайские продукты безопасные (Гарантия безопасност и пищевых продуктов)					
Условияпроживания	1	Я могу жить, также как и жил, раньше (не надо менят ь привычки)					
	2	Ямогу свободно одевать то, что мне нравится					
	3	Универсйтет может удовлетворить мои спортивные инт ересы					
Общественноесознание	1	Китайцы не соблюдают общественную гигиену, везде м усорят, плюют, где попало					
	2	В Китае не соблюдают правила дорожного движе ния, часто переходят дорогу на красный свет					
	3	В Китае много людей курят в общественных местах					
	4	Китайцы очень громко разговаривают в общественных местах					
	5	В общественных транспортах Китая не уступают место пожилым людям					

		Содержание	1	2	3	4	5
Жизньвуниверситете	1	Я могу участвовать в вечерах посвященных традицион ным праздникам Китая（Праздник весны, китайский Но вый год, праздник фонарей, праздник серединыосениит. д.）					
	2	Я участвую в разных мероприятиях организованнымуни верситетом（Ораторское искусство、каллиграфияит.д.）					
	3	Я участвую в разных спортивных мероприятиях（Сорев нования по баскетболу, футболу, а также универсиада и т.д.）					
	4	Я вообще не участвую в мероприятиях организованны м университетом					

IV. Часть. Адаптациякусловиямобучения

Заполните таблицу согласно вашему опыту пребывания и учебы в Китае (Ставьте галочку)

（1= категорически не согласен 2=сравнительно не согласен 3=нор мально 4=сравнительно согласен 5=полностью согласен）

		Содержание	1	2	3	4	5
Учебная среда	1	В аудиториях чисто, есть все необходимые инвент ари					
	2	Хорошая библиотека, можно найти все необходим ые книги					
	3	В университете есть парки и места для отдыха,оч ень красивая природа					
	4	Расположениек ампусов университета очень разум ное, очень удобно					
	5	В университете очень хорошая учебная атмосфера					
Мето дпреподавания учителей	1	Преподаватель очень интересно преподает, на пара х студенты очень активны					
	2	Преподаватель добросовестно готовится к каждому уроку, очень ответственно относится к своей раб оте					
	3	Преподаватель постоянно общается с нами на пар ах					
	4	Преподаватель во время урока объясняет нам о на ши хкультурных различиях					

续表

		Содержание	1	2	3	4	5
Система управления	1	Система управления в университете очень строгая, иногда становится не выносимым					
	2	Система управления в университете очень слабая, мы можем делать все что хотим					
	3	Система управления в университете не стабильная, не привычно					
	4	Система управления в университете очень гуманная, удовлетворяет все наши требования					
Спец. предметы	1	Спец. Предметов много, нагрузка очень большая					
	2	Содержание уроков по спец.предметам соответствует моей профессии, удовлетворяет мои профессиональные потребности					
	3	Преподаватель по спец.предметам очень интересно рассказывает, может завлечь нас всех в учебу					
	4	Спец. уроки очень интересны, мне очень нравится					
Уроки культуры	1	Слишком много предметов по культуре, невозможно сосредоточится					
	2	У предмето впо культуре очень богатое содержание, я многое узнал о культуре Китая					
	3	Метод преподавания предметов по культуре очень интересный, мне очень нравится ходить на эти уроки					
	4	Мне кажется, предметы по культуре не обязательны					
Обучение китайскому языку	1	Я очень старательно учусь на уроках китайского языкаи часто говорю на китайском языке					
	2	Я во многих местах использую свои знания по китайскому языку					
	3	Я очень часто общаюсь с преподавателям и иодногруппниками, чтобы развить свой китайский язык					
	4	Я часто хожу слушать уроки китайских студентов, чтобы как можно лучше освоить китайский язык					
	5	Я читаю книжки, газеты, журналы на китайском языке, чтобы поднять уровень знания китайского языка					
	6	Я часто смотрю телевизионные передачи на китайскомязыке, чтобы поднять свой уровень китайского языка					
	7	Я ощутил, что мой уровень знания китайского языка поднялся после приезда в Китай					

续表

		Содержание	1	2	3	4	5
Трудности	1	Не могу свыкнуться са тмосферой обучения					
	2	Я очень волнуюсь, что не смогу сдать экзаменыв концесеместра					
	3	HSK–это моя головная боль					
	4	Я не успеваю за скоростью преподавания учителя					
	5	У меня нет никаких трудностей с учебой, мне оч ень легко					

V. Часть.Межкультурнаякоммуникация

Заполните таблицу согласно вашему опыту пребывания и учебы в Китае (Ставьте галочку)

（ 1= категорически не согласен 2=сравнительно не согласен 3=нормально 4=сравнительно согласен 5=полностьюсогласен）

		Содержание	1	2	3	4	5
Трудности в межкультурном общении	1	Я не могу свободно выразить свою мысль, меня непонимают					
	2	Я сложно воспринимаю шутки китайцев, не понимаюих приколы					
	3	Не понимаю жесты и движения китайцев (язык тела)					
	4	В общении с китайцами часто не различаю их настоящие чувства, они иносказательны (деликатны)					
	5	На уроках не полностью понимаю, что преподает преподаватель					
Стиль общения	1	Мне кажется, что китайцы равнодушные, не умеютпе рвыми здороваться					
	2	Мне кажется, что китайцы иносказательны, не поймешь, что онихотят сказать					
	3	Мне кажется, что моидрузья китайцы слишком близки со мной, мне не привычно					
	4	Китайцы в беседе в основном молчат, не понимаюпо чему					
	5	Мне кажется, что китайцы очень радушные, с нимио чень легко общаться					
	6	Я думаю, что китайцы предвзято относятся к иностранным студентам, иногда заметны элементы национальной дискриминации					

		Содержание	1	2	3	4	5
Ценности	1	У нас разные ценности, иногда я не понимаю, что вокруг происходит					
	2	У местного населения необычный способ самовыражения, их труднопонять					
	3	Мне кажется странным их обычаии н равы					
	4	Я считаю, что модель поведения и ценности моей национальности самыеоптимальные					
	5	Я очень редко общаюсь с китайцами, стараюсь избегать					

VI. ЧастьМежкультурнаяадаптация

Заполните таблицу согласно вашему опыту пребывания и учебы в Китае (Ставьте галочку)

（1= категорически не согласен 2=сравнительно не согласен 3=нормально 4=сравнительно согласен 5=полностью согласен）

		Содержание	1	2	3	4	5
Этап адаптации	1	Привычкикитайцев, культура и многое другое удивляют меня, все это для меня новое					
	2	Различия в культуре, трудности в общении разочаровывают меня, и мне становится одиноко					
	3	Потихоньку привыкаю к здешней жизни, и началувлекаться культурой и обществом Китая					
	4	Я уже привык к жизни и учебе в Китае, есть свой круг общения					
Интересы	1	Образ жизни китайцев очень меня увлекает					
	2	Богатый культурный быт Китая очень привлекаетменя					
	3	Я очень интересуюсь архитектурным стилем китайских строений					
	4	Я увлекаюсь китайской кухней					
Причина чувства одиночества	1	Здесь у меня проблемы с личностным общением, нет друзей, с которыми могу поговорить по душам					
	2	Местное население сами не понимают себя, предвзято относясь к своей нации					
	3	Не могу общаться с китайцами, не понимаюих					
	4	Из-за различий в культуре, ощущаю себя одиноким					
	5	Не хватает точной цели длядальней шейборьбы, нет стимула					
	6	Я часто скучаю по дому, родным и друзьям					
	7	Здесь очень однообразная жизнь, очень скучно					

续表

		Содержание	1	2	3	4	5
Адаптация	1	Здесь я познакомился сд рузьями китайцами					
	2	Я привык к здешнему образу жизни					
	3	Я привык к здешнему графику учебы					
	4	Я могу свободно общаться с Китайцами					

VII. Часть. Дополнительные вопросы

1. Что вы делаете, если у вас плохое настроение? （   ）

A. я звоню родным

B. Я рассказываю друзьям

C. я занимаюсь своим любимым делом

D. Я ничего не делаю, само собой все уравновешивается

E. Я рассказываю куратору

F. Другое_____

2. Если вы сталкиваетесь с проблемой, к кому вы обращаетесь? （   ）

A. Звоню родным и близким

B Друзьям иностранцам

C. Друзьям китайцам

D. Я никому не говорю, сам справляюсь

E. К учителям

F. Другое_____

3. Если вы столкнулись с финансовыми проблемами, что вы делаете

（   ）

A. Звоню родным

B. Прошу у друзей иностранцев

C. Прошу у друзей китайцев

C. Сам стараюсь заработать

E. Прошу у учителей

F. Другое_____

4. Чего нового вы достигли, приехав учиться в Китай? (Можно выбрать несколько) (　　)

А. Поднял уровень знания китайского языка

В. Познал культуру Китая, обогатил свой опыт

С. Приобрел много друзей Китайцев

D. Набрался знаний по специальности

Е. Повысил уровень образования

F. Социальная практика

G. Я ничего не приобрел

5. Общее обобщение к опросному листу, как вы считаете, вы смогли адаптироваться кжизни в Китае? (　　)

А. Очень успешно все сторонне адаптировался

В. Есть трудности, но все можно преодолеть, почти адаптировался

С. До сих пор трудноадаптироваться к здешней жизни

D. Вообще не смог адаптироваться

Для того чтобы, мы смогли вам помочь как можно скорее адаптироваться к жизни в Китае, в решении тех проблем с которыми вы сталкиваетесь в повседневной жизни или учебе просим вас, написать если у вас есть какие-нибудь предложения или мнения насчет вашего пребывания в Китае._____

_____

_____

_____

Еще разб лагодарим вас за то, что вы уделили нам ваше драгоценное время, эти данные очень важны для нас, мы выражаем благодарность вам за проделанную вами работу.

附录四　中亚来华留学生跨文化适应访谈提纲

1. 你为什么选择来中国留学？来中国留学有什么期望？

2. 这是你第一次来中国吗？之前对中国有什么印象？你是通过什么途径了解到中国的情况的？现在对中国有什么印象？

3. 你能告诉我最初在中国的适应经历吗？你现在衣、食、住、行等方面有什么困难吗？遇到困难都是如何解决的？

4. 平时在哪里吃饭？喜欢中国的饭菜吗？

5. 你有中国朋友吗？平时和中国朋友做什么？和中国朋友交流有困难吗？如何解决？

6. 你觉得中国人对留学生态度怎么样？

7. 平时没有课或者放假的时候一般做什么？和谁一起？

8. 除了读书的城市，还去过中国的哪些城市？那些城市有什么好玩的地方？你最喜欢的城市是哪个？喜欢该城市的哪些方面？

9. 你喜欢中国文化吗？最喜欢哪些方面？

10. 你过不过中国的传统节日？在中国传统节日里你们都有什么活动？

11. 你觉得汉语难学吗？你认为学好汉语的关键是什么？

12. 有没有打算毕业后留在中国工作？有的话，打算从事哪方面的工作？

13. 你觉得来中国留学最大的收获是什么？

附录五　中国民众对中亚来华留学生的
看法与态度调查问卷

亲爱的朋友：

您好！感谢您配合我们的调查工作。

这是一份关于中亚来华留学生在中国学习、生活适应性和文化融入性的调查，其目的在于了解中亚留学生在中国的学习、生活状况以及您对不同文化群体的接纳程度。本问卷仅用于学术目的，所有信息我们将严格保密，感谢您的参与，祝您一切顺利！

新疆师范大学

说明：本问卷是封闭式问卷，除了单独标注出来可以多选的题外，其余的均为单项选择，请在您认为适当的选项上画钩（√）。

1. 您的性别

　　A. 男　　　　　　　　B. 女

2. 您的职业是

　　A. 学生　　　　　　　B. 教师　　　　　　　C. 其他

3. 您的民族是

　　A. 汉族　　　　　　　B. 维吾尔族　　　　　C. 哈萨克族

　　D. 回族　　　　　　　E. 其他

4. 您的文化程度是

　　A. 初中以下　　　　　B. 初中　　　　　　　C. 高中

　　D. 本科　　　　　　　E. 研究生

5. 您目前的年龄段是

　　A. 16 岁及以下　　　　B. 16～22 岁　　　　　C. 23～29 岁

　　D. 30～36 岁　　　　　E. 36 岁及以上

6. 您接触的中亚留学生是哪个国家的？（可以根据实际情况选择多个答案）

A. 哈萨克斯坦　　　　B. 吉尔吉斯斯坦　　　C. 塔吉克斯坦

D. 乌兹别克斯坦　　　E. 土库曼斯坦　　　　F. 不知道

7. 您和这些中亚留学生认识多长时间了？

A. 3 个月以下　　　　B. 3～6 个月　　　　C. 7～12 个月

D. 13～24 个月　　　E. 24 个月以上

8. 您接触的中亚留学生的经济来源主要是（可以根据实际情况选择多个答案）

A. 家人的资助

B. 中国的奖学金

C. 自己打工

D. 本国政府或本国某企业的资助

E. 不清楚

9. 您认为中亚学生为什么来中国留学？（可以根据实际情况选择多个答案）

A. 为了在中国找工作

B. 为了来中国旅游，丰富自己的阅历

C. 想学习中国的文化，例如书法、古筝等

D. 为了以后回国发展

E. 不清楚

10. 您是怎样和中亚留学生进行交流的？

A. 每天在一起聊天儿、吃饭、学习、运动

B. 一周会有两三次一起聊天儿、吃饭、学习、运动

C. 一个月会有一两次一起聊天儿、吃饭、学习、运动

D. 偶尔见面打个招呼

E. 没有交流

F. 其他

11. 您是通过哪些形式和中亚留学生交流的？（可以根据实际情况选择多个答案）

A. 空余的时间一起学习、聊天儿

B. 经常一起逛街、吃饭、唱歌

C. 通过网络进行交流

D. 一起参加学校或者同学组织的娱乐活动

E. 完全没有交流，不联系

12. 您与中亚留学生交往的障碍是什么？

A. 语言不通

B. 没有太多机会和留学生来往

C. 家里人不同意和他们交往

D. 对他们不了解，不知道怎样交往

E. 不喜欢他们的生活习惯

F. 没有障碍

G. 其他

13. 对于周围中亚留学生，日常生活学习中您经常会（可以根据实际情况选择多个答案）

A. 随意交流或互相开玩笑

B. 向他们敞开心扉

C. 尝试找话题与他们聊天儿

D. 很少与其交流，但对他们很好奇

E. 没有任何举动，顺其自然

F. 帮助他们

14. 您最喜欢中亚留学生的哪些地方？（可以根据实际情况选择多个答案）

A. 他们热情，很容易相处

B. 他们待人真诚，会照顾人

C. 喜欢和他们在一起时友好的感觉

D. 喜欢他们能理解当地中国人的交际方式

E. 喜欢他们身上的那种异域风情

F. 没有喜欢的地方

G. 其他

15. 您最不喜欢留学生的哪方面？（可以根据实际情况选择多个答案）

A. 每次见面都要握手、贴脸等

B. 不尊重老师，课上随意走动

C. 乱写乱画，乱扔垃圾

D. 在身上涂浓浓的香水

E. 女孩子穿得太暴露

F. 晚上在宿舍放音乐，声音太大

G. 男留学生随意和女同学开玩笑

H. 男留学生经常在女寝楼层里出入

I. 他们在学校做礼拜

J. 没有不喜欢的

K. 其他

16. 在与中亚留学生日常交往中，对以下这些情况您的看法是什么，请在您认为适当的描述的序号上画钩（√）。

衣着打扮	1	男留学生平常出门要讲究穿着，女留学生要化妆
	2	他们在重要场合很注重服饰
	3	他们的衣装能够体现异国风情
	4	女留学生的首饰很有特色
	5	为了表示礼貌，他们出门一定要用香水
	6	他们频繁地洗澡、换衣服，很讲究卫生
	7	他们很喜欢中国的服饰
	8	女留学生的妆画得太浓
	9	他们不注重外表，穿的衣服很难看
	10	他们身上的香水味太浓
	11	他们不注意卫生，不爱洗澡、换衣服
	12	他们不喜欢中国的衣服、配饰等风格
	13	女留学生在平常穿着很暴露
	14	女留学生经常把头发包起来
	15	没有看法
	16	不清楚
	17	其他